dtv
Reihe Hanser

Ingeborg Gleichauf

Sein wie keine andere

Simone de Beauvoir:
Schriftstellerin und Philosophin

Deutscher Taschenbuch Verlag

Für Imogen

Das gesamte lieferbare Programm der *Reihe Hanser*
und viele andere Informationen finden Sie unter
www.reihehanser.de

Originalausgabe
In neuer Rechtschreibung
Oktober 2007
© Deutscher Taschenbuch Verlag GmbH & Co. KG,
München
Umschlaggestaltung: Doris Katharina Künster unter Verwendung
einer Fotografie von Gisèle Freund / Agence Nina Beskow
Karte: Achim Norweg
Gesetzt aus der Bembo 11 / 13,5ᐟ
Satz: Greiner & Reichel, Köln
Druck und Bindung: Kösel, Krugzell
Gedruckt auf säurefreiem, chlorfrei gebleichtem Papier
Printed in Germany · ISBN: 978-3-423-62324-7

Inhalt

»Bald werde ich selbst richtig leben.«
Kindheit und Jugend in Paris und Meyrignac
(1908–1925) 7

»Es kam mir vor, als spürte ich in mir eine Menge Dinge,
die man sagen müsste.«
Wie wird man eine Selbstdenkerin? (1925–1929) 45

»Nichts würde dieser Allianz den Rang ablaufen.«
Der Pakt (1929–1936) 79

»Jeder Mensch ist für alle und vor allen verantwortlich.«
Die Philosophie in Zeiten des Krieges (1937–1945) 111

»Wir müssen alle Gesichter der Liebe kennenlernen.«
Transatlantische Verzauberung (1945–1949) 149

»Kaum wache ich auf, habe ich das Verlangen,
sogleich nach der Füllfeder zu greifen.«
Eine anerkannte Schriftstellerin (1949–1959) 183

»Diese Geschichte niederzuschreiben hat es mich
unwiderstehlich gedrängt.«
Der Vorrang des Schreibens (1959–1971) 219

»Schön ist, dass unsere Leben so lange
harmonisch vereint sein konnten.«
Die Zeremonie des Abschieds (1970–1986) 253

»Solange ich lese, lebe ich in der Haut eines anderen.«
Simone de Beauvoir lesen 277

Abkürzungen 285
Zeittafel 286
Literaturliste 289
Personen- und Sachregister 293

Simone de Beauvoir in Paris.
Ein Stadtplan 296

Abdruckgenehmigung 298
Bildnachweis 298
Dank 299

»*Bald werde ich selbst richtig leben.*«

Kindheit und Jugend in Paris und Meyrignac (1908–1925)

◀ *Simone (rechts) mit ihrer Mutter und ihrer Schwester Hélène, 1915*

Paris, Boulevard du Montparnasse Nr. 103. An den Außentischen des *Café La Rotonde* sitzen im Mai 2005 viele Menschen, trinken völlig überteuerten Kaffee und atmen die Abgase der unzähligen Autos ein, die hupend und oft mit quietschenden Reifen über die Kreuzung preschen. Die meisten der Gäste an den Tischen scheinen Touristen zu sein. Sie haben den typischen »Ich-will-was-erleben-Blick«; manche schauen in einen Stadtführer oder schreiben Postkarten. Vielleicht berichten sie den Daheimgebliebenen davon, dass sie gerade in einem echten Existenzialistencafé sitzen und sich fühlen wie Jean-Paul Sartre oder Simone de Beauvoir, damals, als sich in solchen Cafés entschied, ob und wie die Menschen frei sein können und wenn, wie diese Freiheit zu leben wäre.

In dem gleichen Haus, in dem das *Café La Rotonde* untergebracht ist, hat Simone de Beauvoir die ersten elf Lebensjahre verbracht. Damals allerdings waren noch die Pferdekutschen in der Überzahl und die Metro war 1908 erst wenige Jahre alt. Auf den Boulevards spazierten schon zu Beauvoirs Jugendzeit viele Menschen, die Männer fast immer mit Zylinder, Melone oder Mütze, je nach Stand. Feine Herren waren mit einem Cutaway bekleidet, einer Jacke mit abgerundeten Vorderschößen, und die langen Hosen hatten die Bügelfalte nur vorn. Außerdem trugen sie einen hohen steifen Kragen, Handschuhe und einen Stock. Die elegante Pariserin betonte die schmale Taille und den Busen, indem sie sich in ein Korsett zwängte. Große Hüte mit Blumen waren in Mode und das Haar hatte man kunstvoll hochgesteckt.

Die Eltern Simone de Beauvoirs sind gleich nach der Hochzeit im Dezember 1906 in dieses Haus gezogen. Beauvoirs Vater, Georges Bertrand de Beauvoir, stammt aus einem hoch angese-

henen und dazu überaus vermögenden Geschlecht mit einem
weit zurückreichenden Stammbaum. Ursprünglich lebte die Familie im Limousin im Südwesten Frankreichs. Georges Vater,
Ernest-Narcisse de Beauvoir konnte sich nicht damit anfreun-
den, in den Tag hineinzuleben, ohne zu arbeiten, obwohl er es
sich finanziell hätte leisten können. Aber er fühlte sich nicht für
die Muße geschaffen und hätte nichts mit sich anzufangen gewusst, und so zog er mit seiner Frau Leontine nach Paris und
nahm eine unbedeutende Stelle im Rathaus an. Man bezog
eine riesige Wohnung am Boulevard Saint Germain. Alles lief
nach strengen Regeln ab, wie bei allen Familien aus der Bourgeoisie, dem gehobenen Bürgertum. Die Wohnung war unter-
teilt in die Räume, in denen die Familie sich aufhielt, und die sogenannten Empfangsräume, zu denen auch der Salon gehörte.
Hier empfing man Gäste, nichts Privates war erlaubt, nicht einmal Familienfotos durften an den Wänden hängen. Gleich und
gleich traf sich an diesem Ort, und man bestärkte sich gegenseitig darin, »le grand monde« und »à la mode« zu sein, felsenfest
überzeugt davon, dass dies absolut seine Richtigkeit habe und
einem dieser Platz an der Spitze der Gesellschaft völlig zu
Recht zustehe. Leontine liebte zwar das ruhige Dahinplätschern
des Alltags und war nicht für rauschende Feste zu haben, aber da
es sich nicht gehörte, sich abzuschotten, empfing sie in regelmäßigen Abständen gewisse Damen, die mit gewissen, natürlich
standesgemäßen Herren verheiratet waren. Zu einem solchen
Haushalt gehörten auch mehrere Dienstboten. Für sie galt, was
für die Herrschaften unmöglich gewesen wäre: Sie hatten praktisch keine Privatsphäre. Meistens wohnten sie unter dem Dach
in kleinen Mansardenzimmern. Ihr Umgang wurde genauestens
beobachtet, ihre Briefe gelesen, bevor sie ihnen zugeleitet wurden. Dienstboten hatten selten Gelegenheit, nach draußen zu
kommen, Menschen zu treffen, Freundschaften zu schließen,
geschweige denn, einen Lebenspartner zu finden. Auch Urlaub
hatten sie fast nie. Sie bekamen notgedrungen das meiste von

dem mit, was in der Familie der Herrschaften vor sich ging, gehörten irgendwie dazu, wenn auch natürlich in einer untergeordneten Position. So blieben die meisten Bediensteten unverheiratet und kinderlos.

Georges wurde als das jüngste von drei Geschwistern von der Mutter verhätschelt. Er war als Kind schüchtern und oft krank. Am liebsten saß er für sich allein in einer stillen Ecke und las Abenteuerromane. Die Eltern schickten ihn auf das angesehene Collège Stanislaus. Er war ein hervorragender Schüler und entpuppte sich außerhalb des familiären Rahmens als junger Mensch mit einem besonderen theatralischen Talent. Er gefiel sich darin, seine Mitschüler mit kleinen Darbietungen zu unterhalten. Als Georges dreizehn Jahre alt war, starb seine Mutter an Typhus. Damit änderte sich fast alles für ihn. Der Vater konnte die leere Stelle nicht ausfüllen, obwohl er sich Mühe gab. Georges Leistungen wurden schlechter, er zog sich in sich zurück. Leontine hatte unter anderem auch auf eine religiöse Erziehung geachtet, aber da Ernest-Narcisse mit dem Katholizismus und dem Glauben überhaupt nichts anfangen konnte, löste sich für den jüngsten Sohn diese Frage von selbst: Fortan interessierte er sich für Religion nicht mehr. Mehr denn je liebte er das Theater, und als die Berufsfrage anstand, wäre Georges am liebsten Schauspieler geworden, aber das lag weit außerhalb dessen, was als statthaft galt für einen jungen Mann aus der Bourgeoisie. So studierte er notgedrungen und widerwillig Jura, machte ein ordentliches Examen und fand schnell eine Stelle in einer Anwaltskanzlei, zunächst als Sekretär, bis er sich später als Anwalt mit eigener Kanzlei niederließ. George ging bereits auf die dreißig zu, als es seinem Vater dämmerte, dass es endlich an der Zeit sei, diesen Sohn zu verheiraten. Der älteste Sohn und die Tochter waren bereits in guten Händen. Er machte sich auf die Suche nach einer geeigneten Kandidatin und fand sie schließlich auch aufgrund des weitverzweigten Beziehungsnetzes, in dem Leute wie er ihre Fäden zogen. Ein Mädchen aus der Provinz,

Françoise Brasseur, schien ihm die Passende zu sein für Georges, der übrigens im Ruf eines Charmeurs stand.

Françoise Brasseur kommt aus einer sehr wohlhabenden und einflussreichen nordfranzösischen Familie. Ihr Vater, Gustave Brasseur, ist Bankier in Verdun und geht in diesem Beruf ganz auf. Seine Frau, Lucie Moret, stammt aus einem noch vermögenderen Haus, zeichnet sich aber durch eine große Zurückhaltung aus. Gustave hat sie sozusagen aus dem Klosterinternat heraus geheiratet. Was sie dort gelernt und verinnerlicht hat, hat sie an ihre Kinder weitergegeben. An erster Stelle hat der Glaube an Gott und der Dienst an der katholischen Kirche zu stehen, so hat man es ihr beigebracht. Dann hat man sich als Frau zurückhaltend und bescheiden zu benehmen und die Position des Mannes als des Oberhaupts der Familie zu respektieren. Niemals hätte Lucie die Grenzen der bestehenden Ordnung, des Standesbewusstseins und der Religiosität übertreten. Ihre ganze Hingabe und zärtliche Fürsorge verschwendete sie an ihren Mann. Für die Kinder blieb an Emotionalität nicht viel übrig. Françoise besuchte ebenfalls eine Klosterschule wie ihre Mutter. Sie lernte sehr gern, war eine konzentrierte, intelligente und wissbegierige Schülerin. Mit ihrer Lehrerin, der Äbtissin Mutter Bertrand, hat sie das große Los gezogen. Sie förderte das begabte Mädchen und Françoise hing an ihr mehr als an den strengen Eltern. Sie konnte sich sogar vorstellen, einmal selbst in dieser Klosterschule zu unterrichten, aber schon der Gedanke daran wurde von Lucie Brasseur unterbunden. Es war sozusagen bei der Geburt von Françoise bereits beschlossene Sache, dass ihr Lebenssinn einzig darin liegen würde, standesgemäß zu heiraten und Kinder zu bekommen. Georges de Beauvoir erschien den Eltern Brasseur eine angemessene Partie für ihre Tochter, und Georges wiederum konnte sich gut vorstellen, ein schüchternes Mädchen aus der Provinz zu heiraten, das noch dazu hübsch ist. Er würde es einfach haben mit ihr. Man arrangierte die erste Begegnung der beiden im Badeort Houlgate. Françoise war nicht allein, sondern mit anderen Klosterschülerinnen zusammen. Auch das entsprach den Gepflogenheiten. Allerdings scheint sich Françoise sogleich in den charmanten jungen Mann verliebt zu haben, denn es folgte eine Verlobungszeit, die ausgefüllt war mit freudiger Erwartung. Nach der Heirat bezogen sie die Wohnung am Montparnasse.

Vom Balkon aus kann man auf die verkehrsreiche und von Fußgängern überfüllte Kreuzung des Boulevard Raspail und des Boulevard du Montparnasse hinunterschauen. Die Wohnung liegt hoch oben, direkt über den Baumwipfeln. Sie ist prächtig ausgestattet. Da ist ein wunderbarer dicker, roter Teppich, das Speisezimmer ist in Rot gehalten, die Glastüren sind mit roten Seidenvorhängen verkleidet. Das Arbeitszimmer des Hausherrn hat ebenfalls rote Vorhänge an den Fenstern, aber die Möbel sind aus schwarzem Birnbaumholz. Alles ist so, wie es sein muss, stan-

Boulevard du Montparnasse 103: Simone de Beauvoirs Geburtshaus, unten das Café La Rotonde

desgemäß, ordentlich, edel. Das weitere Leben scheint wie ein makelloser Teppich vor dem Ehepaar ausgebreitet zu sein. Man würde Kinder bekommen und sie in genau dem Geist erziehen, in dem man selbst erzogen wurde. Sie würden Eliteschulen besuchen und wie ihre Eltern standesgemäß heiraten. Sollten Jungs geboren werden, so würden die zudem hervorragende Berufe ergreifen.

Es ist eine abgeschlossene Welt, in die zwei Jahre nach der Hochzeit, am 9. Januar 1908, das erste Kind, ein Mädchen, geboren wird. Man tauft es auf den Namen Simone-Ernestine-Lucie-Marie-Bertrand de Beauvoir. Von Anfang an wird sie aber einfach Simone de Beauvoir genannt.

Die gesellschaftlichen Verpflichtungen und die Versorgung ihres Gatten nehmen Françoise sehr in Anspruch. Simone bekommt ihr weißes Gitterbettchen in das Zimmer des Dienstmädchens Louise gestellt. Diese versorgt das Kind, auch wenn die Mutter den Speiseplan selbst zusammenstellt, denn auf gesunde Ernährung legt sie großen Wert. Louise bringt Simone jeden Abend zu Bett. Danach bereitet sie deren Eltern das Essen. Es ist ein anstrengendes Arbeitspensum, das die Dienstbotin Tag für Tag zu bewältigen hat. Monsieur und Madame de Beauvoir genießen den Abend unbeschwert mit Sticken und Lesen.

Im Sommer 1909 macht Gustave Brasseurs Bank Pleite. Der Vater von Françoise muss sogar für 13 Monate in Untersuchungshaft. Danach zieht er mit seiner Frau und der Tochter Thérèse weg aus dem pompösen Haus in Verdun, das nun nicht mehr zu halten ist, nach Paris ganz in die Nähe der de Beauvoirs. Das bringt Veränderungen mit sich, in deren Genuss eine kleine Person ganz besonders kommt: Alles dreht sich nun um Simone. Jeden Donnerstag gibt es ein Essen bei den Großeltern. Köstliche Dinge wie Pudding mit Fruchtsaft stehen auf dem Tisch. Die Großmutter mag Süßes: Wie schön für ihre Enkeltochter. Beide Großeltern verhätscheln sie, während die Mutter alles tut,

Notre-Dame-des-Champs

um bei der Erziehung nur ja nichts falsch zu machen. Dabei darf die religiöse Komponente von Anfang an nicht zu kurz kommen. Regelmäßige Kirchenbesuche gehören zu Simones Kinderalltag. Um die Ecke liegt die Kirche Notre-Dame-des-Champs. »Sobald ich gehen konnte, hatte Mama mich in die Kirche mitgenommen«, erinnert sie sich, »sie hatte mir, in Wachs, aus Gips geformt, an die Wände gemalt, die Bilder des Jesuskindes, des Herrgotts, der Jungfrau Maria, der Engel gezeigt, von denen einer sogar ganz ähnlich wie Louise speziell meinem Dienste zugeteilt war.« (*Tochter* II) Françoise ist bestrebt, das weiterzugeben, wovon sie selbst überzeugt ist, und da steht eben an erster Stelle die überragende Bedeutung der katholischen Kirche. Ihr Mann Georges hat in dieser Hinsicht wenig beizutragen. Mit seinen Ideen zum Individualismus und einer freidenkerischen Lebenseinstellung kommt er schlecht an bei Françoise. Im Übrigen gehört es in Frankreich zu dieser Zeit fast zum guten Ton, dass die Frauen sich um die Religion kümmern und die Männer nicht viel davon wissen wollen. Auch wenn

Georges im Prinzip der Meinung ist, dass der Mann die Frau zu formen habe und dass diese keinerlei eigene Meinung zu haben brauche, zieht er sich im Bereich Religion dezent zurück und überlässt Françoise das Feld.

Simones Mutter liest natürlich vor allem religiös fundierte Bücher über Kindererziehung. So weiß sie, was von ihr als katholischer Mutter erwartet wird, und befolgt alle Regeln aufs Sorgfältigste. Spielzeug und Bilderbücher werden gezielt ausgesucht. Die Welt ist aufgeteilt in Gut und Böse, rechtschaffen und übermütig, ernsthaft und frivol. Ein Dazwischen gibt es nicht, man hat sich ein für alle Mal zu entscheiden, und das so früh wie möglich. Am besten, die Eltern entscheiden für ihre Kinder gleich mit, dann kann gar nichts schiefgehen.

Als am 9. Juni 1910 eine zweite Tochter, Henriette-Hélène, geboren wird, ändert sich für Simone nicht viel. Sie steht weiterhin im Mittelpunkt des Interesses. Hélène, die bald jeder Poupette nennt, ist von Anfang an ein stilles Kind, während ihre große Schwester schnell in Wut gerät und alles daransetzt, ihren Willen durchzusetzen.

Der Alltag der beiden Mädchen ist streng durchorganisiert. Jeden Sonntag geht die Familie zur Kirche. Simone kann schon selbst laufen, Poupette wird von der Mutter getragen. Danach ist ein Mittagessen bei den Großeltern Brasseur angesagt. Natürlich sitzen die Kinder anständig auf ihren Stühlen, es gibt kein Herumgezappel bei Tisch, sondern höfliche Zurückhaltung und perfektes Benehmen. Alles hat seine Zeit und seinen Ort und bei Tisch wird gegessen und sonst nichts. So ist das nun mal üblich.

All das gute Benehmen ist natürlich auch eine Maske. Kinder machen Entwicklungen durch und ihr erwachendes Ich will beachtet sein. Und so gehorcht Simone irgendwann nicht mehr jederzeit und erlebt die sogenannte »Trotzphase« in einer nicht gerade milden Form. Das ist nichts Besonderes und spricht für eine gesunde Psyche. Die Strenge der Eltern und der erhobene

Aufbruch der Familie Beauvoir von La Grillère nach Meyrignac, 1911

Zeigefinger von Louise verlieren in gewissen Momenten alle Macht. Es kann sich um eine Kleinigkeit handeln, etwa eine Ermahnung bei Tisch. Simones Gesicht färbt sich rotviolett, sie wirft sich auf den Boden und brüllt mit aller Kraft. Niemand vermag sie zu stoppen, die anderen Leute im Raum schauen befremdet, bedenken die verantwortlichen Erwachsenen mit vorwurfsvollen Blicken. Sie scheinen zu denken, man habe dem armen Kind etwas zuleide getan. Dass Simone sich aber auch in der Öffentlichkeit so aufführen muss! Zu Hause kann es ja noch angehen, aber vor aller Augen, nein, wie peinlich! Den Eltern bleibt nichts anderes, als sich geschlagen zu geben. Der Vater reagiert sogar mit einem gewissen Stolz und interpretiert Simones Wutanfälle als Zeichen eines durchaus auch positiv zu wertenden Eigensinns. Eine standesgemäße Äußerung ist das natürlich nicht, aber man merkt, dass das Talent zum Schauspieler aus diesem Vater spricht. Die Trotzanfälle haben ja mit Sicherheit etwas von einer Inszenierung, auch wenn das Kind es nicht bewusst tut. Aber Françoise erzieht in der Hauptsache die Töchter und sie hat ganz entschieden etwas gegen Wutanfälle und jede

Art von unangemessener Theatralik bei Kindern. Da hilft nur die Bestrafung: »… man packte mich, sperrte mich in die dunkle Kammer, wo sonst nur Besen und Staubwedel waren; ich stieß dann mit Händen und Füßen zum mindesten gegen wirkliche Wände, anstatt mit ungreifbaren Willensäußerungen in Konflikt zu geraten.« (*Tochter* 14)

Sich ein wenig austoben und ausgelassen sein dürfen die Großstadtkinder für ein paar Wochen im Sommer auf dem Landgut des Großvaters väterlicherseits in Meyrignac. Besonders Simone mag Ernest-Narcisse sehr gern. Sie schaut ihm fasziniert zu bei der Pflege des Gartens. Man erkennt sofort, dass der alte Mann mit seinen Pflanzen innig verbunden ist. Es macht ihm Freude, die Enkelinnen in die geheimnisvolle Welt der Bäume und Blumen einzuführen, sie lernen fantastische, fremd klingende Namen kennen, denn der Großvater macht sie bekannt mit den lateinischen Fachbegriffen.

Simone liebt die Natur und die Bewegung draußen. Sie genießt die Farben, den Blick aus dem Fenster ins Freie, die Spiele mit Vetter und Cousine. Schon die Fahrt mit der Kutsche vom Bahnhof zum Gut ist jedes Mal eine Wonne. Für ein Stadtkind gibt es hier in Meyrignac unendlich viel zu sehen: herrliche Bäume wie zum Beispiel Zedern, Trauerweiden, Zwergbäume, Blutbuchen, alle Arten von Blumen und Gebüschen, Pfauen, Goldfasane, künstliche Wasserfälle, Seerosen und Goldfische. Simone kann sich nicht sattsehen. Sie ist ein Augenmensch, das zeigt sich nicht nur in den Ferien auf dem Land.

So gehört es zu ihren Hauptvergnügen, in der elterlichen Wohnung in Paris vom Balkon aus die Fußgänger unten auf der Straße zu beobachten. Woher kommen diese Leute, wohin eilen sie? Was mag in all diesen Menschen vorgehen, woran denken sie gerade? In diesen ersten intensiven Blick auf die anderen wird sich einiges von dem mischen, was Simone in den Geschichten gehört hat, die die Mutter vorliest. Vielleicht denkt sie bereits jetzt darüber nach, was sich an Gutem oder Bösem zutragen könnte im Leben der Vorübereilenden. Vielleicht überlegt sie sich, ob die Männer und Frauen denn alle nach den Regeln leben, die sie durch die Kirche kennenlernt. Es werden bunte Bilder sein, die hinter der Stirn des Mädchens spielen, Mischungen aus dem direkt Gesehenen und den Vorstellungen und Fantasien eines Kindes.

Für Simone steht das rege Treiben auf den Straßen in Kontrast zum Familienalltag. Hier herrscht eine seltsame Kargheit und Fantasielosigkeit. Alles, was den privaten Bereich betrifft, ist fast spartanisch: die bescheiden eingerichteten Zimmer, einfache Kleidung, die schönen Puppen unter Verschluss in Schränken, fast keine Spielsachen. Die beiden Schwestern müssen sich selbst etwas ausdenken. Sie machen aus fast nichts viel, erfinden eine Geheimsprache, um der Beobachtung durch die Eltern zu entkommen, und erfinden Spiele, die ohne Kulissen und andere Dinge auskommen. Den Stoff ziehen sie vor allem aus den Geschichten, die sie erzählt bekommen. Die Mutter bevorzugt Heiligenlegenden, ein spannender Stoff für die Einbildungskraft der Kinder. Simone übernimmt gern die Rollen von Märtyrern oder Heiligen. Ihre Schwester nutzt diese Situation manchmal aus, um sich ein wenig an der Lieblingstochter der Eltern zu rächen. Eine Märtyrerin kann man schon ein bisschen quälen, das gehört dazu. Im Spiel hat sie Macht über Simone. Richtig ernst wird es mit den kindlichen Machtspielchen aber nie. Die beiden halten zusammen und bilden ein Bollwerk gegen die Strenge des Elternhauses. Es gibt viele kleine Dinge, die man am besten vor den Erwachsenen geheim hält, auch wenn das bei einer Mutter wie Françoise mit ihrem Späherblick schwierig ist. Dass ihre Position die stärkere ist, weiß Simone gleichwohl: »Dank meiner Schwester – meiner Komplizin, meiner Untertanin, meinem Geschöpf – bestätigte ich mein unabhängiges Selbst. Es ist klar, dass ich ihr eigentlich nur eine Art von ›Gleichheit in der Andersartigkeit‹ zuerkannte, was ebenfalls eine Form ist, sich den Vorrang zu sichern.« (*Tochter* 45)

Mit fünfeinhalb Jahren kommt Simone in die Schule. Es muss für ihre Eltern unbedingt eine Privatschule sein. Georges ist der Meinung, seine Töchter sollten davor bewahrt werden, mit Mädchen einer niedereren Gesellschaftsschicht in Kontakt zu kommen. Eigentlich sind staatliche Schulen nämlich auch in den höheren Kreisen mittlerweile anerkannt, aber nicht ausschließlich Kinder aus der Bourgeoisie besuchen sie, was Georges und Françoise Sorge bereitet. Die Eltern entscheiden sich für die Schule *Cours Adeline Désir*. Es ist keine Klosterschule, aber dennoch eine katholisch ausgerichtete Anstalt, die es sich zum Ziel gesetzt hat, den Mädchen eine hohe moralische Erziehung angedeihen zu lassen. Wissen und Bildung sind eher zweitrangig. Gerade danach aber sehnt sich die intellektuell schon sehr reife Simone. Von Moral hört sie zu Hause genug, jetzt sollte eigentlich etwas anderes im Vordergrund stehen. Sie möchte viel lernen, endlich ein paar Stunden allein sein können, um zu genießen, dass sie nun lesen und schreiben und einen Teil des Tages außerhalb des Elternhauses verbringen kann. Zwar überwacht die Mutter die Hausaufgaben und hört Simone ab, aber sie hat keine Macht darüber, wie ihre Tochter das Gelesene und Gelernte verarbeitet. Simone hat einen starken Sinn für die sichtbare Wirklichkeit. Sie ist keine Träumerin. Ihr Blick vom Balkon auf das Treiben entlang des Boulevards ist kein Blick in ein Traumreich oder eine fantastische Landschaft, sondern bezeugt ihre Neugierde nach Realität, ihren Hunger nach dem prallen alltäglichen Leben der Menschen. Das Wunderbare oder Übernatürliche, das sie aus den Geschichten der Mutter kennt, fordert ihren noch kindlichen Verstand heraus. Doch diese Geschichten genügen ihr nicht mehr, jetzt in der Schule ist sie begierig nach Lernen und nach dem Gespräch über den Lernstoff. Sie stellt unentwegt Fragen, schaltet nicht ab oder träumt vor sich hin, sondern ist beispielsweise fasziniert von den Karten im Atlas: »Die Einsamkeit der Inseln, die Kühnheit der Kaps, die Zerbrechlichkeit der Landzungen, die die Halbinseln mit dem

Festland verbinden, machten tiefen Eindruck auf mich …«
(*Tochter* 23)

Die Mutter ist weiterhin zuständig für die religiöse Erziehung.
Nicht nur am Sonntag, sondern auch an den anderen Tagen
geht es morgens zur Frühmesse, abends wird zu Hause gebetet.
Dem Vater ist das zu viel des Guten und er spart nicht mit iro-
nischen Bemerkungen. An den Mädchen geht sein Spott nicht
spurlos vorbei: Die Eltern sind sich in diesem Punkt offensichtlich nicht einig und das lässt die beiden nicht unbeeindruckt.
Sie wundern sich und beginnen, sich über den ihnen von der
Mutter und den Lehrern verordneten Glauben erste kritische
Gedanken zu machen. Ganz so eindeutig scheint das alles doch
nicht zu sein.

Die Schwestern genießen die Lesestunden und Gespräche mit
dem Vater, der sie ernster nimmt als die Mutter und nicht in jeder Hinsicht wie kleine Kinder behandelt. Er bringt ein wenig
Leichtigkeit in ihren von Pflichten nahezu völlig ausgefüllten
Alltag. Georges überarbeitet sich nicht in der Kanzlei, er trödelt
gern herum, und da er selbst ein begeisterter Leser ist, erweitert
er vor allem Simones literarischen Horizont entscheidend. Jules
Verne und James Fenimore Cooper gehören zu den Autoren,
die sie nun kennenlernt. Abenteuerbücher sind der frühe Lesestoff des Mädchens und sie machen Lesen zu etwas Lustvollem
für sie. Es bedeutet, in eine Welt der Freiheit und Spannung zu
versinken, die Simone aus ihrem Alltag nicht kennt. Da taucht
etwas auf jenseits der engen vier Wände, ein Reich, in dem man
die Arme weit ausbreiten kann, sich nicht in Demut und Pflicht-
erfüllung zu üben hat und ungeahnte Erlebnisse auf einen warten. Jules Verne (1828–1905) hat in seinen Zukunftsromanen
technische Errungenschaften des 20. Jahrhunderts vorwegge-
nommen. Er verfügte über beträchtliche naturwissenschaftliche
Kenntnisse und konnte sich deshalb denkerisch vorwagen in eine
neue Zeit. Zudem war er ein unglaublich fantasievoller Mensch,
und diese Verbindung von technischem Wissen und Fantasie ma-

chen seine Romane gerade für junge Leute zu einem großen Lesevergnügen. Er hat fast 100 Bücher geschrieben, darunter eine *Reise zum Mond*, worin die moderne Raumfahrt in Gedanken bereits Wirklichkeit geworden ist. Fenimore Cooper (1789–1851) ist vor allem durch seine *Lederstrumpf-Geschichten* berühmt geworden. Seine Bücher sind sozialkritisch. Er hat die Gesellschaft sehr genau beobachtet. Mit Lederstrumpf hat er eine Person geschaffen, die sittlich eigenständig handelt, unabhängig von den Regeln einer Zivilisation, die in seinen Augen kritikwürdig ist.

Georges gibt seinen Töchtern also keine Bücher, die eine Flucht aus der Wirklichkeit bedeuten. Es sind keine reinen Fantasiegeschichten, sondern Romane, die zwar in einer vergangenen Zeit spielen, aber diese Zeit kritisch beleuchten und Zukunftsvorstellungen entwickeln.

Mitten hinein in diese ersten jugendlichen Befreiungsversuche bricht der Erste Weltkrieg. Die beiden Schwestern genießen gerade einmal wieder ihre Sommerferien in Meyrignac. Ihre Eltern machen Ferien in Divonne-les-Bains und eilen so schnell wie möglich zu den Kindern. Es herrscht große Aufregung, Simone lauscht an den Türen und schnappt Worte auf, die heißen zum Beispiel »Besatzung«, »Feinde«, »Patriotismus«: eine bislang fremde Wörterwelt. Die damit verbundene Wirklichkeit ist zwar in Meyrignac nicht ganz nah, aber doch bedrängend genug für ein waches und fantasiebegabtes Mädchen. Und so spielen die Kinder unter Simones Regie Krieg. Sie selbst gefällt sich besonders in der Rolle des Präsidenten Raymond Poincaré. Er ist seit 1913 an der Regierung, aber schon seit 1887 in der Politik tätig. Er ist entschieden gegen Deutschland eingestellt und tritt für ein Bündnis mit Russland und England ein. Als wichtigstes Kriegsziel formuliert er die Rückgabe Elsass-Lothringens und die Einnahme des Rheinlands und des Saargebiets. Das weiß Simone mit ihren sechs Jahren natürlich noch nicht, aber sie bekommt die nationale, patriotische Stimmung mit. Die Franzosen rücken zusammen. Da passieren Dinge, die an die Abenteuer in den Romanen erinnern. Starke Stimmen sind zu hören, von Tapferkeit gegen den Feind ist die Rede, von einem Kampf für das Gute und Gerechte. Die Kinder kennen sich natürlich in der Politik nicht aus, aber sie spüren, welche Stimmungen herrschen, und hören, welche Parolen in der Luft herumschwirren.

Poupette und die Cousins und Cousinen akzeptieren beim Kriegsspielen Simones Anführerinnen-Position. Sie beherrscht die Kunst, unter ihresgleichen selbstbewusst und kämpferisch aufzutreten, ist diszipliniert und vermag den Eindruck großer Strenge zu vermitteln. Das dramatische Talent hat sie vom Vater geerbt, und es ist ihr nicht fremd, sich als Schauspielerin und als Regisseurin zu betätigen.

Im Herbst muss auch Georges an die Front, wird aber bald wegen einer Herzattacke wieder nach Hause geschickt und verbringt einige Zeit im Krankenhaus. Nach seiner Entlassung Anfang 1915 arbeitet er im Kriegsministerium. Das Vermögen der Familie schrumpft in der Zeit der Inflation gewaltig, der gewohnte Lebensstandard ist nicht aufrechtzuerhalten. Hinzu kommt, dass Lebensmittel in Paris immer knapper werden. Françoise entwickelt eine große Begabung im Einteilen des Geldes. Sie ist permanent mit Handarbeiten beschäftigt und führt den Haushalt mit äußerster Sparsamkeit. Für Simone ist die neue finanzielle Situation nicht besonders schlimm. Sie konzentriert sich ganz auf »intellektuelle« Tätigkeiten. Ein Leben im Luxus kommt ihr sowieso nicht entgegen, da sie es fast schon wie eine Erwachsene vorzieht, diszipliniert ihren Arbeiten nachzugehen, keine Zeit zu vertrödeln mit Unwichtigem. »Ich glaubte, dass – nicht nur in unserer Familie, sondern überall – Zeit und Geld so knapp zugemessen seien, dass man sie mit größter Sorgfalt verwalten müsse: diese Vorstellung war mir ganz recht, da ich mir eine Welt ohne Extravaganzen wünschte.« (*Tochter* 64) Außerdem hat sie jederzeit die Möglichkeit, sich in ihre eigene innere

Welt zurückzuziehen. Hier findet sie die Weite und Farbigkeit, die sie zum Leben braucht. Die äußere Realität zu vernachlässigen macht ihr keine Mühe. Was die Disziplin angeht, hat sie sehr viel Ähnlichkeit mit ihrer Mutter, nur bezieht sich diese streng kontrollierte Lebensweise bei Simone vorrangig auf die geistige Arbeit. Allerdings hat sie natürlich auch nicht die Verantwortung für die Familie. Diese immense Aufgabe setzt ihre Mutter unter einen gewaltigen Druck. Sie muss schauen, dass alle satt werden und etwas anzuziehen haben. Simone teilt ihren Tag auf die Minute genau ein, so dass keine unnötigen Pausen entstehen. Wissensvermehrung heißt das Zauberwort, nach dem auch zu dieser Zeit ihr Leben ausgerichtet ist. Dass das Schulfach Sport ihr nicht besonders liegt, begünstigt die etwas frühreif anmutende stark intellektuelle Ausrichtung Simone de Beauvoirs noch zusätzlich. Die Fantasie ermöglicht Ausflüge in abenteuerliche Welten, der Verstand schafft Ordnung. Diese beiden Möglichkeiten kennt und nutzt Simone. Während der Kriegszeit allerdings schätzt sie vorrangig die Schutzfunktion der Rationalität, also der Klarheit des Verstandes, und der Disziplin. Gerade weil sie eigentlich ziemlich dünnhäutig und von aufbrausender Emotionalität ist und wie jedes Kind ihres Alters überfordert mit der Unausgeglichenheit der Eltern in dieser schwierigen Zeit, braucht sie etwas, das eine Ordnung in ihren Alltag bringt. Der Schreibtisch mit seinem Tintenfass, den Stiften, Heften und Büchern hilft ihr, wenigstens einen Anschein von Stabilität aufrechtzuerhalten. Sie schafft sich eine kleine Oase, eine Idylle inmitten von Wirren, die schwer zu begreifen sind für ein Kind, denn das ist Simone ja immer noch. Von außen, aus der Welt der Erwachsenen, kommt keine Orientierungshilfe. Die sind so sehr mit sich und der Organisation des Kriegsalltags beschäftigt, dass sie fast vergessen, dass sie Kinder haben, die dabei sind, sich zu verirren in dem Durcheinander, das tagtäglich wächst. Über acht Millionen Männer sind als Soldaten im Krieg. An ihren Arbeitsplätzen und in den Familien fehlen sie.

Georges und Françoise streiten immer häufiger, der Vater hat kein Ohr mehr für die wissbegierige Simone, die zudem gerade jetzt beginnt, sich äußerlich zu verändern. Sie macht keinen sehr gesunden Eindruck, was natürlich mit der schlechten Kriegskost zusammenhängt, durch ihre zusätzliche Mäkeligkeit beim Essen aber noch begünstigt wird. In ihren Bewegungen wird sie linkischer. Das klassische Bild der werdenden Intellektuellen, könnte man sagen: sensibel, eigenwillig, unsportlich, Leseratte. Simone scheint diesem Klischee, zumindest als Heranwachsende, zu entsprechen. Es sind zudem einsame Zeiten für sie, weil fast alle Schülerinnen des *Cours Désir* aus Sicherheitsgründen aufs Land gezogen sind. Simone sitzt mit einem anderen Mädchen allein im Klassenzimmer und erhält so praktisch Privatunterricht, was sie sogar genießt. »Ein Teil meiner Schule, des *Cours Désir*, war in ein Lazarett umgewandelt worden. In den Korridoren ver-

Cours Désir, heute

mischte sich ein erbaulicher Duft nach Medikamenten mit dem Geruch von Bohnerwachs.« (*Tochter* 29) Zu Hause gestaltet sich der Alltag immer schwieriger. Hauptstreitpunkte zwischen den Eltern sind nun der Vorwurf der Mutter an den Vater, den Juristenberuf völlig an den Nagel gehängt zu haben, und der Vorwurf des Vaters an die Mutter, dass deren Mitgift noch immer nicht ausbezahlt wurde. Gegenseitige Verletzungen und lautstarker Streit sind an der Tagesordnung. Wenn da nicht wenigstens in der Lust am Denken und Lernen eine Sicherheit bestünde, wäre alles noch schlimmer. So schwebt Simone zwischen den Unsicherheiten ihres familiären Umfelds und der Sicherheit der geistigen Arbeit. Der Boden, der früher einen festen Grund bildete, ist nicht mehr verlässlich, er hat Risse bekommen. Die Familie bietet keine absolute Sicherheit und Geborgenheit. Simone muss sich wirklich ziemlich am Riemen reißen, um das Vertrauen in die grundsätzliche Harmonie der Welt nicht zu verlieren. Das Glück hängt an einem seidenen Faden, draußen geschieht vieles, was das Weltbild eines wachen Mädchens zwischen dem siebten und zehnten Lebensjahr ordentlich durcheinanderbringen kann. Menschen gehören einander nicht für immer, sie entziehen sich manchmal auf rätselhafte Weise und können fremd werden. Diese Erfahrung macht Simone sehr früh. Als sie bei Kriegsende zehn Jahre alt ist, erlebt sie die Kindheit schon längst nicht mehr als ein Paradies.

Mit dem Ende des Krieges bessert sich längst nicht alles sofort. Etwa zehn Prozent der männlichen Bevölkerung sind gefallen oder werden vermisst. Ehemals fruchtbare Landstriche sind verwüstet. Der Staat ist restlos verschuldet. Das hat seine Auswirkungen auf den Lebensalltag der Bevölkerung.

Durch den Krieg hat Georges de Beauvoir nahezu sein gesamtes Vermögen verloren. Er hatte in russische Bergbau- und Eisenbahnaktien investiert. Simone bewundert die Art, wie ihr Vater mit dem gesellschaftlichen Abstieg umgeht. Sein offen zur Schau getragener Gleichmut fasziniert sie und sie leidet mit ihm, wenn er zu Hause die Maske fallen lässt und traurig vor sich hin schaut. Georges spielt nach außen die Rolle des »neuen Armen«, wie er sich selbst bezeichnet. Dieser Mann hat die Fähigkeit, »jemand« zu sein, obwohl ihm der Boden unter den Füßen eigentlich weggerutscht ist. »… es bewegte mich tief, dass ein so überlegener Mann sich derart selbstverständlich mit seiner bedrängten Lage abfand.« (*Tochter* 69) Eine Zeit lang arbeitet er bei seinem Schwiegervater, der gerade eine Glückssträhne hat. Seinen Töchtern gegenüber äußert er, dass sie später für sich selbst zu sorgen hätten und nicht auf Heirat aus sein sollten, da an eine Mitgift nicht zu denken wäre. Françoise quittiert solche Bemerkungen mit einem Herabziehen der Mundwinkel. Simone denkt mit dem Gefühl der Freiheit an ihre Zukunft, denn nichts kann sie sich weniger vorstellen, als die Kinder-Küche-Kirche-Existenz ihrer Mutter. Simone liest gerade einen Kinderroman aus dem 19. Jahrhundert, der sie stark beeindruckt: *Little Women* von Louisa May Alcott. Mit Jo, der selbstbewussten, fantasievollen und dabei äußerlich nicht sehr hübschen March-Tochter kann sich Simone sofort identifizieren. Sie entscheidet meistens sehr spontan und setzt dann auch in die Tat um, was sie sich in den Kopf gesetzt hat. Dabei richtet sie sich selten nach den Maßstäben ihrer Umgebung. Für eine katholisch erzogene, nach strengen Regeln aufwachsende Beauvoir-Tochter klingt das beängstigend und gleichzeitig befreiend revolutionär. Es bedeutet, dass man nicht unbedingt auf ausgetretenen Pfaden durchs Leben gehen muss. Man kann etwas wagen, versuchen, einen eigenen Willen zu entwickeln, ohne dass man sich völlig außerhalb von Familie und Gesellschaft stellt. Jo nämlich hat ein gutes Verhältnis zu ihrer Mutter und den Schwestern. Der Vater ist tot. Auch die drei Schwestern von Jo sind eigensinnig, musisch begabt und zeigen keinen Hang zum Hausfrauendasein. So könnte sich Simone ihre Zukunft auch vorstellen. Mit Françoise kann sie darüber nicht sprechen. Offene Diskussionen gehören nicht zu dem, was Simones Mutter unter Familienleben versteht. Ihre älteste Tochter aber sehnt sich nach ausgiebigen Gesprächen über all das, was sie erlebt, liest, denkt.

Zum Glück gibt es in der Klasse ein Mädchen, mit dem sich Simone unterhalten kann: Elizabeth Mabille, genannt Zaza. Simone lernt sie mit fast zehn Jahren kennen. Bald schon wird sie ihre Freundin. Zaza hat acht Geschwister und kommt aus der Bourgeoisie wie Simone. Allerdings sind ihre Eltern viel reicher. Die Mutter erzieht ihre Kinder nicht so streng wie Françoise. Simone erschrickt fast, als sie das Haus der Mabilles zum ersten Mal betritt, so fremdartig kommen ihr das Kindergewusel und der Lärm fröhlicher Stimmen vor. Zazas Mutter lässt sich dadurch in der Arbeit nicht stören.

Zaza selbst lebt sehr spontan in den Tag hinein, versucht sich in vielen verschiedenen Dingen: Sie stellt eine Zeitung her, kreiert eigenes Konfekt, liest viel und spielt Klavier. Auch ihr äußeres Erscheinungsbild zeugt von einem freien Umgang mit gesellschaftlichen Normen. Zaza trägt das Haar kurz und gibt sich lässig. Sie legt nicht viel Wert auf übertriebene Zurückhaltung und die strengen Gesetze der Höflichkeit. Einmal wird der freie Umgang zwischen Mme Mabille und dieser Tochter besonders deutlich: Im *Cours Désir* findet ein Klaviervorspiel statt, bei dem Zaza ein Stück spielt, das ihre Mutter für zu schwer hält. Zaza, die in der Tat beim Üben zu Hause oft Fehler gemacht hat, spielt nun völlig fehlerfrei. Zum Zeichen ihres Triumphs streckt sie der Mutter vor allen Leuten die Zunge heraus. Man stelle sich all die wohlerzogenen Mädchen mit den gestärkten Blusen und kunstvoll zurechtgemachten Haaren vor, die sich nicht einmal trauen, beim Sitzen die Beine übereinanderzuschlagen. Ein sich anbahnender Skandal, der von Mutter und Tochter bravourös in den Wind geschlagen und mit Humor getragen wird. Ein Küsschen für Mme Mabille versöhnt sogar das aufgebrachte Publikum. Niemals würde Simone sich so etwas erlauben. Sie bewundert ihre Freundin dafür. Simone steckt in einem zu dicken Panzer, um derart unbefangen sein zu können. Sie kennt nur die

Freiheit der Gedanken, der Vorstellungen und findet Menschen toll, die das in die Tat umsetzen, was sie sich lediglich ausdenkt. Eigenständig zu sein, eine selbstbewusste Person, die ihre Ideen ausführt, spontan reagiert und keine Scheu vor der Intoleranz und Sturheit der Leute kennt, so sieht ihr Ideal von sich selbst aus. »Obwohl ich selbst mich den Gesetzen, den Klischees, den Vorurteilen unterwarf, liebte ich doch, was neu, was spontan war und von Herzen kam. Die Lebhaftigkeit und Unabhängigkeit Zazas sicherten ihr meine Ergebenheit.« (*Tochter* 89) Der Weg zur eigenen Befreiung scheint allerdings noch unermesslich weit zu sein. In dieser Lebensphase steckt Simone fest in ihrem wenig anmutigen, ungelenken Körper und versteckt sich hinter Strenge und Humorlosigkeit.

Zaza ist übrigens die einzige Freundin, die sich Simone selbst ausgesucht hat. Mit anderen Mädchen aus der Bourgeoisie pflegt sie einen eher oberflächlichen Kontakt, was ihre Mutter begrüßt. Aber Zaza und sie sind unzertrennlich. Von Zaza bekommt Simone Anregungen, mit ihr kann sie über Bücher sprechen und beide sind ehrgeizige Schülerinnen. Dabei bleiben die zwei Mädchen unterschiedlich stark integriert in ihr jeweiliges Familienleben: Zazas Mutter hat auf ihre eigene Geistesbildung nie viel Wert gelegt. Trotzdem erfüllt sie Zazas Lerneifer mit einem gewissen Stolz, aber sie erwartet auch von ihr, dass sie lernt, einem großen Haushalt vorzustehen mit allem, was dazugehört, und zudem soll sie auf die jüngeren Geschwister aufpassen. Zaza ist gespalten: Einerseits liebt sie ihre Mutter sehr und möchte sie nicht enttäuschen, andererseits wünscht sie sich fürs Lesen und Lernen mehr Freiraum. Die Regeln, die zu Hause herrschen, gelten für Zaza allerdings absolut. Sie käme nie auf die Idee, ernsthaft daran zu rütteln. Auch den Katholizismus hat Zaza völlig verinnerlicht. Sie käme nicht auf die Idee, grundsätzliche Moralvorstellungen der Kirche zu hinterfragen. Das sieht für Simone ganz anders aus. Ein Stachel treibt sie an, der sie unaufhörlich bohrende Fragen stellen lässt. Gern würde sie mit Zaza auch über den Glauben und andere existenzielle Fragen reden, aber Zaza macht in dieser Hinsicht dicht. Der Unterschied zwischen den beiden Freundinnen wird deutlich. Zaza ist zwar forsch im Reden und Auftreten, aber ihre Gedanken sprengen den Rahmen ihrer Herkunft nicht. Simone hingegen hat aufrührerische Gedanken, traut sich aber nicht, in selbstbewusstem Auftreten auch nach außen hin dafür einzustehen. Mittlerweile hat sie sich damit abgefunden, die anderen nicht durch ein besonders anmutiges Äußeres zu bezaubern. Immer dann, wenn sie auf Garderobe oder Frisur angesprochen wird, tut sie kund, sie arbeite den ganzen Tag und habe absolut keine Zeit, sich um solcherlei Nebensächlichkeiten zu kümmern. Françoise hat zu allem Unglück keinerlei Sensibilität für das Körpergefühl eines pubertierenden Mädchens und steckt Simone in unmögliche Kleider, aus denen sie längst herausgewachsen ist. Niemals käme sie auf die Idee, ihre Tochter zu unterstützen, mit den körperlichen Veränderungen besser umzugehen. Simones Pickel und ihr linkischer Körper reizen selbst den geliebten Vater zu bissigen Bemerkungen und er bevorzugt nun Spaziergänge mit Poupette, die weiterhin süß und putzig aussicht. »Ohne böse Absicht, aber auch ohne Schonung, machte er über meinen Teint, meine Akne, meine Tollpatschigkeit Bemerkungen, durch die mein Unbehagen und meine Manien auf die Spitze getrieben wurden.« (*Tochter* 97)

Zu all diesen Problemen kommt erschwerend hinzu, dass die Beauvoirs umziehen müssen. Die teure Wohnung ist nicht mehr zu halten, die Familie muss in eine kleinere Wohnung in einem Mietshaus in der Rue de Rennes 71 ziehen, noch dazu in den fünften Stock. Simone leidet besonders unter dem Verlust des geliebten Balkons. Nun kann sie ihrer Lust an der Beobachtung des Lebens auf der Straße nicht mehr so ausgiebig frönen wie bisher. Aber auch sonst hat sich einiges zu ändern. Die Enge der Räumlichkeiten zwingt die beiden Mädchen dazu, in einem Zimmer zu schlafen, in dem man sich kaum drehen kann. Es klingt absurd, aber Georges hat auch jetzt ein eigenes Arbeitszimmer, wozu, weiß eigentlich keiner. Natürlich lehnt sich Simone nicht offen auf, aber ihr fehlt ein Platz zum ungestörten Alleinsein. Es wird an allen Ecken und Enden gespart. Das Dienstmädchen Louise gibt die Stellung auf, heiratet, bleibt aber im Haus und zieht mit ihrem Mann ins Dachgeschoss. Weitere Versuche mit Dienstmädchen scheitern nach kurzer Zeit an der Überempfindlichkeit von Françoise. Das Dienstpersonal lässt sich nicht mehr alles gefallen wie früher und ist forscher geworden im Auftreten. Da verzichtet die Mutter lieber auf Personal, hat also den Haushalt allein zu versorgen, was ihre Stimmung nicht gerade aufhellt. Ein weiteres Symbol für einen gehobenen Lebensstandard ist damit verloren gegangen. Es liegt eine permanente Gereiztheit in der Luft, eine Stickigkeit, die jede Fröhlichkeit erdrückt und die Fantasie einengt. Das Leben der Mädchen ist spartanischer denn je. Selbst als der Vater ihnen Fahrräder schenken möchte, wird das von Françoise vereitelt mit dem Argument, eine solche Anschaffung sei Ausschweifung und unnötiger Luxus. Es kommen auch nicht mehr häufig Gäste, denn es könnte bekannt werden, dass es den Beauvoirs schlecht geht. Nach außen wird so getan, als sei alles wie früher.

Weil Simone nun keine Möglichkeit mehr hat, vom Balkon aus das bunte Treiben auf der Straße zu beobachten, erstreckt sich ihre Neugierde auf die Nachbarn im Haus. Da allerdings gibt es nicht viel Erfreuliches zu entdecken. Zuerst stirbt das Kind von Louise an Lungenentzündung. In der kleinen Kammer, in der das ehemalige Dienstmädchen mit ihrer kleinen Familie untergebracht ist, kann man sich kaum bewegen und wohnen schon gar nicht. Es ist ein jammervolles Dasein. Auch das Kind der Hausmeisterin wird krank. Es bekommt Tuberkulose und siecht dahin.

Im ganzen Haus riecht es nach Krankheit, alle bewegen sich auf Zehenspitzen durchs Treppenhaus und Simone beginnt, an den eigenen Tod als etwas zu denken, was auch sie jederzeit tref-

Rue de Rennes 71: Im fünften Stock liegt die Wohnung, die Familie Beauvoir 1919 bezog.

fen könnte. »Eines Nachmittags in Paris wurde mir mit einem Male klar, dass ich zum Tode verurteilt sei.« (*Tochter* 132) Abends im Bett redet sie mit Hélène darüber, dass man nie wissen könne, wann es einen treffe, vielleicht seien sie schon morgen dran. Sie denkt nach über Gott und die Kirche und das, was sie bisher darüber gehört hat. Sie fängt an, daran zu zweifeln, dass dieser Gott es immer nur gut meint mit den Menschen. Wie sonst könnte er solch grauenvolles Sterben kleiner Kinder zulassen. Es zeigen sich deutliche Risse in dem harmonischen Weltbild, das Simone bisher akzeptiert hat und das ihr fast selbstverständlich geworden war. Sie fühlt sich einsam, zumal die Schwester diese Zweifel nicht hat oder sich einfach nicht dazu äußert. Simone schläft nicht mehr so gut wie früher, sie hat das Gefühl von Leere und Kälte. Langsam schleicht sich der Zweifel ein an einer grundsätzlichen Geborgenheit in der Welt. Simone wird ungeduldiger, reizbarer, unberechenbarer. Man merkt ihr mehr als früher an, wie sie die Familienfeste und Verwandtenbesuche nerven. Sie möchte viel lieber ihre Ruhe haben. Damit die anderen nicht merken, wie es in ihr aussieht, beginnt sie, sich eine Maske zuzulegen. Ihr Wunsch nach Sicherheit steht ihrer Sehnsucht nach Freiheit entgegen. Nach außen bewegt sie sich wie gewohnt, versucht, die Reizbarkeit zu verstecken. Innerlich kämpft sie mit sich und all den angelernten, jahrelang eingeübten Ritualen.

Einen Menschen gibt es in der Verwandtschaft, den Simone sehr bewundert, ja regelrecht anschwärmt: Jacques Champigneulle, ein Vetter. Mit 13 Jahren hat er bereits eine große innere und äußere Selbstständigkeit. Er lebt allein mit seiner Schwester am Boulevard du Montparnasse und besucht als Externer das *Collège Stanislas*. Jacques liebt wie Simone die Literatur, er hilft ihr bei den Latein-Hausaufgaben und erzählt ihr vom Leben im skandalumwitterten *Quartier du Montparnasse*. Zunächst aber ist Jacques ein Gesprächspartner für Georges de Beauvoir. Seit seine älteste Tochter in der Pubertät ist und nicht mehr den kindlichen Zauber versprüht, den er offensichtlich an jungen Mädchen schätzt, bevorzugt er andere, mit denen er über das Leben und die Kunst sprechen kann. Jacques will aber nicht nur mit Georges sprechen, sondern zeigt sich durchaus beeindruckt von der Intelligenz Simones. Er unterhält sich gern mit ihr, und sie lernt durch ihn Autoren kennen, von denen sie bisher nichts wusste. Das *Collège Stanislas* muss geniale Lehrer haben, mutmaßt Simone. Im Kontrast dazu erscheint ihr der *Cours Désir* schal, bieder und langweilig: »... ich sah eine Klasse von Knaben vor mir, während ich selbst mich in der Verbannung fühlte. Sie hatten als Lehrer Männer von glänzender Intelligenz, die ihnen das Wissen in seinem ungetrübten Glanz vermittelten. Meine alten Lehrerinnen teilten es mir nur in gereinigter, verwässerter, abgelagerter Form mit. Man nährte mich mit Ersatz und hielt mich im Käfig gefangen.« (*Tochter* 116)

Einzig Zaza kann dieses Gefühl des Biederen, Schalen ein wenig auflockern. Dennoch verhält es sich keineswegs so, dass sie

in wichtigen lebensanschaulichen Fragen einer Meinung ist mit
Simone, im Gegenteil. Was zum Beispiel das Verhältnis zum anderen Geschlecht angeht, muss man sich wundern über Simones
rigide Ansicht. Die Liebe ist in ihrer Vorstellung entweder absolut oder gar nicht. Unter dieses Diktat des Absoluten haben sich
Frauen und Männer zu stellen. Simone akzeptiert – und hier ist
sie ganz und gar konsequent – die gängige Meinung nicht, die
es Männern erlaubt, sich »die Hörner abzustoßen«, sprich, vor
der Ehe in freier Wildbahn Jagd auf Frauen zu machen, um
dann, gereift und müde, geläutert in den Hafen der Ehe mit einer
braven Frau einzulaufen. Dieser Ansicht widerspricht Simone
heftig.

Mit ihrer hehren Vorstellung von der großen, absoluten Liebe
fordert sie Zazas Spott heraus. Simone erduldet das, bleibt aber
bei ihrer Sicht der Dinge. Sie scheint die Sicherheit und Geborgenheit, die sie zu Hause und in der katholischen Kirche nicht
mehr findet, anderswo zu suchen. Etwas Großes und Allumfas-
sendes muss es im Leben geben, davon ist Simone überzeugt.
Zwar existiert Gott für sie noch immer, doch erlebt sie seine
Gegenwart nicht mehr am Sonntag in der Kirche, sondern weit
eher in der Liebe und in der Natur, in Meyrignac zum Beispiel.
Als sie mit 16 wieder einmal Ferien auf dem Gut des Großvaters
macht, wird ihr klar, wie mächtig die Anwesenheit Gottes in der
Natur ist. Die Bäume, Wiesen und Wolken, alles trägt Spuren
des göttlichen Ursprungs in sich. Der Zugang zu ihm ist direk-
ter als in der Stadt, unter Menschen, zwischen Häusern auf den
Straßen, in der Abgeschlossenheit ihres engen Zimmers. »Je
mehr ich mich an den Boden heftete, desto näher kam ich ihm,
so dass jeder Spaziergang zu einem Akt der Anbetung wurde.«
(*Tochter* 120)

Hinzu kommt etwas Neues, ungeheuer Spannendes: Simone
hat den Eindruck, es ist nicht unerheblich für die Wirklichkeit
der Natur, dass hier ein Mensch steht, der sie wahrnimmt, die
Sinne öffnet, sie in der Wahrnehmung erst richtig real sein lässt.

Die Natur scheint verlassen zu sein, undeutlich, verschwommen, wenn da nicht der schauende, riechende, empfindende Mensch ist.»Von Neuem war ich einzig und fühlte, dass alles nach mir verlangte: mein Blick war nötig, damit das Rot der Buche sich vom Blau der Zeder und dem Silberton der Pappel unterschied.« (*Tochter* 120) Über die Wahrnehmung der Natur scheint Simone die direkte Kommunikation mit Gott möglich. Gott braucht mich, den Menschen, mich, Simone de Beauvoir, damit seine Schöpfung zu voller Blüte kommen kann. Ganz ursprünglich und spontan geht ihr etwas auf, was in der Philosophie längst bedacht wurde, nämlich dass es ohne die Wahrnehmung des Menschen keine Wirklichkeit geben kann. Alles, was ist, erscheint im erkennenden Bewusstsein.»Wenn der Schöpfung meine Gegenwart fehlte, glitt sie in dumpfen Schlummer zurück …« (*Tochter* 120) Simone ist wie berauscht von diesem Gedanken, sie vergisst darüber die Zeit und ordnet sich nicht in den geregelten Ferientagesablauf ein. Weil sie mit ihnen über ihre Erkenntnisse nicht sprechen kann, bleibt ihr nur, sich der Strafe zu beugen: kein Herumstreunen mehr, sondern sittsames Verharren im Park. Ein Buch auf den Knien ist erlaubt, aber nicht das Verlassen des Geländes. Simones Inneres muckt auf, ihr Freiheitsdrang ist stark wie nie, aber die gute, brave Tochter gehorcht wie immer.

Wieder zurück in Paris, fühlt sie sich erschöpft und leer. Sie hat keine Freude an der Stadt. Die Häuser versperren die Aussicht auf den Himmel, es riecht nicht so gut wie in Meyrignac. Dann die strengen Eltern, die Enge der Wohnung, die starren Regeln in der Schule. Und Jacques, der sich auch nicht immer so verhält, wie Simone es sich wünscht. Manchmal ist er ganz und gar zugeknöpft, sogar patzig und unfreundlich, lässt sich lange überhaupt nicht mehr blicken, dann erscheint er wieder täglich. Simone in ihrer betont zurückhaltenden Art verlangt natürlich keine Rechenschaft und versucht, auf andere Weise mit den Launen ihres Vetters, in den sie sich mittlerweile ein wenig verliebt hat, fertig zu werden.

Durch ebendiesen Jacques wird Simone mit einem Roman bekannt gemacht, der sie sehr beeindruckt und zur Identifikation einlädt: *Le Grand Meaulnes* von Alain-Fournier, erschienen im Jahr 1913 und vorgeschlagen für den renommierten *Prix Goncourt*. Die Hauptfigur des Buchs, Augustin Meaulnes, lebt von früher Jugend an ein Abenteurertum, was ihm die Bewunderung der Freunde und Klassenkameraden einbringt. Manchmal auch fürchten sie seine abrupten Entschlüsse und schwer einzuschätzenden Reaktionen. Eine unerklärliche Sehnsucht treibt ihn immer wieder in die Ferne, weg vom einmal Erreichten, von lieben Menschen, von allem, was ihm ein ruhiges Dasein bieten könnte. So findet und verliert er die »ideale« Frau, Yvonne, die ihn liebt, die er liebt und mit der er glücklich werden könnte. Parallelen zu Jacques und seinem unsteten Lebenswandel sind unverkennbar für Simone, und so bietet der Roman für sie die Möglichkeit, ihren seltsamen Freund ein wenig besser zu verstehen. Auch ihn scheint eine fremde Macht anzutreiben. Die interessanteste Figur der Geschichte aber ist für Simone Seurel, der Erzähler. Selbst in Yvonne verliebt und in treuer Freundschaft mit Meaulnes verbunden, erzählt er aus einem Abstand heraus, der verwundert, spürt man doch das Schmerzhafte heraus, das diese Freundschaft für ihn mit sich bringt. Seurel ist Mitspieler, er treibt nicht willenlos im Strom des Geschehens, sondern bewahrt sich einen klaren Kopf. Er urteilt nicht, sondern analysiert, versucht zu verstehen, schildert, wie einer alles aufs Spiel setzt, dabei fast alles verliert, aber in manchen Momenten dann doch auch als Gewinner hervorgeht. Meaulnes ist ein Mensch, der seinem inneren Antrieb folgt, der versucht, seine Vorstellungen zu verwirklichen, sich verstrickt in fremde Lebensschicksale und dabei nie völlig untergeht. Auch Seurel ist ein selbstständig denkender und handelnder Mensch. Auch er bleibt verstrickt in das Beziehungsgeflecht, das er in der Jugend geknüpft hat. Aber er versucht das Wagnis der Analyse, er tut einen Schritt zurück, gewinnt Abstand und kann so die eigene Geschichte und die des »großen Meaulnes« und der anderen Menschen erzählen.

Simone kann sich vorstellen, selbst einmal auf diese Weise schreibend eigene Erfahrungen mit der Fantasie zu verknüpfen und so besser zu verarbeiten. Dass Yvonne an ihrer Liebe zu Meaulnes festhält, ist auch ein Punkt, der Simone in ihrer eigenen Vorstellung von der absoluten Liebe recht gibt, und das, obwohl die junge Frau, geschwächt durch den Kummer um Meaulnes, nach der Geburt einer Tochter stirbt. Aber sie hat es nicht anders gewollt und die Konsequenzen ihrer Lebensentscheidungen auf sich genommen. Alle Hauptfiguren des Romans, der Erzähler inbegriffen, sagen Ja zu ihrem individuellen Leben. Und so öffnet sich für Simone de Beauvoir immer mehr ein Horizont, eine Art Zukunftsperspektive, eine Möglichkeit, aus dem Gefängnis ihres bourgeoisen Elternhauses und des strengen Katholizismus herauszukommen. Man müsste nur etwas ganz und gar Eigenes werden wollen, ein Bild von sich entwerfen, das unabhängig ist von der Erziehung, von den Lebens- und Moralvorstellungen der Familie. Sich selbst das Gefühl geben können, lebendig zu sein, jemand Besonderer, ein Individuum voller Lebenswillen, Mut, Enthusiasmus und einem starken, unabhängigen, klar analysierenden Verstand. In diesem, vom Chaoten Jacques empfohlenen Roman hat die Leseratte Simone etwas von dem gefunden, was sie sich sehr gut für ihr weiteres Leben vorstellen kann. Es lohnt sich für sie, dafür zu kämpfen. Immer wieder sind es Bücher, die dem jungen Mädchen dabei helfen, sich zu orientieren. Längst nicht mehr haben die Eltern dieses Privileg. Das geschriebene Wort ist endgültig an die Stelle der elterlichen Überzeugungen getreten.

Bestärkt wird Simone in ihrem Denken durch ein neues erschütterndes Erlebnis: »Eines Abends in Meyrignac stützte ich mich wie so oft schon mit den Ellbogen auf mein Fensterbrett; Stallgeruch stieg zum dunstigen Himmel auf; mein Gebet erhob sich kraftlos und sank dann wieder in sich zusammen.« (*Tochter*

130) Sie denkt nach über sich, über ihren Lebenshunger, auch über die Körperlichkeit und die seltsame Rolle, die diese in der Kirche spielt. Schlagartig wird ihr klar, dass es den Gott, von dem ihr die ganze Kindheit und Jugend über erzählt wurde, nicht geben kann. Seine Absolutheit, seine Vollkommenheit stehen in Widerspruch zur Wirklichkeit des alltäglichen Lebens. Sie hat keine Lust mehr, die eine überirdische göttliche Welt als die höhere, vollkommenere Welt zu akzeptieren. Und so beschließt Simone de Beauvoir, den Glauben an Gott aufzugeben.

»Ich hatte immer gedacht, dass im Vergleich zur Ewigkeit diese Welt nicht zähle; sie zählte jedoch, denn ich liebte sie ja; stattdessen wog auf einmal Gott nicht mehr schwer genug: offenbar deckte sein Name nur eine Fata Morgana.« (*Tochter* 131)

Selbst bestimmen, was gut ist und was schlecht, wichtig oder unwichtig, schön oder hässlich. Keine Angst mehr haben vor der Strafe Gottes, vor dem Unmut der Kirche. Was soll's, der Himmel ist leer, aber das Leben ist übervoll und birgt ungeahnte Möglichkeiten, man muss sie nur ergreifen. Die einzige Angst, die es auszuhalten gilt, ist die Angst vor dem Nichtmehrsein, dem Tod. Dass wir sterblich sind, ist die zweite, nicht zu leugnende Wahrheit. Ich sterbe irgendwann und kein Gott hilft mir, diese Tatsache besser zu ertragen. Dennoch geht Simone weiterhin in die Kirche, offenbart ihren Eltern nicht, zu welcher Gewissheit sie gelangt ist. Nach außen ändert sich zunächst überhaupt nichts. Simone lebt sozusagen doppelt, mehr denn je. Sie weiß, dass sie irgendwie auskommen muss mit Mutter und Vater, dass sie sich arrangieren muss. Sie hat Routine darin. Es gilt nun, zunächst einmal das baccalauréat zu machen, um dann vielleicht doch Philosophie studieren zu dürfen.

1924 ist das Jahr, in dem es französischen Schülerinnen zum ersten Mal erlaubt wird, die allgemeine Reifeprüfung abzuschließen. Bisher waren die meisten Mädchen ohne jede Art von Abschlussprüfung von der Schule abgegangen. Vor dem Krieg war man davon ausgegangen, dass es nichts Schöneres geben könnte für eine junge Frau als zu heiraten. Abhängig waren solche Heiraten zu einem beträchtlichen Teil von der Mitgift, die die Frau mitbrachte. Nun, nach dem Krieg, hat sich die Situation verändert. Es gibt viele Familien, die verarmt sind und ihren Töchtern keine Mitgift geben können. Da Georges weiß, dass er zu den Vätern gehört, deren Töchter keine Mitgift bekommen werden, pocht er darauf, dass sie beide einen Beruf erlernen sollten, um finanziell unabhängig zu sein. Simone könnte Lehrerin werden. Sie würde sich glücklich schätzen, wenn sie in der Wahl der Studienfächer Wahlfreiheit hätte, aber das letzte Wort werden selbstverständlich auch hier die Eltern sprechen. Doch bis zum Studienbeginn ist es noch eine Weile hin und es sind ein paar Hürden zu nehmen. Zunächst einmal legt Simone 1924 mit sechzehn Jahren das *premier baccalauréat* ab und zwar mit Auszeichnung. Diese Qualifikation reicht aber noch nicht aus, um die Universität besuchen zu können. Dazu bedarf es einer weiteren Prüfung, zu der man sich im *Cours Désir* vorbereiten kann: das baccalauréat in Philosophie und Naturwissenschaft. Simone macht sich mit Energie an die Arbeit. Die Mutter erlaubt ihr ein paar kleine Freiheiten. Sie darf die Bücher nach draußen, in den *Jardin du Luxembourg*, mitnehmen. Simone nutzt die Gelegenheit und weitet ihre Spaziergänge aus, stöbert bei den Bouquinisten in »verbotenen« Bücherstapeln. Sie liest sich häufig fest in Romanen und ist vor allem beeindruckt von Colette, die 1873 geboren wurde und um 1900 mit der schriftstellerischen Arbeit begonnen hat. Allerdings kamen ihre Bücher zunächst unter dem Namen ihres Mannes heraus. Er veröffentlichte unter dem Pseudonym Willy Romane, die er andere schreiben ließ. Erst ab 1904 erschienen Colettes Bücher unter ihrem eigenen Namen. Sie ist bekannt geworden durch ihre Romane, Erzählungen, Theaterkritiken, durch ihr Leben, in dem sie versuchte, zu einer Freiheit für sich selbst zu gelangen. Sie tanzte im Varieté und war Modejournalistin. Eine unglaublich vielseitige Künstlerin und schillernde Frau. Die Grundfrage für Colette lautet: Wie kann man

Colettes Romane füllen auch heute noch die Buchstände am Ufer der Seine.

als Frau eine starke Persönlichkeit entwickeln? Sie spricht offen über die Geschlechter, über Sexualität und die Selbstverwirklichung der Frau. Bei den Bouquinisten finden sich vor allem die *Claudine*-Romane von Colette. In diesen Büchern hat die Schriftstellerin eine Art weiblicher Entwicklungsgeschichte erzählt. Claudine schildert selbst ihr Leben im Dorf, ihre Kindheit, ihr Zuhause, die Schule und schließlich das Eheleben in Paris. Das ist verbotene Kost für Simone, ihre Mutter würde diese Lektüre nie erlauben. Umso verlockender ist es, sich darin zu verlieren, die Zeit zu vergessen und um einige Erfahrungen bereichert wieder daraus aufzutauchen.

Eine zweite Freiheit besteht nun in diesem letzten Jahr im *Cours Désir* darin, abends länger aufbleiben zu dürfen. Oft ist der Vater dann unterwegs und Mutter und Schwester schlafen schon. Mit einem Opernglas beobachtet Simone das Treiben in den gegenüberliegenden Häusern. Ihre Neugierde ist grenzenlos, das soziale Miteinander anderer Leute, ihre Umgangsformen, die Beschäftigungen, das alles interessiert sie brennend. Selbst leben und das Leben anderer beobachten, innerlich brennen und schauen, ob die anderen von der gleichen Glut angetrieben werden oder vor Langeweile fast eingehen, das verfolgt sie mit Spannung. Aber das zweite, eigentliche baccalauréat besteht man damit noch nicht.

Die Vorbereitung im *Cours Désir* lässt zu wünschen übrig. Philosophie wird von einem Priester unterrichtet, der vorliest, diktiert und dem die Rechtschreibung wichtiger ist als das Nachdenken über die Texte aus der Philosophiegeschichte. Und so besteht Simone das baccalauréat in Philosophie gerade mal so und nicht wie gewohnt mit gutem Erfolg. In Mathematik läuft es besser.

Nun steht also ganz akut die berufliche Zukunftsplanung an. Philosophie, Simones Wunschfach, ist für beide Eltern eine Horrorvision. Der Vater hält sie für pure Zeitvergeudung und ein Schwafelfach, die Mutter hat Zweifel daran, weil sie der Meinung ist, damit werde dem Verlust an Religiosität und Moral nur noch weiter Vorschub geleistet. Sie bangt um das Seelenheil ihrer Tochter. Irgendetwas aber muss geschehen. Simone stellt sich stur. Zum ersten Mal lehnt sie sich mit ihrer ganzen Person auf und grollt nicht bloß im Innern. Jedes Mal, wenn das Gespräch auf die Zukunft kommt, schweigt sie beharrlich. Die Eltern sind hilflos. Auf die Universität könnte Simone sowieso noch nicht, weil der *Cours Désir* nur eine Mittelschule ist und sich daran noch ein Jahr auf dem Gymnasium anschließen müsste. Nach endlosem Hin und Her akzeptieren die Eltern Simones Vorschlag, Philosophielehrerin in einer höheren staatlichen Schule werden zu wollen. Françoise macht sich auf die Suche nach einem geeigneten Gymnasium. Ihre Wahl fällt auf das *Institut Sainte-Marie* in Neuilly. Die Schule ist in einem ehemaligen Kloster untergebracht, religiös ausgerichtet und ihre Schülerinnen kommen aus angesehenen, wohlhabenden Familien. Auch Zaza soll dort untergebracht werden.

Die Schule hat nicht nur einen guten Ruf, sie wird diesem auch gerecht, vielleicht noch in einer etwas anderen Hinsicht, als Simones Mutter es sich wünscht. Die Leiterin, Madame Daniélou, ist nämlich eine Erzieherin von hohen Graden, fortschrittlich, kompetent und voller Enthusiasmus. Sie hat zwei Kinder und einen Mann, der ihr keine Steine in den Weg legt, sondern sie unterstützt. Die Lehrerinnen, mit denen Simone zu tun hat, sprühen ebenfalls vor Intelligenz und freiem Denken. Simone fühlt sich hier sehr wohl und bestärkt in dem Wunsch, es diesen Frauen gleichzutun. Die Beziehung zur Mutter wird dadurch nicht besser: »Ich ertrug meine Gefangenschaft umso schlechter, als es mir zu Hause gar nicht mehr gefiel. Mit zum Himmel erhobenen Augen betete meine Mutter für meine Seele; hienieden stöhnte sie unter meinen Verirrungen: jede innere Verbindung zwischen uns war abgeschnitten.« (*Tochter* 169) Beide Töchter sind nun fast erwachsen, Georges bewegt sich die meiste Zeit außer Haus und Françoise hat noch mehr Gelegenheiten, sich einzumischen, zu beobachten, zu reglementieren. Simone spielt Versteck, erzählt ihrer Mutter nichts von sich, ist unfreundlich und patzig. Lernen wird wieder zum hauptsächlichen Lebensinhalt. Sie hat viel zu wenig Zeit, sich anderen Menschen zu widmen. Sie fühlt die drückende Einsamkeit, aber sie sieht keine Möglichkeit, Kontakte zu knüpfen. Versuche dazu gibt es durchaus. So beginnt sie nachmittags in der öffentlichen Bibliothek manchmal ein Gespräch mit einer unbekannten Person, in der Hoffnung, Anregungen zu bekommen. Diese Bemühungen scheitern jedoch, wieso, kann man nicht genau sagen. Mag sein, dass die wissbegierige, ehrgeizige junge Frau auf andere einen arroganten Eindruck macht, dass sie sich überfordert fühlen. Es ist anzunehmen, dass sie nicht besonders gut zuhören kann, hat sie doch seltenst erfahren, was es heißen könnte, sich zurückzunehmen, andere reden zu lassen und sensibel auf das Gehörte zu reagieren.

Zu ihrer Schwester hat Simone in dieser Zeit einen guten Draht. In dem Gefühl, zu Hause eingesperrt zu sein, fühlen sie sich verbunden. Manchmal, wenn die Eltern abends gemeinsam ausgehen, verlassen die Schwestern das Haus und streifen einfach so durch die Gegend, schauen in die Fenster, hinter denen Familien ihren Abend gestalten, und beäugen neugierig das Treiben in den Cafés. Die Enge ihres Daseins wird ihnen nur umso bewusster. Was ihnen besonders fehlt, ist die Unbeschwertheit, die sie bei anderen wahrnehmen. Alles ist so schwer für sie, die Wolken hängen tief und bedrücken, der weite Horizont ist nicht sichtbar. Auf ihren Streifzügen entdecken sie die Fröhlichkeit, die andere ausstrahlen, das Glück, das ihnen beiden verwehrt wird. Die jungen Leute draußen in den Straßen und Lokalen scheinen sich alle so natürlich in ihren Körpern zu bewegen, ihr Lachen ist offen und die Frauen senken die Blicke nicht verschämt, während sie mit Männern sprechen.

Simone und Hélène wissen noch immer wenig über Sexualität und sie leiden zunehmend unter dieser Ahnungslosigkeit. Simones Beziehung zu Jacques ist nie über eine harmlose Schwärmerei, Herzklopfen und Erröten hinausgegangen. Selbst Françoise billigt die Beziehung, weil sie sie zunächst für harmlos hält. Als Jacques darum bittet, Simone abends ausführen zu dürfen, willigt sie zu aller Erstaunen ein, obwohl die Verwandten warnen. Sie hofft, hier einen Mann gefunden zu haben, der ihre Tochter auch ohne Mitgift heiraten würde. Und so holt Jacques seine Cousine im neuen Sportwagen ab und kutschiert sie durch Paris, bevor sie zusammen diverse Bars und Cafés besuchen. Simone entdeckt das Rauchen und die bunten Cocktails schmecken ihr besonders gut. Die Mutter harrt aus, wartet auf das Heimkommen der Tochter und den Heiratsantrag, der ausbleibt.

Im Institut trifft Simone auf eine Lehrerpersönlichkeit, die sie über die Maßen beeindruckt: Garric. Er unterrichtet Literatur auf hohem Niveau, ohne sich auf seine eigene große Bildung viel einzubilden. Seiner Meinung nach sollten alle Menschen die Möglichkeit haben, sich Bildung anzueignen. Garric selbst wohnt sehr bescheiden in einem Arbeitermietshaus und hält immer wieder sozialkritische Vorträge. Kein Stand solle sich abgrenzen, alle Menschen gehörten derselben Gemeinschaft an, so seine Worte. Für Simone stellt Garric die Verkörperung einer Idee dar, seiner Idee der Gleichheit und Kommunikation aller mit allen. Bisher hieß es immer, man müsse sich seines Standes bewusst sein, sich nicht mit diesen oder jenen einlassen, wozu auf jeden Fall die Kommunisten und die Arbeiter zählten. Und nun kommt einer, der all diese Schranken einreißen möchte. Simone ist wie berauscht. Die Kurse bei ihm sind die schönsten der Woche. Was sie nebenbei an der Sorbonne über Literatur hört, langweilt sie hingegen. Die Literaturprüfung am Institut Sainte-Marie besteht sie glänzend, und Garric ist einer der Ersten, der gratuliert. Simone hört noch ein weiteres Semester bei ihm, dann macht sie Examen in Mathematik und Latein. Mademoiselle Lambert, die Philosophielehrerin, bietet ihr an, bei ihr Philosophievorlesungen zu hören. Die Eltern haben nichts dagegen, eine Tür öffnet sich und dahinter erscheinen die Gesichter von Kant, Descartes, Leibniz und anderen. Mit ihnen wird Simone de Beauvoir sich nun auseinandersetzen müssen, mit ihnen und anderen, und darüber hinaus immer wieder mit sich selbst.

*»Es kam mir vor, als spürte ich in mir
eine Menge Dinge, die man sagen müsste.«*

Wie wird man eine Selbstdenkerin?
(1925–1929)

◀ *Simone de Beauvoir (links) und ihre Freundin Zaza (Mitte), 1927*

Es kommt nun vieles auf Simone de Beauvoir zu, ihr Alltag gestaltet sich immer bunter. So arbeitet sie als Assistenzlehrerin am *Institut Sainte-Marie*, wo sie auch Kurse über Logik und Philosophie bei Mademoiselle Lambert besucht. Gleichzeitig ist sie an der Sorbonne für Philosophie immatrikuliert und arbeitet als Volontärin in der *Equipe Sociale* von Robert Garric, wo sie Literaturkurse für Frauen aus der Unterschicht, vor allem kleine Angestellte, abhält. »Garric hatte die Bewegung der *Equipes sociales* gegründet, die darauf ausging, in den unteren Volksschichten Bildung zu verbreiten.« (*Tochter* 167) In Frankreich sind schon zu dieser Zeit viele Frauen außer Haus erwerbstätig. Die meisten arbeiten in der Landwirtschaft, gefolgt von der Industrie, dem Handel und der Verwaltung. Gesellschaftlich angesehen sind sie aber trotzdem nicht. Nur Volksschullehrerinnen und Hebammen genießen einen besonderen gesellschaftlichen Status, weil sich bei ihnen der öffentlichen Meinung zufolge die weibliche Qualität der Hingabe am besten bewähren kann.

Die meiste Zeit des Tages von Beauvoir gehört der eigenen Bildung. »Das geistige Niveau von *Sainte-Marie* war sehr viel gehobener als das des *Cours Désir*. Mademoiselle Lambert, die den Oberkurs leitete, flößte mir Respekt ein. Im Besitz des Staatsexamens für Philosophie, ungefähr fünfunddreißig Jahre alt, trug sie eine schwarze Ponyfranse über einem Gesicht, in dem blaue Augen hell und durchdringend leuchteten.« (*Tochter* 167) Ob diese Frau aber überhaupt ein Privatleben hat, eine Liebe, Freunde, eine Leidenschaft außerhalb des Berufs? Man erzählt sich, sie sei vor dem Krieg verlobt gewesen und der Verlobte sei gefallen. Dies sei für sie ein großer Einschnitt gewesen. Seither nehme sie am Leben nicht mehr wirklich teil. Und bedeutet ihr das Denken nicht noch mehr als eine Fertigkeit, die sie bemüht ist, an ihre Schüler weiterzugeben? Beauvoir würde zu gerne ein wenig tiefer vordringen in das Innere der Lehrerin. Eigentlich bewundert sie ja Menschen, die wissen, was sie wollen, eine feste Persönlichkeit haben, aber wenn man so gar nichts wahrnimmt von einem inneren Feuer, einer Leidenschaft zu leben, was soll es dann? »Meiner Meinung nach genügte es nicht, nur zu denken oder nur zu leben, wirkliche Achtung hatte ich nur von Leuten, die ›ihr Leben dachten‹. Mademoiselle Lambert aber ›lebte‹ nicht. Sie hielt Vorlesungen ab und arbeitete an einer Doktorthese: Ich fand ein solches Dasein reichlich unfruchtbar. Dennoch hatte ich Vergnügen daran, in ihrem Arbeitszimmer zu sitzen, das blau wie ihre Kleider und ihre Augen war; immer stand auf ihrem Tisch in einer Kristallvase eine Teerose.« (*Tochter* 214) Beauvoir arbeitet im Kurs intensiv mit und schreibt eine Hausarbeit über Descartes. Hier erweist sich ihre Lehrerin als hilfreiche Kritikerin. Doch immer dann, wenn man mit ihr über die persönlichen philosophischen Fragen sprechen will, zum Beispiel über die nach der Rolle des Glücks im Leben der Menschen, ist man falsch verbunden und es tritt eine Unsicherheit zutage, die man bei dieser Frau nicht erwartet hatte. »Ich sprach zu ihr von vielen Dingen, auch von meinem Herzen: meinte sie wohl, dass man zur Liebe und zum Glück ja sagen müsse? Sie blickte mich beinahe angstvoll an: ›Glauben Sie, Simone, dass eine Frau außerhalb der Liebe und der Ehe Erfüllung finden kann?‹ Ohne Zweifel hatte auch sie ihre Probleme; dies aber war das einzige Mal, dass sie darauf anspielte; ihre Rolle bestand darin, mir bei der Lösung der meinen behilflich zu sein.« (*Tochter* 215)

Die Arbeit mit den Frauen in der *Équipe* von Garric erscheint Beauvoir zunächst sehr sinnvoll. Garrics Anliegen ist es, den Arbeiterfamilien im Nordosten von Paris eine Grundbildung zu geben, um sie zu befähigen, sich in der Gesellschaft durchzusetzen. Die Frauen, von denen die meisten in Schneider- oder Modeateliers arbeiten, enttäuschen Beauvoir jedoch. Sie sind ihrem Alltagsleben völlig verhaftet, wollen im Grunde gar nichts dazulernen, sich intellektuell nicht bilden, sondern nutzen die Kurse, um sich an einem der Tanzabende aus der männlichen Equipe-Gruppe einen geeigneten Ehemann zu schnappen. Ihnen bedeuten diese Abende eine Aus-Zeit, eine Abwechslung innerhalb ihres gleichförmigen Alltags. Das muss eine wie Beauvoir, der selbst nichts wichtiger ist als Bildung, befremden. Aber sie versteht diese Frauen auch. Was auch sollten sie anfangen mit den Romanen von Victor Hugo oder Balzac, warum darüber reden, warum diese Texte interpretieren? Ihre Welt sieht anders aus, ihre Gedanken kreisen um den Lohn und die Ehe und das bisschen Freizeit, das sie haben. Ideen und die Größe des Menschen, seine Würde, Humanität, die Veränderung der Welt, das sind Vorstellungen, die außerhalb ihres praktischen Alltags liegen. Beauvoir hat verstärkt den Eindruck, auch Garric selbst täusche sich über den Erfolg seiner Anstrengungen. Sein Anliegen ist ja nicht vorrangig ein politisches. Er baut darauf, dass man ohne eine dezidiert politische Arbeit die Welt verändern kann, indem man den Menschen Werte wie die Familie oder die Natur nahebringt. Sie sollen ein Gefühl für die Würde jedes Einzelnen und für die wichtige Rolle, die sie in der Familie und an ihrem Arbeitsplatz spielen, bekommen. In Kontakt zu kommen mit diesen Schichten der Gesellschaft, die Garric ansprechen will, erscheint Beauvoir viel schwerer, als ursprünglich gedacht.

Mit Vetter Jacques läuft es auch nicht so, wie Beauvoir sich das wünscht. Er verhält sich rätselhafter denn je, antwortet auf ihre Briefe nicht, drückt sich niemals klar aus, wenn es um den wahren Charakter ihrer Beziehung geht. Kein Zeichen, das darauf hindeuten könnte, dass sie ihm mehr bedeuten könnte als eine gute Freundin. Die Situation bleibt also ungeklärt. Françoise ist inzwischen überzeugt, dass sich Jacques endlich »erklären« sollte, und das hieße: Simone einen Heiratsantrag machen. Kein kleines bisschen ahnt sie von dem, was in ihrer älteren Tochter vor sich geht. Hoffnungslos naiv sind ihre Ansichten vom Leben. Da hilft aller detektivische Spürsinn, alle Neugierde nicht, nicht, dass sie den Mädchen nachspioniert und ebenso wenig, dass sie ihre Briefe öffnet.

Beauvoir selbst hat das Gefühl, nie richtig glücklich sein zu können. »Das Übel, an dem ich litt, bestand in Wahrheit darin, dass ich aus dem Paradies der Kindheit vertrieben war und meinen Platz unter den Menschen nicht wiedergefunden hatte.« (*Tochter* 219) Besonders das Jahr 1926 ist ein richtiges Schwermuts-Jahr für sie. Jacques besteht sein Jura-Examen wieder nicht und reagiert entsprechend deprimiert. Beauvoirs große Bewunderung für den Vetter ist mittlerweile einer realistischeren Einschätzung gewichen. Sie sieht ein, dass er letztlich auf ein möglichst angenehmes Leben aus ist und keinerlei Hang nach etwas »Höherem« hat. Er genießt Literarisches und Philosophisches, treibt sich gern wichtigtuerisch in Kneipen herum und gefällt sich in dieser Rolle des geistreichen Herumtreibers. Ihn zu heiraten würde bedeuten, sich abrackern zu müssen an der Seite eines höchst wankelmütigen Menschen. Und da steht Beauvoir ihre Mutter als abschreckendes Beispiel vor Augen. Letztlich nämlich ist Jacques nicht weniger Spießbürger als Georges de Beauvoir und möchte sich auf Kosten anderer ein bequemes Leben machen, ohne ernstlich etwas zu wagen oder gar an seine Grenzen zu gehen. Er kennt keine echte Leidenschaft. Und solch ein Leben kann sich Beauvoir eben nicht vorstellen. Damit fände die Ödnis und Enge des eigenen Elternhauses seine Fortsetzung. Dass sie trotzdem noch immer in Jacques verliebt ist, tut nichts zur Sache. Fühlen und den Alltag gestalten sind zwei Seiten einer Medaille. »Ich hatte nur ein Leben zu leben, ich wollte, dass es ein Erfolg würde, niemand sollte mich daran hindern, nicht einmal er.« (*Tochter* 232) Ganz hält sie diese rigorose Haltung aber doch nicht durch. Beauvoir ist unerfahren und kennt keine anderen Männer. Vielleicht ist das der Grund, weshalb sie sich nicht endgültig von ihm lösen kann. Er hat sie immerhin in die Welt der Literatur eingeführt, und das vergisst sie nicht. Auch wenn er für die Ideen, mit denen er sich theoretisch beschäftigt, nie leben würde, hat er ihr doch eine Tür geöffnet, die sich nicht mehr schließen wird, davon ist Beauvoir überzeugt. Und so bleibt eine lockere Verbindung weiterhin bestehen.

In den Jahren 1925 und 1926 ist Simone de Beauvoir hin- und hergerissen. Sie engagiert sich, ist noch immer verliebt in Jacques, sie weiß nicht, an was es sich lohnt zu glauben, wartet auf etwas, das ihr Leben endgültig aus der Trostlosigkeit eines diffusen Allerlei reißen könnte. Sie vermisst die alles entscheidende Richtung, ein einschneidendes Erlebnis, die Begegnung mit einer absolut verwandten Seele. Beauvoir fängt an aufzuschreiben, was sie verwirrt. Zunächst ist es das Tagebuch, dann beginnt sie schon bald mit einem richtigen »Werk«: »Es kam mir vor, als spürte ich in mir eine Menge Dinge, die man sagen müsste, doch ich war mir klar darüber, dass Schreiben eine Kunst ist und dass ich noch nicht genug davon verstand.« (*Tochter* 200) Beauvoir wagt es dennoch und schreibt die Geschichte eines 18-jährigen Mädchens, das verlobt ist und sich zunächst nichts anderes wünscht als ein normales bürgerliches Leben, bis ein Musiker auftaucht, der ihr eine ganz neue Welt offenbart. Er zeigt ihr, in welchem Maß die Kunst das Leben verändert, was es bedeutet, die Banalitäten des Alltags abzustreifen, sich auf die Suche nach etwas Besonderem, Wahrhaftigem zu machen. Plötzlich erscheint ihr alles schal, was sie lebte, und sie erkennt, welche Lebenslüge ihr bisher den Blick auf das Wirkliche verschloss. Die Geschichte endet damit, dass der Musiker wieder verschwindet und der Verlobte das Haus betritt. Es sind noch andere Gäste gekommen, man wartet auf die junge Frau und vertreibt sich die Zeit mit Anekdoten und Scherzen. Sie weiß nun nicht, was sie machen soll, wie sich verhalten angesichts der alltäglichen Zwänge und der Herausforderung durch die Suche nach der Wahrheit. Denken und Handeln, das geht längst nicht immer zusammen. Beauvoir kennt das genau, sie leidet darunter und setzt sich schreibend damit auseinander. Da ist bislang noch keine Lösung

in Sicht, alles bleibt offen, in dieser Geschichte und im Leben
der angehenden Schriftstellerin. Man hat Vorstellungen, Ideen,
Wünsche, Träume, man weiß, dass man in großen Teilen ein fa-
des, lügenhaftes Leben führt, aber man setzt nicht in die Tat um,
was man erkannt hat. Man bleibt auf einem Fleck wie angewur-
zelt stehen, wie all diejenigen, die man kritisiert, die Eltern, die
Freunde, die Lehrer. Ein bürgerliches Leben und die Verwirklichung von Ideen scheinen nicht vereinbar zu sein. So ist diese
erste »Erzählung« der erste Versuch Beauvoirs, sich schreibend
klar zu werden über das Leben. »Ich machte mir über den Wert
der Erzählung keine Illusionen; immerhin war es das erste Mal,
dass ich mich daran begab, mein eigenes Leben in Worten auszudrücken; ich fand Vergnügen am Schreiben.« (*Tochter* 200)

Veröffentlicht werden sowohl Tagebuch wie auch diese erste
Geschichte nicht.

Vor allem Françoise gegenüber zeigt sich der Zwiespalt, in
dem sich Beauvoir befindet. Während ihre Schwester mittlerweile offener rebelliert und der Mutter untersagt, ihre Briefe zu
lesen, verhält sich Beauvoir eher duckmäuserisch und notiert
lieber in ihrem Notizbuch, was sie verletzt. Mit Hélène versteht
sie sich zu dieser Zeit gut, leiden doch beide unter der Drangsal
und der Bespitzelung durch die Mutter und der Gleichgültigkeit
des Vaters. Die dritte im Bunde ist Zaza, die ebenfalls beginnt,
sich mit Mme Mabille anzulegen. Die Forderung, schnell zu
heiraten und sich nicht in den Büchern zu vergraben, gilt auch
für Zazas Mutter als oberste Erziehungsmaxime und ultimativer
Zweck eines jeden Frauendaseins. Die Unterschiede zwischen
den Beauvoirs und den Mabilles scheinen doch weniger gravierend zu sein, als Beauvoir bisher dachte. Als Zaza im Herbst 1926
zum Wintersemester nach Paris zurückkommt, hat sie ganz kurze Haare. Beauvoir möchte auch solch einen modernen »Bubi-
kopf« haben. Sie traut sich, aber zu ihrem Gesicht passt es nicht.
Als sie in den Spiegel schaut, ist sie entsetzt und bindet sich ein
Tuch wie einen Turban um den Kopf.

In ihren Briefen erzählt Zaza zum ersten Mal persönliche Dinge aus ihrer frühen Jugend. »Aus Laubardon, wo sie ihre Osterferien verbrachte, sandte Zaza mir einen Brief, der mich bis auf den Grund meiner Seele bewegte.« (*Tochter* 230) Sie liebte mit 15 Jahren einen Vetter, was aber von der Familie nicht geduldet wurde. Die Liebe war gegenseitig, eine jugendliche Romanze. Beauvoir ist erschrocken darüber, dass sie von diesem großen Kummer der Freundin nichts wusste. Die Basis für ihre Freundschaft wird intensiver durch diese Neuigkeiten. Zaza ist nicht mehr bloß die Selbstbewusstere, Freche, die kein Blatt vor den Mund nimmt, sondern auch die mit frühem Liebesleid Konfrontierte. Die beiden unternehmen viel gemeinsam, tauschen Leseerfahrungen aus und diskutieren über Philosophisches, über Spinoza, Descartes und Kant. Beauvoirs Beziehung zu den großen philosophischen Systemen ist gespalten: Manchmal genießt sie ein Gefühl der Erhabenheit über alles Alltägliche, Kleinliche im Angesicht der Klarheit und logischen Vollkommenheit dieser Denkgebäude. Sie helfen, das Leben besser zu ertragen. Sich ins Reich des Denkens zurückzuziehen kann einen Schutz bieten vor dem Chaos der Gefühle und den vielfältigen Verstrickungen, in die wir uns täglich verfangen. Aber dann sind da wieder Momente, in denen Beauvoir gerade dieses Leben in all seinen Facetten vermisst, wenn sie sich intensiv mit denkerischen Systemen auseinandersetzt: »Manchmal führten sie mich sehr hoch ins Unendliche hinauf; ich sah dann die Erde wie einen Ameisenhaufen zu meinen Füßen liegen, und selbst die Literatur kam mir wie eitles Strohfeuer vor; manchmal erblickte ich in ihnen nur ungeschickte Konstruktionen, die keinerlei Beziehung zur Wirklichkeit besaßen.« (*Tochter* 214) Kann es nur ein Entweder-Oder geben, entweder das Denken oder das Leben? Muss es nicht möglich sein, beides zu verbinden? Descartes sagte zwar »Ich denke, also bin ich«, aber dann trennte er doch den Geist vom Körper – wie konnte er dann wirklich spüren, dass er lebte?

Mit wem über all das sprechen? Die meisten Studenten an der Sorbonne scheinen sich dafür nicht zu eignen. Sie machen auf Beauvoir einen oberflächlichen Eindruck, sind ihr zu unernst, zu laut. Womit sie noch immer am wenigsten anfangen kann, ist jede Art von Sichgehenlassen, von Leichtnehmen, reinem Lebensgenuss und schlichter Fröhlichkeit. Ihr fällt ein Student auf, der anders zu sein scheint als die leichtlebige Meute. Er heißt Pierre Nodier und studiert Philosophie wie Beauvoir. Er gehört einer intellektuellen Gruppe an, die eine Alternative zum Kapitalismus sucht, den sie als lebenstötend empfindet. Simone ist politisch noch sehr naiv. Sie beobachtet zwar ihre Umwelt sehr genau, hat von Jugend auf soziale Unterschiede und Ungerechtigkeit wahrgenommen, aber bisher hat sie sich noch nicht theoretisch mit gesellschaftlichen Fragen auseinandergesetzt. Leben, Freiheit, Gerechtigkeit, Liebe: Diese Begriffe berauschen die junge Studentin, aber sie hat noch nicht wirklich eine Idee davon, wie eine ideale Gesellschaft auszusehen hätte.

Die Gespräche mit Nodier sind spannend, aber er verlässt Paris schon bald und Beauvoirs Suche nach geistig anregenden Menschen geht weiter. Sie bekommt Kontakt zu einer linken Studentengruppe und trifft auf Simone Weil, ebenfalls Studentin der Philosophie. Von den anderen Studenten hat sie den Beinamen »Kategorischer Imperativ im Unterrock« erhalten, weil sie so konsequent ist in Leben und Denken, streng kompromisslos, immer auf der Seite der Armen und Unterdrückten. »Eine große Hungersnot hatte China heimgesucht und man hatte mir erzählt, dass sie bei Bekanntgabe dieser Nachricht in Schluchzen ausgebrochen sei: diese Tränen zwangen mir noch mehr Achtung für sie ab als ihre Begabung für Philosophie. Ich beneidete sie um ein Herz, das imstande war, für den ganzen Erdball zu schlagen.« (*Tochter* 229) Simone Weil sieht in Simone de Beauvoir eine Bourgeoise, die es bislang nicht geschafft hat, über den Tellerrand der eigenen Herkunft zu blicken. Simone de Beauvoir hingegen ist fasziniert von Weil, weiß aber, dass sie selbst anders geartet ist, dass sie ein ziemlich wild wucherndes, wenn auch verstecktes Inneres hat, und ist sich noch nicht sicher, wie es weitergehen wird mit ihr, wo sie ihren Platz auf der Welt finden wird. Hin- und hergerissen von Wünschen, Träumen und dem Ehrgeiz, eine gute Studentin zu sein, bewundert sie all jene, die es geschafft haben, eine eigenständige Persönlichkeit zu entwickeln, und ist sich bewusst, dass es für sie noch ein langer Weg ist bis dahin.

Beauvoir verschafft sich Erholung von der Arbeit, indem sie ins Kino und ins Theater geht. Sie sieht sich begeistert Filme von Charly Chaplin an und freut sich die ganze Woche über, wenn am Wochenende ein Theaterbesuch geplant ist. Die Beschäftigung mit der Theorie, mit der Wissenschaft, reicht ihr nicht, sie braucht auch die Bühne und die Bilder, um zu wissen, dass das Leben pulsiert. Oft nimmt sie nach dem Theater nicht die Metro, sondern geht zu Fuß nach Hause, berauscht vom Geschehen auf der Bühne, das sie gerade miterlebt hat, und von der Nachtluft. In ihrem Kopf bewegen sie Gedanken, die sie glaubt, niemandem mitteilen zu können. Der Duft eines besonderen eigenen Lebens weht in solchen Nächten, und Beauvoir hat die Vorstellung, einmal zu sein wie niemand anderer zuvor.

Dieser Frühling 1928 hat es in sich und im Juni steht die *licence* an, aber diese Prüfung steht nicht an erster Stelle. Was Beauvoir zunehmend Spaß macht, sind Ausflüge ganz ohne Familienmitglieder. Sie kann sich dem Strom der Menschen überlassen ohne Rücksicht auf ihre »Aufpasser« und auch die einsamen Theaterabende gehören zu diesen genussvollen Unternehmungen. Anwesend zu sein und doch unerkannt, welch wunderbare Erfahrung für die 19-jährige junge Frau. Zum ersten Mal kann sie sich so richtig nach der Sonne strecken mit dem Gefühl einer bisher unbekannten Freiheit. Sie hat Lunte gerochen und ist überzeugt, dass ihr niemand mehr wird Steine in den Weg legen können, wenn sie nur weiß, was sie will, und auch zu der Einsamkeit steht, die nun mal zu ihr gehört.

Die Prüfung in allgemeiner Philosophie besteht Beauvoir als Zweitbeste direkt nach Simone Weil. Auf den dritten Platz kommt ein Student der École Normale Supérieure, ein sogenannter *Normalien*, Maurice Merleau-Ponty. Dieser junge Mann wünscht die Bekanntschaft der begabten Philosophiestudentin zu machen, die ihn überrundet hat. Sie treffen sich bald jeden Tag und verstehen sich sehr gut. Beauvoir profitiert vom vorurteilsfreien Blick und vom klaren Denken Merleau-Pontys. Er fühlt nicht die gleiche aufgewühlte Zerrissenheit in sich, er geht milder mit dem Katholizismus und seinem bürgerlichen Elternhaus um. Beauvoir kann mit ihm zusammen lachen, und im Gespräch wird ihre Begeisterung für die Philosophie noch einmal ganz neu entfacht. Diese hitzigen, manchmal sehr kontroversen Diskussionen gefallen Beauvoir, sie legt ihren vollen Enthusiasmus hinein. »… wir nahmen die Gewohnheit an, uns jeden Tag zu Füßen einer Königin aus Stein zu treffen.« (*Tochter* 235) Mit Merleau-Ponty erfährt sie zum ersten Mal, was ein intensives intellektuelles Gespräch bedeuten kann, welche Vitalität darin steckt. Schwerlich wird sie in Zukunft ohne diese Möglichkeit des Gedankenaustauschs auskommen können.

Im September des gleichen Jahres besucht Beauvoir die Familie Zazas in ihrem Feriendomizil in Laubardon. Beauvoir gefällt das Haus im Grünen sehr gut, auch wenn es mit dem Landsitz des Großvaters in Meyrignac längst nicht mithalten kann. Allerdings bekommt sie kein Zimmer für sich allein, sondern schläft mit Geneviève, einer Freundin Zazas, zusammen. Beauvoir spürt, dass das Mädchen sie nicht besonders mag, und ist eifersüchtig, weil sie eine Freundin ihrer besten Freundin ist. Die Mabilles haben in diesem Sommer dauernd Gäste eingeladen, es geht hoch her mit Festen und Picknicks. Zwischen den jungen Leuten gibt es häufig Diskussionen, vor allem über die Frage nach Gott und dessen Rolle im gesellschaftlichen Leben. Eine Sache erhitzt die Gemüter besonders: Welche Haltung sollte man dem Papst gegenüber einnehmen? Ist eine fraglose Akzeptanz gefordert oder kritisches Hinterfragen angesagt? Die Mabilles vertreten eine rigorose Papsttreue, während einige der Verwandten anderer Meinung sind. Beauvoir spürt eine tiefe Einsamkeit, denn ihre Erfahrung, dass es überhaupt keinen Gott gibt, wird hier von niemandem geteilt oder auch nur respektiert. Auch Zaza hält nach wie vor am Katholizismus ihrer Familie fest. Trotzdem sind sich die Freundinnen noch immer sehr nah. Sie versichern sich aufs Neue ihre Freundschaft trotz unterschiedlicher Meinungen in manchen Dingen. Zaza ist stärker das Kind ihrer Eltern geblieben als Beauvoir. Sie sieht einen Sinn in den alten Werten und Traditionen, von denen die Freundin sich entfernt hat. Beauvoir hat den Eindruck, dass viele der Leute, die sie in Laubardon trifft, gar nicht wirklich leben. Sie plappern nach, was sie gehört oder gelesen haben, sie hängen am Althergebrachten oder zitieren gedankenlos neue Theorien. Dasein, Existieren, das ahnt Beauvoir bereits, muss ganz anders sein, viel intensiver, absoluter, voller Stärke und Willenskraft. Sie fühlt sich als Außenseiterin, daran ändert auch die Freundschaft mit Zaza nichts. Sie ist überzeugt davon, dass das Leben nur dann einen Sinn hat, wenn man unablässig nach ihm sucht, wenn man nichts Unwesentliches unternimmt, genau prüft, was es wert ist, getan zu werden, und was nicht.

Zurück in Paris schwankt Beauvoir zwischen Zuversicht und Verzweiflung. Niemand vermag ihr in ihren absoluten Ideen vom Leben zu folgen. Jacques, den sie wieder trifft, findet ihre Vorstellungen reichlich abstrakt. Er genießt lieber das Vergnügen, in den Tag hineinzuleben. Von Ordnung und Planung hält er nichts. Mit Merleau-Ponty kann sie zwar weiterhin diskutieren, aber seine gleichgültige Gelassenheit allem gegenüber geht ihr ein wenig auf die Nerven. Mit nichts kann man diesen Philosophiestudenten aus der Reserve locken und dazu bringen, sich ernstlich infrage zu stellen. Und Zaza hat ihre Wurzeln in der Religion der Eltern. Obwohl Beauvoir fest überzeugt ist von dem, was sie will und wofür es sich zu kämpfen lohnt, fühlt sie manchmal eine Lähmung und Schwäche, die nur schwer zu ertragen ist. Die Welt um sie herum versinkt, es fällt ihr schwer, einen Fuß vor den anderen zu setzen, und das Gefühl der Bodenlosigkeit macht sich breit. »Augenblicksweise verlor ich vollkommen den Sinn für die Wirklichkeit: Straßen, Autos, Vorübergehende waren nur ein Ablauf von Erscheinungen, von dem meine namenlose Gegenwart sich einfach mitnehmen ließ.« (*Tochter* 149) Beauvoir braucht die anderen Menschen, auch wenn sie sich einredet, sie könne genauso gut allein leben. Sie braucht die Menschen, um die Welt lieben zu können. Ohne die Begegnung mit anderen bleibt die Umgebung schemenhaft, unwirklich, rauscht alles vorbei ohne Ziel und ohne Sinn. In ihrem Kopf hetzen die Gedanken einander und in ihrem Herzen ist ein Brausen, das nach außen kein Ventil findet. Sie hat das Gefühl, über sich selbst hinauswachsen zu können, weiß aber nicht, wohin. Mit Vetter Jacques geht es wieder besser. »Ich ging oft zu ihm: er sprach, er sprach viel; das Halbdunkel füllte sich mit Rauch, und in den bläulichen Ringen kreisten schillernde Worte; irgendwo, an unbekannten Orten, begegnete man Menschen, die von den anderen verschieden waren, und es trugen sich Dinge zu: komische, ein wenig tragische, manchmal sehr schöne Dinge.« (*Tochter* 252) Er ist immerhin fast der Einzige in Beauvoirs Umkreis, der sich nicht hat festlegen lassen, der in jeder Hinsicht tut, was er will.

Aber Beauvoir hat nicht nur Freizeit, nein, sie studiert nach wie vor eifrig und legt im Frühjahr 1928 die *licence* in Moralphilosophie und Psychologie ab. Ihr Vater hätte gern, wenn sie auch noch in Philologie zu einem lehramtstauglichen Abschluss käme, aber das kommt für Beauvoir nicht infrage. Sie ist ausgelastet mit ihren Fächern und zieht es vor, in der Philosophie weiterzukommen, ihr *diplôme* und die *agrégation* zu machen, was ihr ermöglichen würde, an den besten Gymnasien und sogar an den Hochschulen Philosophie zu lehren. Am liebsten möchte sie *diplôme* und agrégation gleichzeitig machen und eigentlich liegt dem auch nichts im Weg. Diszipliniert arbeiten kann Beauvoir, das hat sie zur Genüge bewiesen. Danach lockt der endgültige Auszug aus der Rue de Rennes. Beauvoir hat mit ihrem Professor zusammen schnell ein Thema für die Diplomarbeit gefunden: »Der Begriff bei Leibniz«. Hört sich ganz schön kompliziert und abstrakt an und ist es auch! *Gottfried Wilhelm Leibniz* (1646–1716) ist ein unglaublich schillernder Denker gewesen, sehr eigenständig und überraschend. Die Welt, in der wir leben, ist für ihn die »bestmögliche«. Gott, so sagt er, hatte unendlich viele Möglichkeiten, die Welt zu erschaffen, und erschuf sie in der bestmöglichen Form. Dem Menschen aber hat er die Freiheit geschenkt, sich seinerseits für Lebensmöglichkeiten zu entscheiden. Gott weiß zwar, was menschenmöglich ist, aber er hat seine Geschöpfe nicht determiniert. Berühmt geworden ist Leibniz vor allem durch seine *Monadenlehre*. Die kleinste, unteilbare Einheit, das Prinzip des Lebendigen, das, was das Wirklichsein von allem bestimmt, nennt Leibniz Monade und bezieht sich dabei auf das griechische Wort *monás*, was mit Einheit übersetzt werden kann. Jede dieser Monaden ist einzig, abgeschlossen und spiegelt das gesamte Universum auf verschiedene Weise. Dabei gibt es bei den Monaden Unterschiede in dem Grad ihrer Bewusstheit. Der menschliche Geist hat einen größeren Bewusstheitsgrad als die Pflanzenseele. Beide sind unteilbare Einheiten, also Monaden. Für Beauvoir ist vor allem interessant, dass Monaden nicht passiv sind, sondern eine Art Wirkkraft darstellen. Sie sind pure Energie. Dass das Wesen des Lebendigen Aktivität sein soll, das hört sich spannend an. Der Begriff Monade ist nicht abstrakt, sondern bezeichnet lebendige Bewegtheit. Das Lebendige verharrt nicht in einer einmal gefundenen Form, sondern es schöpft sich immer wieder neu aus sich selbst. Dynamik und Freiheit: Damit kann Beauvoir viel anfangen, das hat mit ihrem eigenen Philosophieren zu tun. Diese Arbeit, so anstrengend und einsam sie auch ist, macht Freude und bereichert.

Die Idee einer freien Individualität berauscht die Studentin aus dem katholischen Elternhaus. Die Einsamkeit allerdings wächst, als Beauvoir feststellen muss, dass sie selbst mit Jacques und Merleau-Ponty über ihr Thema nicht diskutieren kann. Jacques versumpft jede Nacht in den Bars und Merleau-Ponty hat endgültig zu einem traditionellen Gottesbild gefunden. Was sind das für Gesprächspartner! Beauvoir tut sich sehr schwer damit zu akzeptieren, dass sie ihre Gedanken allein entwickeln muss, denn sie hat keine eigenbrötlerische Natur. Aber es ist ganz einfach niemand in Sicht, mit dem man die Stunden sinnvoll und mit brisanten Gesprächen erfüllt verbringen könnte. Es bleibt nur der Geruch der Bücher in den unzähligen Regalen der Bibliothek in der Sorbonne, wo Beauvoir sich mit Leibniz und anderen Philosophen beschäftigt.

Aber ganz aufsaugen lässt sich Beauvoir nicht von der Schreibtischtätigkeit. Zu einer Sache taugt Vetter Jacques auf jeden Fall: Bevor er seinen Militärdienst in Algerien antritt, führt er Beauvoir noch einige Male so richtig aus in die Wildnis des Nachtlebens am Montparnasse. Da ihre Mutter von dem jungen Mann, der keine Anstalten macht, um die Hand ihrer Tochter anzuhalten, nun nur noch abgestoßen ist, erfindet Beauvoir Ausreden über Ausreden. »Nie noch hatte ich einen Fuß in ein Café gesetzt, und hier nun fand ich mich abends spät mit zwei jungen Leuten in einer Bar: für mich war das wirklich etwas ganz Außergewöhnliches. Die Flaschen mit ihren zurückhaltenden oder schreienden Tönen, die Schalen mit Oliven oder Salzmandeln, die kleinen Tische, alles erstaunte mich …« (*Tochter* 257) Beauvoir durchstreift die Bars, frönt dem Alkohol in nahezu exzessiver Weise und lässt sich von Männern einladen. All das gehört sich natürlich überhaupt nicht für eine junge Dame aus guter Familie. Beauvoir hat André Gide gelesen und wie immer, wenn eine Lektüre sie fasziniert, Regeln für ihr eigenes Leben daraus gezogen. Gide hat immer wieder geschrieben, dass man sich von den Konventionen befreien müsse, frei entscheiden solle, wie man zu leben gedenke, sich nicht kneten und verbiegen lassen dürfe. Hier, in den Nächten am Montparnasse, bietet sich in Beauvoirs Augen die Gelegenheit, die Freiheit zu proben und »gefährlich« zu leben, dem Risiko ins Auge zu schauen. Einmal lässt sie sich sogar von einem ziemlich zwielichtig erscheinenden Mann im Auto mitnehmen. Als dieser zudringlich wird, ergreift sie bei der ersten Gelegenheit die Flucht, verfolgt von einem keifenden, frustrierten Kerl, der nicht fassen kann, dass eine Frau sich einladen lässt, mit einem durch die Gegend fährt, sich dann aber derart anstellt, wenn man mehr von ihr will. Aber das kommt für das letztlich doch sittsame junge Mädchen nicht infrage. Sie ist weiterhin davon überzeugt, dass Jacques sie liebt und nach der Militärzeit zur Ehe bereit sein wird. Trotz der Aufbrüche in die Ausschweifungen des nächtlichen Paris ist Beauvoir in ihrem Wesen noch immer bürgerlich und hält weiterhin an den klassischen Tugenden Liebe und Treue fest. Eine merkwürdige Mischung aus Tochter aus gutem Haus und freiheitshungriger Streunerin ist Beauvoir in diesem letzten Jahr vor ihrer Abschlussprüfung. Sie ist guten Mutes und überzeugt, ihren Abschluss zu schaffen.

Wieder naht ein Sommer. Beauvoir fährt wie immer zunächst nach Meyrignac und kann diese Zeit einfach nur genießen wie selten zuvor. Ein Damm scheint gebrochen zu sein. Verwandte sind auch in der Nähe, mit denen sich ein zwangloser Umgang entspinnt. Beauvoirs Mutter ist nicht gerade entzückt, als sie hört, dass ihre Tochter wieder zu Mabilles nach Laubardon eingeladen wurde und angenommen hat. Sie hat immer weniger Einfluss auf die Freizeitgestaltung Simones, eine beunruhigende Tatsache. Bei Zaza läuft es noch ganz anders. Deren Mutter behält die Zügel in der Hand und wacht über die moralische Entwicklung ihrer Tochter. Am schlimmsten wäre es für sie, wenn Zaza eine richtige Intellektuelle werden würde. Der oder die Intellektuelle, das ist fast ein Schimpfwort in den Kreisen, in denen die Mabilles und Beauvoirs verkehren. Das Wort riecht nach Aufruhr, nach Kritik, nach Hinterfragen, nach Veränderungen, die man einfach nicht will. Man bedenke, selbst die Ehe wird zu dieser Zeit noch in der Hauptsache von den Eltern gestiftet. Äußerlich angepasst, leidet Zaza doch unter dieser Art Zwangsherrschaft, der sie ausgesetzt ist. In einem Brief an Beauvoir schreibt sie davon, dass sie manchmal ein Gefühl der Nichtigkeit von allem hat. Sie wolle dann am liebsten allem Irdischen entsagen und in ein Kloster gehen, aber dann schnüre eine solche Kälte ihre Kehle zu, dass sie nicht mehr wisse, wohin mit all dem Überdruss. Dabei ist Zaza eine sehr gute Studentin und hat gerade die Prüfung in Philologie bestens bestanden. Der häusliche Druck lastet schwer auf ihr und damit belastet sie auch die Freundin, die Zaza gern ein wenig fröhlicher hätte.

In Laubardon angekommen, lernt Beauvoir bald Estephania Awdycowicz, die Hauslehrerin aus Polen kennen, die für die Ferien engagiert wurde, um die jüngeren Mabille-Kinder zu unterrichten. Sie ist eigentlich Studentin, kommt aus einem polnischen Fabrikantenhaushalt, hat bereits in Berlin studiert und ist nun an der Sorbonne eingeschrieben. Geldsorgen hat sie nicht, und so kann sie sich ausgiebig der Bildung und sonstigen interessanten Dingen widmen. Beauvoir fühlt sich zu der hübschen und redseligen Person sofort hingezogen. Sie bildet ein positives Gegenstück zur Strenge des Mabilleschen Haushalts. So sitzt sie abends mit ziemlich entblößten Schultern am Klavier oder legt den anwesenden Personen die Karten und flirtet mit jedermann, selbst mit den anwesenden geistlichen Herren. »Sie hatte hübsches blondes Haar, gleichzeitig schmachtende und lachende blaue Augen, einen füllligen Mund und einen ganz ungewöhnlichen Charme, dem ich damals aus anerzogener Dezenz noch nicht seinen richtigen Namen gab, nämlich: Sex-Appeal.« (*Töchter* 266) Mme Mabille ist im Nachhinein entsetzt darüber, wie sie solch eine Person ins Haus holen konnte, aber nun lässt es sich nicht ändern, und so bleibt ihr nur, eine saure Schnute zu ziehen und darauf zu achten, dass Zaza nicht allzu sehr beeinflusst wird von der scheinbaren Liederlichkeit dieser Polin. Man hat einfach nur auf die Herkunft des Mädchens geachtet und daraus auf eine gute Erziehung im Sinne der eigenen Familie geschlossen. Man fühlt sich eben als »le monde« und was für Frankreich gilt, sollte doch wohl für Polen auch gelten. Zazas Freizeit wird absolut eingeschränkt, sie steht in der Küche vor einer Unmenge an Einmachgläsern und muss Marmelade kochen. Beauvoir stellt fest, wie blass und dünn die Freundin ist. Auch wird sie von häufigen Kopfschmerzattacken heimgesucht, macht aber trotzdem ein freundliches Gesicht, jammert nicht und tut so, als wäre das Leben, wie sie es gerade führt, völlig in Ordnung.

Das neue Semester beginnt, und damit die heiße Vorbereitungsphase auf die agrégation. »Alle meine Tage hatten von nun an einen Sinn: sie trugen mich endgültiger Befreiung entgegen.« (*Tochter* 273) Beauvoir stürzt sich sehr motiviert auf die Arbeit, in dem Bewusstsein, mit der Prüfung wieder einen großen Schritt vorwärts in Richtung Freiheit tun zu können. Der endgültige Auszug aus dem Elternhaus rückt in greifbare Nähe. Eine wunderbare Aussicht! Ganze Tage verbringt Beauvoir in den Bibliotheken, vor allem in der Bibliothèque Nationale. Auch Estephania ist nach Paris zurückgekommen. Von den Freunden wird sie Stepha genannt, ihr Beliebtheitsgrad steigt stetig. Auch sie arbeitet in der Bibliothèque Nationale, aber längst nicht so diszipliniert wie Beauvoir. »Jedes Mal, wenn sie einen ›interessanten‹ Mann entdeckt hatte, richtete sie es so ein, dass sie ihn kennenlernte und ihn ›in die Hand bekam‹. Das sei das Ewig Weibliche in ihr.« (*Tochter* 275) Beauvoir ist begeistert von Stepha, obwohl sie so ganz anders geartet ist als sie selbst. Der lockere Umgangston und die Spontaneität dieser Freundin tun einfach nur gut. Im Unterschied zu Zaza sind bei Stepha Innen und Außen in Harmonie. Sie spielt niemandem etwas vor, kennt keine Zwänge oder gesellschaftliche und religiöse Skrupel.

Zazas Mutter überreagiert zu dieser Zeit völlig. Sie bedauert sogar, ihre Tochter jemals auf die Sorbonne, in diesen intellektuellen Sündenpfuhl, geschickt zu haben. Und noch immer wehrt Zaza sich nicht offen gegen diese dauerhafte Bevormundung. Sie fühlt sich ihrer Mutter weiterhin verpflichtet.

Beauvoir versucht, die verschiedenen Seiten ihres Lebens in Einklang zu bringen. Sie arbeitet hart und ist doch immer auch auf der Suche nach kleinen Zerstreuungen. »Inzwischen dachte ich, um mich zu versichern, dass ich kein Bücherwurm sei, an Jacques; ich widmete ihm ganze Seiten in meinem Tagebuch, ich schrieb ihm Briefe, die ich für mich behielt.« (*Tochter* 278) Sie hält zäh und fast krampfhaft daran fest, dass Jacques sie später heiraten werde und dass er bis dahin keine andere Frau anrühren wird. Seine Pariser Freunde erzählen allerdings ganz andere Geschichten über ihn. Beauvoir kann einfach nicht glauben, dass »ihr« Jacques einen ungezwungenen Umgang mit Frauen pflegt, wie es viele Männer in ihrem Umkreis tun. Sie fühlt sich zu Hause in ihrer Arbeit und in einer Vorstellung von Ehe, in der beide Partner einander treu sind, gute Gespräche führen und sich gegenseitig Ruhe und Sicherheit geben. Andererseits ist sie durchaus in der Lage, die Abende in den Bars und Cafés zu genießen, sich an einer Freiheitssehnsucht zu berauschen, die sie nicht benennen kann. Was geschieht, wenn man diese Freiheit ausdehnt, den Horizont weiter steckt? Wenn man auf alte Sicherheiten verzichtet und den Sprung ins Bodenlose wagt? Beauvoir erfasst ein Schwindel, wenn sie darüber nachdenkt. Am liebsten wäre ihr eine Art Mittelweg: Sie würde gern am Rande teilnehmen an den abgründigen Erschütterungen, den gefährlichen Exzessen, die sie vom Hörensagen kennt. Ein wenig den Duft einer großen Verführung schnuppern, aber sich niemals mit Haut und Haar gefangen nehmen lassen davon.

Zu ihrem Körper und ihrer Sexualität hat Beauvoir noch immer keinen unverkrampften Bezug, auch wenn sie auf Anraten Stephas häufiger einmal zum Friseur geht und sich ab und zu in einem Modegeschäft verirrt. Die Aschenbrödel-Zeiten sind vorbei, aber wirklich interessant sind ihr Körper und Sinnlichkeit auch jetzt noch nicht geworden.«»Offenbar behauptete ich nicht, dass man immer und ewig seine Virginität bewahren müsse. Aber ich redete mir ein, dass man sich auch auf dem Liebeslager rein erhalten kann: eine echte Liebe sublimiert den Liebesakt, und in den Armen des Erwählten verwandelt sich leichten Sinnes das reine junge Mädchen in eine junge Frau mit klarem Seelenleben.« (*Tochter* 279) Die Hauptaufgabe sieht sie nach wie vor darin, zu lernen, sich zu bilden, ein sehr gutes Abschlussexamen zu machen und schließlich eine berühmte Schriftstellerin zu werden.

Beauvoir bereitet sich nicht nur auf die agrégation vor, sondern muss gleichzeitig ein Probejahr als Lehrerin im Lyzeum Janson-de-Sailly leisten. Sie ist nicht unglücklich dabei, kann sich aber auch nicht restlos begeistern für das Lehrerinnendasein. Einer ihrer Kollegen dort ist ihr Studienfreund Maurice Merleau-Ponty, ein wissens- und wahrnehmungshungriger Mensch wie Beauvoir selbst. Immer sieht er Dinge, über die es sich lohnt nachzudenken. Was uns Menschen vor Augen liegt, ist ihm das Interessanteste. Das weiß Beauvoir, so kennt sie Merleau-Ponty, und es könnte sich von Neuem ein Gespräch entspinnen, aber sie ist ganz gefangen in ihren Prüfungsvorbereitungen.

Ihre Freizeit verbringt sie mit Stepha und deren illustren Freunden. Vor allem ein gewisser Fernando, den Stepha unter Umständen sogar heiraten würde, ist steter Begleiter bei allen nächtlichen Unternehmungen. Beauvoir erkennt, dass ihre Freundin es liebt, zu flirten und den Männern Versprechungen zu machen, die sie dann nicht einhält. Es ist ein Hauch von Skandal um Stepha, und Beauvoir kann nicht von ihr lassen. Diese Freundschaft gibt ihr das Gefühl, den Abstand zum Elternhaus vergrößern zu können. Auch von Zaza kommen andere Töne. Mme Mabille hat ihre Tochter dem Dunstkreis von Beauvoir und Stepha und den anderen »Intellektuellen« entziehen wollen und sie für ein Semester nach Berlin geschickt. In den Briefen an Beauvoir erzählt Zaza jedoch nicht von ihren Studien und dem sittsamen Leben, das sie führt, sondern berichtet von Abendunterhaltungen, Theaterbesuchen, Einladungen und nächtlichen Spaziergängen. Vor allem Hans Miller, ein Freund Stephas, kümmert sich darum, dass es der Studentin aus Paris nicht langweilig wird. Zaza genießt zum ersten Mal ein Leben in Freiheit, weit weg vom moralischen Zugriff der Mutter. Sie kann tun und lassen, was sie möchte, und hat fast schon Angst, wieder nach Paris zurückzukehren unter die Obhut von Sitte und Religion. Aber der Stachel des schlechten Gewissens lässt sich noch immer nicht ganz herausziehen. Das weiß Mme Mabille; darauf hat sie bisher in der Erziehung ihrer Kinder gebaut. Ihre Methode hat Erfolg. Zaza bleibt ein zerrissenes Wesen, hin- und hergerissen zwischen dem Wunsch nach Unabhängigkeit und der Verpflichtung, die Mutter nicht zu enttäuschen. In ihrer Raffinesse erlaubt Mme Mabille Zaza, nach der Rückkehr ab und zu mit Beauvoir auszugehen, ins Theater oder in die Oper. Es ist ein perfides Spiel, das hier gespielt wird, und zermürbend für eine junge Frau.

Beauvoir hat inzwischen ihre Diplomarbeit abgegeben. Dem Professor ist ihr Stil zu dunkel, trotzdem bescheinigt er seiner Studentin eine große Begabung und ist überzeugt davon, dass sie die Prüfung bestehen wird. Mehr kann sie nicht erwarten. Es ist schon bemerkenswert, dass ein Professor von ihrer Befähigung überzeugt ist. Im Normalfall fallen die Studentinnen beim ersten Mal durch die Prüfung, um sie dann beim zweiten Mal vielleicht zu schaffen. »Meine Erziehung hatte mich von der geistigen Unterlegenheit der Frau überzeugt, die auch von vielen meiner Geschlechtsgenossinnen zugegeben wurde. ›Eine Frau darf nicht hoffen, vor dem fünften oder sechsten Misserfolg die agrégation zu erlangen‹, erklärte mir Mademoiselle Roulin, die selbst bereits den zweiten hinter sich hatte.« (*Tochter* 284)

Fast wichtiger als der Kontakt zu den Lehrern ist für Beauvoir zu dieser Zeit die Begegnung mit anderen Studentinnen und Studenten. Und da ergeben sich interessante Konstellationen. Ihre Schwester Hélène studiert mittlerweile auf der Designschule und macht Beauvoir mit ihrer Kommilitonin Géraldine Pardo bekannt. Beauvoir ist fasziniert von der unkonventionellen Art Géraldines. Sie und Hélène nennen sie Gégé, was wunderbar passt zu der lebhaften, begeisterungsfähigen Person. Gégé ist kein bisschen bourgeoise. Sie stammt aus einer Arbeiterfamilie, also aus einer ganz anderen Welt, die sich Beauvoir überhaupt nicht vorstellen kann. Als Arbeiterkind auf die Universität zu kommen ist zu dieser Zeit unendlich schwer. Es sind nur 3–4 % der Kinder aus Arbeiterfamilien, die die Chance haben. Die Volksschulbildung ist schulgeldfrei, beim Gymnasium fängt es an, schwierig zu werden. Es gibt zwar Stipendien, aber die wenigsten Arbeiterkinder kommen in deren Genuss. Auch sind die Gymnasien in ihrem Bildungsangebot auf bürgerliche Kinder hin ausgerichtet. Die großen »Karrieren« werden sowieso normalerweise von Menschen aus der bürgerlichen Klasse gemacht. Selbst wenn man es geschafft hat, ein Gymnasium und die Universität zu besuchen, heißt das noch lange nicht, dass einem ein echter sozialer Aufstieg garantiert ist. Die Ausbildung von Eliten ist in Frankreich erstrangiges Ziel von Schulen und Universitäten. Bis heute ist die agrégation, die zum Lehramt führt, eine sehr anspruchsvolle Prüfung. Es ist auch für heutige Kinder aus der Arbeiterschicht überaus schwer, es überhaupt so weit zu schaffen.

Für Gégé gilt also, dass es keineswegs gesichert ist, dass dieses Studium ihr ein Leben mit einem einigermaßen sicheren Gehalt und etwas Komfort wird gewährleisten können. Ihre Zukunft steht in den Sternen. Aber sie denkt nicht daran, sondern lebt völlig ungezwungen für ihre künstlerische Arbeit und zeigt Beauvoir, was die Dinge, mit denen wir täglich umgehen, über den reinen Gebrauchswert hinaus für ein künstlerisches Auge bedeuten können. Gégé muss sich auch erst zurechtfinden in

der wilden Welt des Pariser Nachtlebens und Stepha ist oft entsetzt, wenn sie und Beauvoir von ihren Eskapaden berichten.
Einmal lassen sie sich von zwei Männern nach Hause einladen
und können gerade noch fliehen, nachdem ihnen klar geworden
ist, was die zwei mit ihnen vorhaben. In dieser Hinsicht hat Beauvoir noch überhaupt nichts dazugelernt: Sie ist naiv wie eh.

Dafür ist sie mittlerweile an der Sorbonne heimisch geworden
und kennt die meisten Studenten ihrer Fachrichtung. Nur ein
bestimmter Kreis ist ihr bisher verschlossen geblieben: das Drei-
gestirn aus Jean-Paul Sartre, Paul Nizan und René Maheu. Nizan
und Sartre kennen sich schon seit Sartres zweitem Jahr im Gymnasium. »… sie verkehrten mit niemandem, erschienen nur bei
einigen ausgewählten Vorlesungen und saßen dann völlig abseits
von den anderen. Sie hatten einen schlechten Ruf.« (*Tochter* 299)
Die drei sind ein eingespieltes Team und ihre Gegner sind die
»Normalbürger«, die sie schockieren durch ihr Auftreten, ihre
Kleidung, ihre intelligenten provozierenden Sprüche. Sie lassen
sich von niemandem etwas sagen, schwänzen die Vorlesungen,
die ihnen nicht angenehm sind, machen Witze über die Kommi-
litonen und Kommilitoninnen. Sartre steht zudem im Ruf, unzählige Affären zu haben. »Sartre sah nicht übel aus, aber es hieß
von ihm, er sei der schlimmste der drei; man sagte sogar, er trän-
ke.« (*Tochter* 299) Er scheint der eigentliche Kopf der Gruppe zu
sein. Die anderen beiden sind schon verheiratet und insofern in
ihrem Bewegungsradius eingeschränkt. Beauvoir hat das Glück,
einen der drei näher kennenzulernen: Maheu. Er besucht die
gleiche Philosophievorlesung bei Léon Brunschvicg (1869–
1944). Das ist ein interessanter Lehrer, der sich zum Ziel gesetzt
hat, zu zeigen, wie es zu einem Rückgang der Religiosität kommen könnte. Er baut ganz auf die Möglichkeiten, die im Einzelnen und seiner geistigen Kreativität stecken. Brunschvicg ist ein
hoch angesehener Philosophieprofessor. Offensichtlich trifft er
genau das, was die Studentinnen und Studenten der Philosophie
fasziniert. Sein Idealismus reißt die jungen Leute mit. Hier also

treffen sich Simone de Beauvoir und René Maheu zum ersten Mal. »Ich war sehr empfänglich für den Zauber seiner spottenden Stimme, seiner ironisch vorgeschobenen Unterlippe. Entmutigt durch den Anblick der sämtlich ins Graue spielenden Agrégationsaspiranten ruhte mein Blick gern auf seinem rosigen Antlitz, in dem kindlich blaue Augen leuchteten: sein blondes Haar war kräftig und lebendig wie Gras.« (*Tochter* 299) Maheus Witz bemerkt Beauvoir als Erstes. In Diskussionen bringt er die Leute zum Lachen, seine Bemerkungen sind spitz und voller ironischer Anspielungen. Ein amüsanter, liebenswerter Mensch, bei dem Provokation nichts Aggressives hat. In seiner Gesellschaft kann kein Bierernst aufkommen. Er lässt die Arbeit langsam angehen, achtet auf gutes Essen und genügend Ruhepausen während des Studierens. So einen Freund hatte Beauvoir noch nie: Intellektualität gepaart mit Ironie, das empfindet sie nun als wunderbar wohltuende Mischung. Beauvoir ist einfach gern mit ihm zusammen, beobachtet sein Lachen, die Art, wie er sich bewegt, seine sprudelnde Sprechweise. Maheus Gedanken kreisen nicht um den letzten Sinn des Lebens, nicht um den Tod oder die Suche nach Gott. Er verirrt sich nicht in den Büchern und er braucht keine nächtlichen Ausschweifungen, um sich zu zerstreuen. Katholizismus und romantische Schwärmerei sind nicht seine Sache. Diese Freundschaft wirft ein Licht auf eine verborgene Seite von Beauvoir. Sie mag es manchmal durchaus, ohne große Hinterfragerei und Tiefgründigkeit zu leben. Sie kann ihre Grübelsucht für eine Weile vergessen und für einen Augenblick in Leichtigkeit eintauchen. Einmal nicht emsige Studentin und tiefschürfende Denkerin sein, sondern das Leben von der spielerischen Seite betrachten. Sie liebt Maheus Lachen, es steckt an. Maheu verkörpert das Gegenteil des ruhigen, alles immer und überall reflektierenden Merleau-Ponty, dem jeder Sinn für die Leichtigkeit des Seins fehlt. Er fühlt sich schon jetzt als Student der Strenge des Denkens als einer Lebensaufgabe verpflichtet. Zwischen diesen beiden Polen, die Maheu und Merleau-

Ponty verkörpern, steht Beauvoir, strenge Denkerin und emsige Arbeiterin und gleichzeitig abenteuerlustige, die Unbeschwertheit suchende junge Frau. Maheu meint eines Tages zu Beauvoir, sie erinnere ihn an einen Biber. Dabei vergleicht er ihren Nachnamen Beauvoir mit dem englischen Wort für Biber, und das ist »beauver«. Im Französischen sagt man dazu *castor*, und so hat Beauvoir einen Spitznamen bekommen. Maheu fallen viele Eigenheiten Beauvoirs auf, zum Beispiel ihre raue Stimme und ihr schneller Gang. Das ist ihr noch nie passiert, dass jemand sie dazu bringt, sich und ihren Körper auf diese Weise zu betrachten. Beauvoir ist ein wenig verliebt in Maheu, aber sie weiß ja, dass er verheiratet ist und dass ihm die Ehe viel bedeutet. Nie würde er seine Frau betrügen, wahrscheinlich würde er sich die Liebe zu einer anderen nicht einmal in Gedanken erlauben. So bleibt ihr das Schwärmen: »… das Unwiderstehlichste an ihm war jedoch sein Lachen; man hätte meinen können, er sei unversehens auf einem fremden Planeten gelandet, dessen fabelhafte Komik er nach und nach entdeckte; wenn sein Lachen explodierte, kam mir alles neu, überraschend und köstlich vor.« (*Tochter* 301) Die Treffen in der Bibliothèque Nationale haben einen eigenen Zauber, gerade auch weil ihr Ende sich bereits ankündigt. Die agrégation nähert sich in bedrohlicher Schnelle, und damit der Beginn eines neuen Lebens außerhalb des Dunstkreises der bürgerlichen Herkunft und der harten Studien. Durch die Begegnung mit Maheu hat die Prüfungsvorbereitungszeit ein besonderes Gesicht bekommen. Mit Herzklopfen über den Büchern zu sitzen und dabei die Lust am Leben zu spüren, statt die Kälte der Abstraktion, das brennt sich ein und wird nicht so leicht in Vergessenheit geraten. Es arbeitet sich anders mit einer Leidenschaft im Innern.

Die erste Prüfung, die noch vor der agrégation zu bewältigen ist, ist die mündliche Diplomprüfung, die auch der Freund Merleau-Ponty absolvieren muss. Beide bestehen. Zwischen Merleau-Ponty und Zaza hat sich inzwischen eine zarte Liebesbeziehung entwickelt. Beauvoir freut sich für sie. Diese beiden ernsten, sensiblen Menschen sind ihrer Meinung nach füreinander geschaffen. Zazas Mutter sieht das naturgemäß wieder etwas anders. Sie hat für Zaza bereits einen Heiratskandidaten ausgesucht und versteht nicht, warum ihre Tochter sich so sehr sträubt. Noch immer ist es üblich, dass Ehen von den Eltern gestiftet werden. Für die jungen Frauen gibt es keine Sphäre, in der sie persönlich entscheiden können. Die Vorzüge, die es mit sich bringt, in einer vermögenden bürgerlichen Familie aufzuwachsen, verkehren sich in ihr Gegenteil, wenn es um die freie Entfaltung der Person geht, vor allem um die Partnerwahl. Vermögende bürgerliche Familien suchen für ihre Töchter den Ehemann vor allem nach finanziellen Gesichtspunkten aus. Bei den unteren sozialen Schichten ist das einfacher. Wer kein Vermögen hat, dem kann es weit eher egal sein, woher der Schwiegersohn kommt. Für Zaza ist diese Situation die Hölle. Sie hat keine Kraft, sich loszureißen, und so verzichtet sie zum Beispiel auf eine Bootsfahrt mit Beauvoir und Merleau-Ponty, um ihre Mutter, die an diesem Tag nicht einmal zu Hause wäre, nicht zu hintergehen. Zaza nutzt die Gelegenheit also nicht aus. Für Beauvoir ist das deprimierend. Sie erlaubt sich ja seit geraumer Zeit ihre heimlichen Ausflüge in die Welt des »Lasters«. Ihr ist völlig klar, dass sie ohne Heimlichkeiten noch immer eine Gefangene ihrer Familie und ihrer gesellschaftlichen Schicht wäre. Nicht so Zaza, deren penetrant schlechtes Gewissen ihr keine Notlüge erlaubt. Dass sie sich an der Grenze des Erträglichen bewegt, gesteht sie der Freundin ein. Dennoch hält sie sich strikt an das, was in ihren Kreisen üblich ist. Merleau-Ponty ist sehr traurig darüber, wird aber auch nicht wirklich aktiv, sondern lässt die Geschichte ihren Gang gehen. Er könnte ja die Konfrontation mit Mme Mabille bewusst suchen, tut er aber nicht. Er ergibt sich in sein Schicksal und leidet.

Beauvoirs Eltern sind im Bilde darüber, dass ihre Tochter sich mit einem verheirateten Mann trifft, aber sie wissen mittlerweile, dass sie keinen Einfluss mehr auf deren Bekanntschaften haben. Und so schweigen sie zu Beauvoirs Kontakt mit Maheu. Ärgern wird es sie schon, denn es schickt sich nicht.

Ironischerweise heißt das Thema der schriftlichen Prüfung für die agrégation »Freiheit und Bedingtheit«. Beauvoir fühlt sich wohl dabei und hat ein gutes Gefühl, nachdem sie abgegeben hat. Auch der Rest der schriftlichen Prüfung geht gut und Beauvoir spürt schon jetzt, wie ihr Flügel wachsen. Sie wird ein wenig leichtsinnig, geht viel spazieren und verbringt zunächst wenig Zeit mit der Vorbereitung für den mündlichen Teil der agrégation. Dabei hat es dieses mündliche Examen in sich. In der Öffentlichkeit müssen die Prüflinge zeigen, was sie können, ob sie den Stoff verstanden haben und sich perfekt ausdrücken können. Zuschauer sind zugelassen und es kommt nicht nur auf die fachliche Kompetenz an, sondern auch auf einen beeindruckenden, brillanten Auftritt. Ende Juni soll das Großereignis stattfinden und es bleiben Beauvoir nur noch wenige Wochen der Vorbereitung. Anfang Juni kommt Maheu zu ihr mit der Einladung, doch die Prüfungsvorbereitung gemeinsam mit ihm, Nizan und Sartre zu machen. Man würde sich freuen, sie dabeizuhaben, und speziell Sartre lege großen Wert darauf. Schon einmal wollte er sie kennenlernen und lud sie zu diesem Zweck ins Kino ein. Maheu aber war sofort hellhörig geworden und redete es ihr aus. Er hatte Angst, die Freundin an den Freund zu verlieren. Beauvoir täuschte also Kopfweh vor und schickte ihre Schwester stattdessen. Hélène war nicht sehr angetan von dem Studenten, der ihr als witzig, geistreich, unterhaltsam geschildert worden war. Der Mann saß ziemlich mürrisch und wortkarg an ihrer Seite und sie langweilte sich grässlich mit ihm.

Nun ist es also doch so weit gekommen. Montagmorgens soll das Treffen stattfinden, und zwar in Sartres Studentenbude. Nachdem er vor einem Jahr durch die Prüfung gefallen war, konnte er nicht mehr in der École Normale Supérieure wohnen bleiben und musste sich nach einem anderen Zimmer umschauen. Nun wohnt er in einem Studentenheim. In seinem Zimmer herrscht eine fürchterliche Unordnung. Sartre scheint keine Zeit und keinen Sinn zu haben für Ordnung. »Ich war etwas aufgeregt, als ich Sartres Zimmer betrat; ich fand außer einem riesigen Durcheinander von Büchern und Papieren überall umherliegende Zigarettenstummel und dicken Rauch vor. Sartre empfing mich als Weltmann; er rauchte Pfeife.« (*Tochter* 321) Vielleicht fühlt Sartre sich einfach erhaben über solch profane Dinge wie Ordnung. Im Sommer 1928 hat er an die Geliebte Simone Jollivet geschrieben: »Du weißt, dass ich auf dem Wege zur Weisheit bin; obwohl ich in vieler Hinsicht noch Mensch bin.« (*Briefe an Simone de Beauvoir Band 1*, 38) Es ist klar, dass ein Dreiundzwanzigjähriger, dessen Hauptziel darin besteht, weise zu werden, Nebensächliches wie ein aufgeräumtes Zimmer für absolut unwichtig halten muss. Sartre arbeitet schon längere Zeit an seinem Ruhm und das ist auch der Hauptgrund, weshalb er das erste Mal durch die Prüfung gefallen ist. Er war so sehr darauf bedacht, zu zeigen, wer er ist, dass er darüber fast vergessen hat, dass es auch immer darauf ankommt, was ein Schauspieler sagt, nicht nur, wie er darstellerisch überzeugt. Sartre liebt es, durch sein äußeres Auftreten zu wirken und zu dozieren. Bezeichnenderweise versteht Simone Jollivet seine Briefe manchmal als »kleine Vorlesungen«. Er übt sehr gern erzieherische Funktionen aus und gefällt sich in der Pose dessen, der so einiges besser weiß als andere. So jedenfalls hört er sich in einem anderen Brief an die Geliebte an: »Wer hat Sie zu dem gemacht, was Sie sind, wer versucht, Sie daran zu hindern, sich als Bourgeoise, Ästhetin oder Dirne aufzuführen? Wer kümmert sich um Ihre Intelligenz? Ich, nur ich.« (*Briefe an Simone de Beauvoir, Band 1*, 16) Sartre »kümmert« sich also um seine Mitmenschen in einer ganz speziellen Weise. Er ist es gewohnt und genießt es, sich in ein helleres Licht zu stellen als die meisten Menschen seiner Umgebung. Er hat vor, der Mann mit dem größten Wissen zu werden. Er setzt alles in Rede oder Schrift

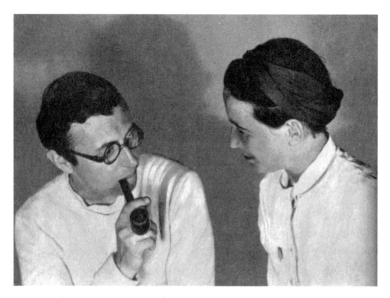

Sartre und Beauvoir im Gespräch, 1938

um. In ihm schweigt es nie und er schweigt nie. Sein Kopf ruht nicht aus, und die Menschen, die mit ihm zu tun haben, dürfen sich auch nicht ausruhen. Sartre ist sich schon dessen bewusst, dass er nicht allein auf dieser Erde lebt und dass auch er die anderen braucht, aber er hasst nichts so sehr wie Abhängigkeit, und die fängt bei ihm sehr früh schon an. Man dürfe es nie so weit kommen lassen, dass man nicht jederzeit wieder Adieu sagen kann. Keine Romantik, keine Sentimentalitäten oder Melancholien und vor allem keine zu große Nähe.

Und mit diesem blitzgescheiten, eloquenten Studenten der Philosophie bereitet Beauvoir sich nun aufs Mündliche vor. Da ist es natürlich, dass sie unsicher und aufgeregt ist, als sie zum ersten Mal in Sartres zugemüllte Bude kommt. Sie empfindet ihn sehr bald als »geistigen Trainer«, wie sie ihrem Tagebuch anvertraut. Sartre schafft es, den Eindruck zu vermitteln, nur er wäre der Gebende, alle anderen die Nehmenden. Eine Aura von Großherzigkeit umgibt den körperlich kleinen jungen Mann.

Man arbeitet also hart, vor allem vormittags. An den Nachmittagen brechen die vier dann oft zu kleinen Touren durch Paris auf. Sie machen halt in irgendwelchen kleinen Cafés, lachen über dies und das und singen laut. Ein Lieblingsplatz ist das Dach der École Normale Supérieure in der Rue d'Ulm. Von da hat man einen herrlichen Blick über den gesamten Süden von Paris und das ist ein wunderbar erhebendes Gefühl, das zu Allmachtsphantasien einlädt. Beauvoir fühlt sich pudelwohl.

Ein Geruch von Freiheit liegt in der Luft. Und Beauvoir ist dabei, gehört zur Gruppe der »petits camarades«, wie sich das Trio nennt. Zum ersten Mal fühlt sie sich intellektuell absolut gefordert, das gab es noch nie. Maheu hat ein wenig Angst, den ersten Platz in ihrer Gunst abgeben zu müssen. Seine Ahnung trügt ihn nicht. Sartre wird für Beauvoir immer interessanter. Hinzu kommt, dass Maheu Sorge hat, die schriftliche Prüfung nicht bestanden zu haben. Das macht ihn gereizt und überempfindlich. Auch mit dieser Annahme liegt er im Übrigen nicht falsch. Als die Ergebnisse verkündet werden, sind alle aus der Gruppe außer Maheu zur mündlichen Prüfung zugelassen. Maheu verlässt Paris. Nun ist der Platz des Vertrauten neben Beauvoir verwaist und Sartre springt ein mit dem Argument, er wolle sich von jetzt an um sie kümmern. Beauvoir lässt es gern zu. Sie bewundert Sartre über die Maßen. Hier ist einer, der besessen ist vom Denken und Schreiben wie sie, einer, der sie darin bestärkt, ihre Freiheit zu leben und das zu tun, wovon sie überzeugt ist. Sartre ist ein Selbstdenker, er fühlt sich keiner Lehre, keiner anderen Philosophie verpflichtet. Er drückt sich klar und präzise aus, das beeindruckt Beauvoir am meisten. Im Gespräch mit ihm hat sie den Eindruck, ihre eigenen philosophischen Ideen seien völlig wirr und unausgegoren. Sie spürt instinktiv, dass hier einer in die gleiche Richtung denkt wie sie, aber sie traut ihm mehr zu als sich selbst. Sie vergisst den Altersunterschied von zweieinhalb Jahren, in diesem jugendlichen Alter eine nicht geringe Zeitspanne. Es ist klar, dass Sartre bei seinem Ehr-

Bei einem ihrer Streifzüge auf den Dächern der École Normale Supérieure, 1929. Vorne Henriette und Paul Nizan, mit überkreuzten Armen; dahinter Daniel Lagache (zweiter von links), Simone de Beauvoir (halb verdeckt) und Sartre auf dem Schornstein.

geiz und Arbeitsfanatismus einen Wissensvorsprung und eine größere Routine des Denkens hat als Beauvoir.

Jean-Paul Sartre und Simone de Beauvoir bestehen die mündliche Prüfung. Sartre kommt auf den ersten Platz, Beauvoir auf den zweiten, allerdings erst nach einer langen Diskussion der Kommission. Die Prüfer sind von Beauvoirs philosophischer Begabung sehr beeindruckt, und es heißt sogar, sie sei von beiden der eigentlich philosophische Kopf. Aber trotzdem entscheiden sie sich für den männlichen Bewerber, denn er ist ein *Normalien*, entstammt also der absoluten Bildungselite, und außerdem ist er bereits das zweite Mal angetreten. Den Ausschlag geben also letztlich äußere Aspekte. Die Hochschule, die Sartre besucht hat, steht in einem solch hohen Ansehen, dass es nicht angeht, einen Studenten von dort nicht auf die höchste Stufe der Benotungsleiter zu stellen. Auch heute ist diese Hochschule die renommierteste Ausbildungsstätte innerhalb des französischen Erziehungswesens. Bereits mit der Aufnahme werden die Studenten zu Beamten. Oft ist das Studium an der ENS Familientradition, so dass wirklich nur ganz ausgewählte Leute in den Genuss kommen. Aus der École Normale Supérieure können also nur extraordinär begabte Studenten kommen, wie will da eine Studentin, deren Zukunft unsicher ist, dagegen ankommen? Beauvoir will auch gar nicht besser sein als Sartre, im Gegenteil, auch sie ist überzeugt von seinem Genie. Sie betrachtet Sartre von Anfang an als den Überlegenen, obwohl er sich ihr gegenüber gar nicht so aufplustert, wie er es sonst tut. Er scheint die Intelligenz dieser Frau wahrzunehmen und zu ahnen, dass er es nicht mit einer einfach gestrickten, leicht durchschaubaren Person zu tun hat. Hier ist offensichtlich eine Gesprächspartnerin, von der selbst ein Sartre profitieren kann und die auf sein Philosophieren inspirierend wirkt. Er ist einer Philosophin begegnet, Selbstdenkerin wie er, und dabei bescheiden. Es könnte etwas entstehen, das über den Augenblick hinausreicht.

*»Nichts würde dieser Allianz
den Rang ablaufen.«*

Der Pakt (1929–1936)

◀ *Jean-Paul Sartre und Simone de Beauvoir*

Beauvoir blickt in einer Art Hochgefühl in die Zukunft. Ihr Auszug aus der elterlichen Wohnung steht bevor. Ab September 1929 wird Beauvoir bei ihrer Großmutter, die einige Zimmer vermietet, wohnen. Zuerst aber wird sie den Sommer noch einmal mit der Familie auf dem Land verbringen, was ihr diesmal nicht so leichtfällt, denn es gibt nun Sartre, den sie auch nach der Prüfung täglich trifft. Beide können ohne die intensiven Gespräche nicht mehr sein. Von Anfang an ist dies vor allem eine Beziehung des sprachlichen Austauschs. Beauvoir und Sartre brauchen das Gespräch wie die Luft zum Atmen. Sie hatten alle beide eine Kindheit ohne viel Kommunikation und nun ist zum ersten Mal die Gelegenheit, eine große Nähe und ein Vertrauen herzustellen. Das ergibt eine wunderbare Spannung, eine besondere Art der Anziehungskraft, eine ganz eigene Art von Gesprächserotik.

Wer aber ist dieser Mann, dessen Gespräch Beauvoir sucht wie das keines Menschen zuvor? Wo kommt er her? Wie ist er aufgewachsen und wie verlief seine Kindheit?

Geboren wurde Jean-Paul Sartre 1905 in Paris. Als er zwei Jahre alt war, starb sein Vater, ein Marineoffizier. Die Mutter, Anne-Marie, zog mit dem Kind zu ihren Eltern. Anne-Marie war zu diesem Zeitpunkt erst 24 Jahre alt und für Jean-Paul eher wie eine Schwester. Er konnte sie nicht wirklich achten. Sie hatte in ihrem Elternhaus noch nicht einmal ein eigenes Zimmer. Sie fühlte sich ihren Eltern gegenüber zur Dankbarkeit verpflichtet und machte sich nützlich, wo sie nur konnte. Man sah wieder die unmündige Tochter in ihr und sie hatte sich den strengen Regeln ihrer Kindheit in einem bourgeoisen Haus von Neuem zu unterwerfen: keine nächtlichen Eskapaden, Bescheidenheit und ein ordentliches äußeres Auftreten. Die Witwe wurde zur minderjährigen Tochter degradiert.

Sartres Großvater, Charles Schweitzer, war Gymnasiallehrer im Ruhestand, eine imposante Erscheinung mit Rauschebart. So und nicht anders muss Gottvater aussehen, dachte das Kind und bewunderte ihn. Der alte Mann vergötterte den Enkel, der ihm noch einmal das Gefühl gab, ein Leben in der Hand zu haben, die Zukunft eines jungen Menschen entscheidend beeinflussen zu können. Sartre genoss es, im Mittelpunkt zu stehen. »Ich habe die fürstliche Freiheit des Schauspielers, der das Publikum in Atem hält und dabei seiner Rolle neue Lichter aufsetzt. Man vergöttert mich, also bin ich vergötterungswert. Das ist gar kein Wunder, denn die Welt ist gut eingerichtet: man sagt mir, ich sei schön, und ich glaube es. Seit einiger Zeit habe ich bereits den weißen Fleck auf der Hornhaut, der mich später zwingen wird, zu schielen, aber noch ist das nicht sichtbar geworden.« (*Wörter* 18) Großvater und Enkel beschenken einander gegenseitig, leben für- und miteinander. Louise Schweitzer, die Großmutter, blieb hingegen eher im Hintergrund. Sie muss ziemlich unzufrieden gewesen sein mit ihrem Leben, was sich durch eine Unnahbarkeit und manchmal sogar Kälte nach außen bemerkbar machte. Gleichzeitig reagierte sie mit bemerkenswertem psychologischen Feingefühl auf die »Show«, die ihr Mann und der Junge vor ihren Augen aufführten. Für sie sind der alte und der kleine Mann nichts als Possenreißer, Theaterspieler, Aufschneider.

Charles Schweitzer hatte es sich zur Aufgabe gemacht, seinen Enkel rundherum zu bilden. Er erteilte dem intelligenten Jungen Unterricht, vor allem in Geschichte und Erdkunde. Bis zum 10. Lebensjahr besuchte Sartre keine öffentliche Schule, sondern wurde vom Großvater privat unterrichtet. In dessen Bibliothek befanden sich mehr als tausend Bücher. Keiner verbot dem Kind das Lesen, keiner unterschied zwischen »verbotener« und »erlaubter« Lektüre. Als Zehnjähriger las Sartre die großen französischen Schriftsteller Voltaire und Victor Hugo. Er verkroch sich, rannte nicht draußen herum wie andere Kinder in diesem

Alter, sondern pflegte Zwiesprache mit den Figuren in den Romanen längst verstorbener Autoren.

1916 heiratete Anne-Marie zum zweiten Mal und Jean-Paul zog zu ihr nach La Rochelle. Dort besuchte er ab 1917 das Gymnasium. Mit dem Stiefvater, einem technisch interessierten Mann, verstand er sich nicht besonders gut. Sein Leben war nun anders geworden. Es hatte ein Ende mit der Verhätschelung und Individualförderung, eine ganz neue Erfahrung. Seine Mitschüler fanden den besserwisserischen, eingebildeten Dauerredner unsympathisch. Der Stiefvater legte Wert auf eine naturwissenschaftliche Bildung und setzte seine Erziehungsziele nicht immer gewaltfrei um. Der Junge zog sich in sich zurück und wurde für die anderen zum Prügelknaben, zumal er auch äußerlich unansehnlich geworden war: klein, schielend und mit dicker Brille. Der süße Lockenkopf war verschwunden. Als Sartre sich aber eine Kopfkrankheit zuzog, wahrscheinlich Meningitis, kam er zurück zu den Großeltern nach Paris und besuchte dort ein Internat. Irgendwie musste er einen Weg finden, damit zurechtzukommen, dass er nicht allein auf der Welt war, dass es auch noch andere gab. Allerdings machte er nun eine neue Erfahrung: Er war im Lycée Henri IV nicht der einzige belesene Schüler mit hervorragender Bildung. Manch einer war ihm sogar voraus und er musste eiligst aufholen. Außerdem fand Sartre jetzt mit fast 16 Jahren den ersten wirklichen Freund: Paul Nizan.

Nizan hatte sogar schon ein paar kleine Texte selbst geschrieben, was über die bislang kümmerlichen Schreibversuche Sartres hinausging. Sie nannten sich nicht Sartre und Nizan, sondern Nitre und Sarzan und bildeten ein unzertrennliches Gespann. Sie redeten über ihre Leseerfahrungen, heckten Scherze aus, inspirierten einander gegenseitig. Beide machten ein ausgezeichnetes Abitur und bereiteten sich dann am Lycée Louis-le-Grand für die Aufnahmeprüfung an der École Normale Supérieure vor. Französische Literatur, Philosophie, Latein und Griechisch waren die Hauptfächer. Ein einwandfreier Stil, perfekte Grammatik, immense Textkenntnisse, das wurde gefordert. Nizan und Sartre bestanden die Aufnahmeprüfung und gehörten damit ab 1924 zur geistigen Elite der sogenannten »Normaliens«. Auf seine spezielle Art ist Sartre in der Gemeinschaft angekommen, braucht nicht mehr den Kasper spielen, muss sich nicht mehr ununterbrochen zur Schau stellen, auch wenn er nach wie vor verliebt ist in die Rolle des genialen Außenseiters.

Wenn man die Kindheit und frühe Jugend Sartres noch einmal Revue passieren lässt, fällt auf, dass er weit weniger als Beauvoir durch sein Elternhaus bevormundet wurde. Er konnte sich seine Lektüre frei wählen, er durfte, ja musste sogar »intellektuell« sein, seine protestantische Mutter war zu unsicher, um ihm so etwas wie eine religiöse Erziehung angedeihen zu lassen. Trotzdem war auch diese Kindheit nicht unproblematisch, denn es fehlte ihr jegliche Leichtigkeit. Sartre erlebte wahrscheinlich selten, wie es sich anfühlt, fröhlich und unbeschwert zu sein, solch wunderbare Sommer wie die Beauvoirs in Meyrignac kannte er nicht. Mehr noch als bei Beauvoir lag sein ganzes Glück in den Büchern. Für ihn war es notwendig, sich mit Büchern zu beschäftigen, zu lesen und zu schreiben. Sein Götterhimmel war bevölkert mit Buchstaben und Wörtern. Er war allein mit seinen Göttern wie Beauvoir allein war mit ihren frühen philosophischen Erkenntnissen. Was die beiden also in erster Linie zueinanderführte, war die Sehnsucht, ein dauerhaftes Gespräch auf der gleichen Ebene führen zu können. Nun, da sie sich gefunden haben, können sie sich ein Ende dieser für sie einmaligen und wunderbaren Beziehung nicht mehr vorstellen.

Mitten in diese emotionale Hochphase fällt der plötzliche Tod von Zaza. Sie ist nur 21 Jahre alt geworden. Die genaue Todesursache kann nicht ermittelt werden. »Die Ärzte sprachen von Meningitis, von Enzephalitis, niemand erfuhr jemals etwas Genaues. Handelte es sich um eine ansteckende Krankheit, einen Unfall? Oder war Zaza einem Übermaß an Müdigkeit und Beängstigung erlegen?« (*Tochter* 345) Zazas Briefe an Beauvoir waren in den letzten Monaten immer seltsamer geworden, manchmal mit dunklen Andeutungen und dann wieder voller Zuversicht. Sie schrieb, Merlau-Ponty und sie würden sich verloben, sie schien glücklich, aber beim letzten Treffen mit Beauvoir in Paris sah sie schrecklich aus. Sie war klapperdürr geworden, blass und hatte Ränder unter den Augen. Was sie Beauvoir nicht erzählt hat, ist, dass ihre Eltern Nachforschungen bezüglich Merleau-Pontys Familie angestellt hatten und ihr daraufhin jeden weiteren Kontakt verboten, wie im Übrigen auch mit Beauvoir. Dabei war der charmante Student eigentlich ganz nach ihrem Geschmack: Er besitzt Geld und Manieren. Aber das Ganze hat einen entscheidenden Haken: Merleau-Ponty kommt, wie die Recherchen ergeben haben, aus zerrütteten Verhältnissen. Sein Vater war Marineoffizier gewesen und daher viel unterwegs. Seine Mutter hatte sich einen Universitätsprofessor zum Geliebten genommen. Dieser ist der leibliche Vater von Maurice und seiner jüngeren Schwester. Der Marineoffizier starb 1911 ganz überraschend und Mme Merleau-Ponty zog mit den Kindern nach Paris. Maurice wusste bisher nichts von alledem. Nun erfährt er die Geschichte durch Zazas Vater. Auch für ihn ist das ein gewaltiger Schock, der ihn lähmt und ihm jedes weitere Engagement in Bezug auf Zaza unmöglich macht. Und nun nach ihrem Tod wird er von Gewissenskonflikten geplagt wie auch Beauvoir, die natürlich überlegt, ob man dieses Ende nicht hätte verhindern können. »Oft ist sie mir nachts erschienen mit ihrem gelben Gesicht unter einer kleinen Glocke aus rosa Filz und hat mich vorwurfsvoll angeschaut. Zusammen haben wir beide gegen das zähflüssige Schicksal angekämpft, das uns zu verschlingen drohte, und lange Zeit habe ich gedacht, ich hätte am Ende meine Freiheit mit ihrem Tode bezahlt.« (*Tochter* 345) Aber Beauvoir war zu stark beschäftigt mit sich, um sich intensiv um Zaza zu kümmern. Sartre steht nun im Mittelpunkt ihres Lebens.

Selbst im Sommerurlaub im Limousin hatte er Beauvoir besucht. Er wohnte im Hotel und sie trafen sich außerhalb des Ortes irgendwo im Grünen. Beauvoirs Eltern waren überhaupt nicht begeistert, denn dieser junge Mann scheint ein echter Filou zu sein, wie man sich erzählt. Aber die Zeiten der totalen Einflussnahme sind endgültig vorbei. Da half kein Zornausbruch Georges und kein Jammern vonseiten der Mutter. Sartre kam und ging, wann er wollte, und Beauvoir traf sich mit ihm, wann immer sie wollte. »Mein Vater forderte ihn höflich auf, die Gegend zu verlassen: die Leute tuschelten, und mein offensichtlich schlechtes Betragen schade dem Ruf meiner Kusine, die man verheiraten wollte. Sartre hielt lebhaft, aber ohne heftig zu werden, Widerpart, denn er war fest entschlossen, auch nicht eine Stunde früher abzureisen.« (*beste Jahre* 15) Nachdem Sartre endgültig nach Paris abgereist ist, schreiben sie sich täglich.

Nachdem auch für Beauvoir die Ferien beendet sind und sie in die Stadt zurückkehrt, intensivieren die beiden die Beziehung. »Als ich ihn im Oktober wiedertraf, hatte ich mich von meiner Vergangenheit gelöst; vorbehaltlos stürzte ich mich in die Gegenwart.« (*beste Jahre* 16) Es ist für ihre Umgebung nicht mehr zu übersehen: Simone de Beauvoir und Jean-Paul Sartre sind ein Paar. Beauvoir wohnt bei Großmutter Brasseur, Sartre bei seinen Großeltern Schweitzer. So ist man einerseits *en famille*, andererseits aber unabhängig. Es ist für Beauvoir ein völlig neues Lebensgefühl, aus und ein gehen zu können, wann sie will, Freunde eigener Wahl zu empfangen und nach Herzenslust dem Alleinsein zu frönen. Françoise kann es am Anfang nicht lassen und kommt einfach unangemeldet vorbei, um zu schauen, ob ihre Tochter nicht doch unter die Räder gekommen ist. Beauvoir verbietet ihr diese Art Überfälle, und so muss die Mutter sich notgedrungen dareinfügen, ab und zu einen Sonntagnachmittagsbesuch nach Voranmeldung zu machen, und ansonsten die Neugierde und den Wunsch nach Einflussnahme zu zügeln.

Obwohl Beauvoir und Sartre nicht mit materiellen Reichtümern gesegnet sind, leben sie in einer privilegierten Lage. Nach dem Krieg sind viele Leute vom Land in die Stadt gezogen. Ganze Familien wohnen in Einzelzimmern, weil es zu wenig bezahlbaren Wohnraum gibt. Frankreich ist außerdem ein beliebtes Einwanderungsland. Italiener und Polen und viele Südosteuropäer haben sich vor allem in Paris niedergelassen. Die Chancen zum sozialen Aufstieg sind gering. Beauvoir beobachtet diese gesellschaftlichen Vorgänge. Auch Sartre interessiert sich für gesellschaftliche Prozesse und vor allem für die Frage, welche Rolle das Individuum zu spielen habe. Dabei sind die beiden zu dieser Zeit noch nicht das, was man als typische Intellektuelle bezeichnen könnte. Sie wollen nicht in der Öffentlichkeit mitmischen, sich nicht nach außen exponieren, sondern zunächst nur jeder für sich allein, im Gespräch miteinander und im Schreiben klar werden über eigene theoretische Positionen. Sie beginnen eine gemeinsame Orientierungsphase. Sartre wird demnächst seinen Militärdienst absolvieren müssen. Danach blüht ihm das Lehrerdasein. Um dem zu entkommen, bewirbt er sich für eine Lektoratsstelle in Japan. Gerade erst sind sie sich begegnet und er denkt schon daran, weit wegzugehen und in einem fernen Land zu arbeiten? Von Anfang an lässt sich diese Beziehung nicht nach gängigen Maßstäben oder Mustern beurteilen. Es ist Beauvoir und Sartre von Anfang an klar, dass ihre Beziehung nie zur Gewohnheit werden sollte und dass sich nie einer dem anderen verpflichtet fühlen müsste. Eine »notwendige« Beziehung, aber in dieser Notwendigkeit völlig frei. Beauvoir und Sartre sind überzeugt davon, dass sie so gut harmonieren, dass sie immer zusammenbleiben würden, ohne sich jedoch so gebunden zu fühlen, dass nicht jeder, wann immer sich die Möglichkeit ergeben sollte, auch andere Beziehungen eingehen könnte. Dies ist keine »Herzensbindung«, in der Treue auf ewig geschworen wird. Diese Liebe hat viel von einem Spiel mit genauen Spielregeln, die jedoch der Freiheit ihren Platz lassen. Natürlich will Beauvoir Sartre für sich allein, aber sie ist klug und experimentierfreudig genug, sich zurückzuhalten, im Wissen darum, dass der Mann an ihrer Seite nichts so sehr hasst wie

Gängelei und Eifersuchtsdramen. Eines Abends nach einem Kinobesuch macht Sartre den Vorschlag eines »Zwei-Jahres-Pakts«. Beauvoir sollte sich nach diesen zwei Jahren ebenfalls im Ausland bewerben, sie würden sich irgendwann treffen, wieder eine Strecke gemeinsam gehen, um sich dann wieder zu trennen, ohne einander jemals völlig aus den Augen zu verlieren. So fremdartig es klingen mag, aber genauso sieht die Vorstellung einer lebenslangen Liebe für Sartre und Beauvoir aus. Nicht gerade die romantische Version, aber auch mit dem Anspruch auf Ewigkeit. Dahinter steckt der Wunsch, nie in eine Beziehungsroutine zu verfallen, immer wieder wie von Neuem anzufangen, das Gespräch spannend zu halten, die Liebe vor dem langsamen Tod durch Langeweile zu bewahren. Was sehr rational klingt, hat seine Wurzeln in einem innigen Gefühl der Zusammengehörigkeit. »Wir würden einander nie fremd werden, keiner würde je vergebens an den anderen appellieren, und nichts würde dieser Allianz den Rang ablaufen; aber sie durfte weder in Zwang noch in Gewohnheit ausarten.« (*beste Jahre* 23) Das Bewusstsein, etwas Besonderes zu erleben, gehört von Anfang an zu dieser Beziehung. Nichts soll irgendwann »normal« werden, auf keinen Fall will man sich der Sackgasse Gewohnheit aussetzen. Zusammengehören darf nicht heißen, sein Leben lang unter einem Dach zu wohnen. Es darf nicht heißen, jeden Morgen gemeinsam aufzuwachen und am Abend gemeinsam einzuschlafen. Warum nicht an verschiedenen Orten sein? Es gibt die Möglichkeit zu schreiben, lange Briefe, in denen alles zur Sprache kommt, was man erlebt und denkt. Ehrlichkeit und Offenheit würden zu dieser Liebe gehören. Sie sollte ohne Geheimniskrämerei auskommen. Beauvoir und Sartre beschließen, sich alles zu sagen, keine Geheimnisse voreinander zu haben. Ein hoher Anspruch, vielleicht sogar einer, dem sie gar nicht gerecht werden können, weil er darüber hinwegsieht, dass überhaupt nicht alles gesagt werden kann, dass man einen anderen Menschen nie ganz kennt und immer ein Teil im Verborgenen bleibt. Vielleicht wissen sie das ja, wagen es aber trotzdem, auf die völlige gegenseitige Offenheit und ein absolutes Vertrauen ihre Beziehung aufzubauen. Das mit dem Alltag ist allerdings so eine Sache und man entkommt ihm nie ganz, und so gibt es einen Brief von Sartre an seinen Castor vom Spätjahr 1929, in dem er schreibt: »Kleiner reizender Castor, wollen Sie so gut sein und heute morgen meine Wäsche (unterste Schrankschublade) in die Wäscherei bringen? Ich lasse den Schlüssel unter der Matte. Ich liebe Sie zärtlich, mon amour. Sie hatten gestern ein bezauberndes kleines Gesicht, als Sie sagten: ›Ach, Sie hatten mich angeschaut, Sie hatten mich angeschaut‹, und wenn ich daran denke, zerspringt mein Herz vor Zärtlichkeit. Auf Wiedersehen, Kleiner, Guter.« (*Briefe an Simone de Beauvoir, Band 1,*41) Sie ist der fleißige Biber für ihn und solch ein fleißiger Biber kann schon auch mal die Wäsche zur Wäscherei bringen. Wenn das nicht Alltag ist und außerdem die Sprache einer gewissen traditionellen Rollenverteilung spricht? So kommt durch die Hintertür fast unbemerkt herein, was man auf immer gebannt glaubte. Sartre und Beauvoir siezen sich übrigens auch, nachdem ihre Beziehung sehr eng geworden ist. Das ist in Frankreich nicht unüblich, selbst Ehepaare bleiben häufig beim »Sie«.

Im November muss Sartre zum Militärdienst. Er meldet sich zum Wetterdienst in Tours. Beauvoir bleibt in Paris, hat ein paar Privatschüler und unterrichtet Latein am Lycée Victor Duruy. Sartre hasst diese Militärzeit. Sie erscheint ihm unnütz, er fühlt sich eingesperrt und schreibt darüber an Beauvoir. Leider sind fast alle Briefe aus dieser Zeit verloren gegangen. Sartres rettender Anker liegt wie immer darin, aufzuschreiben, was er beobachtet und was ihn quält. In Beauvoir hat er eine aufmerksame Leserin und eine liebevolle, sensible Schreiberin gefunden. Beide finden größten Gefallen an einem regen Briefwechsel und vergewissern sich in diesen Briefen immer von Neuem ihrer Liebe. So schreibt Castor im Januar 1930: »Wie geht es Ihnen, kleiner Mann? Ich hoffe sehr auf einen Brief von Ihnen, morgen. Bis bald, nicht wahr, mon amour? Sie haben es mir versprochen, und ich pflege mich gut. Ich liebe Sie, ich liebe Sie. Ich bin ganz zärtlich Ihr Castor.« (*Briefe an Sartre 1*, 18) Die Sommerferien verbringt Beauvoir in Sartres Nähe. Sie genießt diese Zeit auch deshalb so sehr, weil sie zum ersten Mal im Urlaub nicht in Meyrignac im unmittelbaren Dunstkreis ihrer Familie ist. Sartre hat gerade ein kleines Erbe erhalten und die zwei verprassen einen Teil davon in teuren Restaurants. Privates Eigentum bedeutet ihnen relativ wenig. Immer dann, wenn einer Geld hat, wird es geteilt und ausgegeben. Ist kein Geld da, so bedeutet das keinen Grund zum Traurigsein: Man schränkt sich in diesem Fall eben einfach ein.

In Paris konzentriert sich Beauvoir aufs pure Leben. Die Abende und manchmal halbe Nächte verbringt sie mit Freunden in Bars und Cafés. Ist Sartre zu Besuch, so gehen sie ins Theater oder ins Kino. Durch Sartre lernt Beauvoir die Lust an Kriminalfilmen und -romanen kennen. Die ersten Tonfilme sind gerade in die Kinos gekommen, eine ganz neue Erfahrung. Sartre ist auch ein Fan von Western und selbst dafür kann sich Beauvoir begeistern. Der Genuss sogenannter »leichter Kost« war ihr bis jetzt gänzlich fremd. Es konnte nie anspruchsvoll genug sein. Umso größer ist nun die Freude darüber, es zu können, fähig zu sein, sich in einen Kinosessel fallen zu lassen und einfach einen spannenden Film anzuschauen.

Beauvoir ist noch immer eine exzessive Leserin. Viele Länder lernt sie zuerst über deren Literatur kennen. Sie liest amerikanische, russische, deutsche Romane, richtig dicke Schmöker, aber auch sehr anspruchsvolle Romane. »Außer den Büchern, die ich gemeinsam mit Sartre las, verschlang ich Whitman, Blake, Yeats, Synge, Sean O'Casey, alles von Virginia Woolf, tonnenweise Henry James, George Moore, Swinburne, Swinnerton, Rebecca West, Sinclair Lewis, Dreiser, Sherwood Anderson, alles Übersetzungen, die in der Sammlung *Feux Croisé* erschienen, und sogar, in Englisch, den endlos langen Roman von Dorothy Richardson, die es fertigbringt, in zehn oder zwölf Bänden gewissenhaft gar nichts zu erzählen.« (*beste Jahre* 47)

Für zwei Jahre lebt Beauvoir wie aus der Zeit gefallen. Beflügelt von der Liebe zu Sartre nimmt sie jede Anregung auf, hungrig nach bisher nicht gekannten Genüssen. Es ist eine Existenz ganz aus dem Privaten heraus. Das Politische bleibt seltsam blass für sie und ihr Blick darauf oberflächlich und relativ desinteressiert. So nehmen Sartre und sie die heraufziehende Weltwirtschaftskrise kaum wahr. Die vielen Ministerwechsel in Frankreich berühren sie nicht, ebenso wenig wie die politischen Skandale, Affären und der wachsende Unmut der Bevölkerung. Sie verstehen sich als antikapitalistisch, ohne diesen Anspruch zu konkretisieren. Sartre und sein Castor sind abgetaucht und frönen dem, was ihnen gerade Vergnügen bereitet. Trotzdem ist die Einheit nicht vollkommen. Es gibt auch Unterschiede in der Einstellung des Paars zu anderen Menschen. Sartre hat ein Faible für bestimmte Frauen, mit denen Beauvoir überhaupt nichts anfangen kann. Da ist zunächst Mme Morel, eine sehr reiche, gebildete Dame von 40 Jahren, mit viel Lebenserfahrung und einer sehr freien Lebenseinstellung. Sie wohnt am Boulevard Raspail, Sartre hatte sie näher kennengelernt, als er ihren Sohn aufs baccalauréat vorbereitete. Seit dieser Zeit gilt er als Freund des Hauses. Mme Morel ist entzückt von Sartres unkonventioneller Art. Beauvoir hingegen fühlt sich in einer solchen Umgebung eher unsicher, sogar ziemlich linkisch. Ihr fallen Dinge aus der Hand, sie hat sich nicht im Griff. Ungezwungenheit im Umgang mit anderen, vor allem selbstsicher auftretenden Personen hat sie noch immer nicht gelernt. Sie braucht die Dunkelheit dazu, ein verräuchertes Café, ein paar Drinks, dann löst sich die Verspannung, der Panzer bricht auf. Im normalen Alltag haftet ihr etwas Akademisches an, eine Angespanntheit und die Unfähigkeit loszulassen. Das wird noch deutlicher in Beauvoirs Verhältnis zu Simone Jollivet, der früheren und, wer weiß, vielleicht auch jetzt noch Geliebten Sartres. Simone Jollivet ist Schauspielerin, lebt, wie es ihr passt und schert sich einen Dreck um ihren Ruf. Sie kommt aus Toulouse, wo Sartre eine aufregende Affäre mit ihr begann. Er bewundert ihre Art, das Leben leichtzunehmen und völlig unbefangen mit allem Körperlichen umzugehen. Und Sartre schildert Castor in aller Offenheit die Freuden, die er in den Armen dieser Frau genossen hat. »Sie war schön: eine Fülle blonden Haares, blaue Augen, die zarteste Haut, ein verführerischer Körper, vollendete Handgelenke und Fesseln.« (*beste Jahre* 60) Wie man damit als frisch Verliebte ohne großartige Erfahrungen in Liebesdingen umgeht, bleibt rätselhaft. Beauvoir ist schon verunsichert, zumal Simone Jollivet dem Bild der männermordenden Prostituierten, das sie sich einredet, nicht entspricht. Jollivet ist nämlich überhaupt nicht der Typ süßes Dummerchen. Sie kann schon mal eine Nacht mit einer Nietzsche-Lektüre zubringen und hat am Morgen einiges Kluge dazu zu sagen. Nachdem sie in Paris angekommen ist, um als Schauspielerin zu arbeiten, besucht Beauvoir mehrere Abende lang die Aufführungen. Sie kennt Jollivet noch nicht persönlich und verwechselt sie auf der Bühne prompt. Unfassbar erscheint ihr, dass es nicht auf Anhieb gelungen ist, diese Skandalnudel zu identifizieren. Ihr bürgerliches Erbe ist ihr hier wieder einmal im Weg. Beauvoir geht selbstverständlich davon aus, dass man den Menschen ansieht, woher sie kommen und wie sie leben. Allerdings ist es auch ein befremdlicher Gedanke, dass einer von zwei frisch Verliebten in aller Ausführlichkeit ein gerade oder vielleicht noch nicht einmal ganz abgeschlossenes Liebesverhältnis schildert. Was soll man sagen? Beauvoir akzeptiert es, wenn auch leicht irritiert. Einen Streit wird sie auf keinen Fall anzetteln, dafür ist die Beziehung noch zu frisch, und es ist undenkbar für Beauvoir, sich mit Sartre zu entzweien. Das neue Zentrum ihres Lebens darf nicht gefährdet werden. »Allmählich gewöhnte ich mich an sie; ich fand mich mit ihren Fehlern und ihren Vorzügen ab. Im gleichen Maße, in dem ich meine Selbstachtung zurückgewann, streifte ich die Faszination ab, die sie anfangs auf mich ausgeübt hatte.« (*beste Jahre* 68) Hatte Sartre nicht von der notwendigen und der zufälligen Liebe gesprochen? Nun gilt es zu beweisen, dass sie diesem Anspruch gerecht werden kann.

Inzwischen ist Sartres Antrag auf eine Stelle als Lektor in Japan abgelehnt worden. Er wird im Herbst 1931 als Lehrer in Le Havre arbeiten. Beauvoir bewirbt sich nun auch und hofft, in Sartres Nähe in einem Gymnasium unterzukommen. Umso entsetzter ist sie, als sie vom Erziehungsministerium die Nachricht erhält, dass sie ihre erste Stelle als Lehrerin in Marseille antreten muss, also genau am anderen, südlichen Ende von Frankreich, 800 Kilometer von Paris entfernt. Trotz ihrer großen Beunruhigung geht Beauvoir aber auf Sartres Vorschlag, nun doch zu heiraten, um in die gleiche Stadt versetzt zu werden, nicht ein. Beauvoir reagiert verdutzt auf diesen Pragmatismus Sartres. So kennt sie ihn gar nicht. Das ist doch genau das, was sie nie wollten. »Ich muss sagen, dass ich nicht einen Augenblick in Versuchung war, seinen Vorschlag anzunehmen. Die Ehe verdoppelt die familiären Verpflichtungen und den gesellschaftlichen Ballast.« (*beste Jahre* 69) Und so treibt sie Sartre die fixe Idee einer Ehe aus berufstaktischen Gründen schnell wieder aus. Damit würden sie die einmal gesetzte ideelle Basis ihrer Beziehung untergraben. Freiheit und restloses Vertrauen, darauf hatten sie sich geeinigt. Und dazu passt eine Heirat nun mal nicht, dann lieber diese Riesenentfernung in Kauf nehmen und sich endlos sehnen. Niemals diesen Schritt in Richtung »geordnete Verhältnisse« tun zu wollen, das nimmt sich Castor fest vor.

Zwei Monate sind es noch bis Schuljahresbeginn. Warum nicht diese Zeit für eine Reise nutzen? Und so kommen sie überein, nach Spanien zu fahren, und planen die Route. Allerdings sollte man vielleicht besser nicht so leichtfertig im Plural reden, denn es ist ausschließlich Beauvoir, die plant. Sartres Aufgabe besteht lediglich darin, zu packen und sich führen zu lassen.

Geld haben sie nicht viel, Gepäck auch nicht. »Unsere Koffer wogen nicht schwer, im Handumdrehen waren sie ein- und ausgepackt; wie spannend, in eine unbekannte Stadt zu kommen und sich ein Hotel zu suchen!« (*beste Jahre* 74) Ohne allen Luxus und unbeschwert treten sie ihre erste gemeinsame Reise an. Sie wollen viel sehen, weniger die Touristenanziehungspunkte als das Treiben der Menschen in den Straßen spanischer Städte. In Barcelona allerdings verpassen sie gleich eine spannende Gelegenheit. Auf der Suche nach einer Kirche wundern sie sich über die wild gestikulierende und diskutierende Menschenmenge. In der Zeitung lesen sie dann über den Generalstreik, den die Gewerkschaft ausgerufen hatte. Mehrere Gewerkschafter waren verhaftet worden. Castor und Sartre ärgern sich über ihre Dussligkeit. Grotesk, dass gerade die Suche nach einer Sehenswürdigkeit, noch dazu einer Kirche, woran ihnen überhaupt nicht so viel liegt, der Grund für die mangelnde Aufmerksamkeit war. »Wir fühlten uns sehr niedergeschlagen: wir waren dabeigewesen und hatten nichts gesehen.« (*beste Jahre* 75)

Die zweite große Stadt, die sie besuchen, ist Madrid. Die Aufbruchstimmung nach dem Ende der Diktatur Primo de Riveras reißt die gesamte Bevölkerung mit. Alfons XIII. hatte am 14.4.1931 abdanken müssen und die neue Republik kann sich auf eine große sozialistische Mehrheit stützen. Überall in Madrid herrscht Festtagsstimmung. Vor allem Beauvoir saugt diese Begeisterungsstürme in sich hinein und ist erfüllt von einem Hunger nach Bildern und Eindrücken, begierig, alles wahrzunehmen, was um sie herum passiert. So hat sie sich das Reisen immer vorgestellt, die Augen weit offen, um nichts zu übersehen. Sartre und Beauvoir sind fasziniert vom Stierkampf und besuchen den »Prado«, Madrids berühmtes Kunstmuseum. Begeistert stehen sie vor den Bildern Goyas, El Grecos und Hieronymus Boschs. Diese Maler werden hitzig diskutiert. Sprechen,

sprechen, sprechen, Wörter und Sätze zu Hilfe nehmen, um zu verstehen: Auch auf Reisen lebt die Beziehung Sartre-Beauvoir vom endlosen Gespräch. Schauen und Nachdenken allein genügt nicht. Die Vergewisserung der Nähe geht über das Gespräch, immer wieder. Solange sie reden können über alles, jede Erfahrung, jede Begegnung, Dinge, Städte, Landschaften, Kunst, sichern sie den Fortbestand dieser notwendigen Liebe. Dass Sartre auch auf Reisen durch die Reize anderer Frauen verführbar ist, ändert daran nichts. Beauvoir hat den Eindruck, für eine Weile aus dem Gleichklang des normalen Lebens gefallen zu sein. »Ich kam von mir los; ich wurde kein anderer Mensch, aber ich verschwand. Vielleicht wissen nur sehr aktive oder sehr ehrgeizige Menschen, die beständig in Pläne verwickelt sind, von diesen Pausen, in denen die Zeit stillsteht und die eigene Existenz mit der unbeweglichen Fülle der Dinge verschmilzt: Welche Entspannung! Welcher Lohn!« (*beste Jahre* 78)

Im September geht es zurück nach Paris und die Vorbereitung auf das Lehrerdasein beginnt. Beauvoir ist 23 Jahre alt und wird 14 Stunden pro Woche unterrichten müssen. Eine sehr junge Lehrerin ist das und dazu eine, die noch nie allein für längere Zeit von Paris fort war. Immer hatte sie in einer vertrauten Umgebung gelebt, in einer riesigen, lebendigen Stadt, umgeben von der Familie, Freunden, Bekannten. Ein Sprung ins kalte Wasser beziehungsweise ans warme Meer. Eine Unterkunft hat sie noch nicht und mietet sich zuerst einmal in einem kleinen Zimmer am Bahnhof ein, bevor sie nach ein paar Wochen zu einer Kollegin zieht. Beauvoir unterrichtet gern, und es macht ihr vor allem Freude, die Schülerinnen mit provozierenden Gedanken bekannt zu machen. Deren Eltern sehen das jedoch nicht gern, unterrichtet sie doch an einer Provinzschule, und ihre Zöglinge kommen aus »ordentlichen« Elternhäusern, in denen man es nicht ohne Weiteres toleriert, wenn die Töchter zum Umsturz der Gesellschaft aufgewiegelt werden. Mit ihrer Kritik an den bestehenden Lebensverhältnissen, der Spießigkeit, mit der sie groß wurde und die noch immer das Leben der bürgerlichen Schicht in Frankreich bestimmt, kommt Beauvoir schlecht an, aber sie versteht es, die Wogen zu glätten, so dass der Ton zwischen Eltern und Lehrerin nie aggressiv wird. Glaubhaft ist Beauvoir in einer gewissen Weise schon, denn keiner kann ihr den Wunsch nach einem hohen Lebensstandard oder gar die Gier nach Luxus nachsagen.

Mit ihren Kolleginnen hat sie nicht viel zu tun. Sie sind allesamt älter und haben ihrer Meinung nach grässlich altjüngferliche Anwandlungen und außerdem Vorurteile der »Großstädterin« gegenüber. Zugegebenermaßen gibt Beauvoir diesem Vorurteil reichlich Nahrung. Sie fühlt sich ja im Gegensatz zu den Provinzlehrerinnen als aufgeklärte, kritische, weltoffene Städterin und neigt dazu, andere abzuqualifizieren. Und so isoliert sich der Castor und bleibt selbst auf den so sehr geliebten ausgedehnten Wanderungen am liebsten allein. Jetzt zeigt sich auch die disziplinierte Planerin wieder. Beauvoir steigert ihre Wanderleistung von Mal zu Mal, geht die Umgebung von Marseille Kilometer für Kilometer konsequent ab, gönnt sich keine großen Ruhepausen, nimmt wenig Proviant mit. Sie gibt bei der Heimkehr am Abend ein eigentümliches Bild ab: keine Wanderkleidung, keine Wanderschuhe, kein Rucksack, aber 40 Kilometer auf dem Buckel. »Ich fiel aus dem Rahmen, weil ich mich keiner Gruppe anschloss und aus einem Zeitvertreib die strengste Pflicht machte.« (*beste Jahre* 80) Eine Geistesarbeiterin, die sich vorgenommen hat, sich auszukennen in der Gegend, in der sie wohnt und arbeitet. So wie sie alles wissen, alles lesen will, will sie die neue Umgebung vollends erforschen. Da wird keine Zeit vergeudet und keine Langeweile kommt auf. Begleitung erscheint ihr völlig überflüssig, ja sogar lästig. Die Kollegin, bei der sie ein Zimmer gemietet hat, würde gern häufiger mitwandern, warum auch nicht. Aber als sie sich als Klette entpuppt, die zu guter Letzt auch noch ein Liebesgeständnis daherstammelt, ist das eindeutig zu viel. Beauvoir braucht niemanden, der oder die ihr das Alleinsein versüßt. »Wohl gab es wehmütig angehauchte Nachmittage, wenn ich aus dem Lyzeum kam, mir zum Abendbrot Fleischpastete oder Käsegebackenes kaufte und dann durch die Dämmerung meinem Zimmer zustrebte, wo nichts mich erwartete; aber ich fand Süße in dieser Heimwehstimmung, die ich im hektischen Leben von Paris nie gekannt hatte.« (*beste Jahre* 89) Aber es gibt ja Sartre und andere Menschen wirken in der noch immer sehr abgeschlossenen Beziehung wie Einbrecher, die in Beauvoirs und Sartres geheime Denk- und Gesprächsgemächer eindringen wollen.

Sie treffen sich in Paris, so oft es geht, machen im Sommer noch einmal zusammen eine Spanienreise und ab Herbst wird Beauvoir in Rouen am Lycée Jeanne d'Arc Philosophie und Literatur unterrichten. Mit dem Jahr in Marseille ist sie insofern nicht ganz zufrieden, als sie es nicht geschafft hat, mit der Schriftstellerei voranzukommen. Auf der Reise in diesem Sommer war ihr von Neuem klar geworden, wie sehr Sartre im Schreiben verwurzelt ist. Selbst unterwegs nutzte er jede Gelegenheit, sich irgendwo hinzusetzen und an seinen Notizen zu arbeiten. Beauvoir fühlt sich manchmal ein wenig unter Druck, weil sie weiß, dass Sartre von ihr erwartet, dass sie etwas zu Papier bringt. Auch das war abgemacht und gehört zum Pakt. Er sieht sie beide ganz selbstverständlich als schreibende Existenzen. Was Beauvoir mit 21 Jahren plante, wovon sie bei der ersten Begegnung mit Sartre überzeugt war, nämlich zur Schriftstellerin geboren zu sein, hat sie bisher noch nicht eingelöst. Trotz allen Fleißes hat der Biber hier noch eine Riesenaufgabe zu bewältigen. Sartre kann nicht allein von sich ausgehen. Sein Verhältnis zum Schreiben und zur Sprache überhaupt ist anders als das von Beauvoir. Sartre ist ein Wortjongleur. Er spielt mit den Sätzen, kann einfach alles zu Papier bringen, was er möchte, entwickelt Theorien über alles Mögliche. Bei Beauvoir hat man den Eindruck, sie muss zuerst viel erleben, viel gesehen haben, einen Schatz an Erfahrungen zur Verfügung haben, um schreiben zu können. Sartre fühlt sich am Leben, wenn er schreibt, Beauvoir muss leben, um schreiben zu können.

Aber an erster Stelle steht nun der Schuljahresbeginn in Rouen. Beauvoir kommt an und ist wieder einmal ganz auf sich gestellt. »Als ich mich bei der Direktion meldete, empfing sie mich sehr fürsorglich. Sie gab mir die Adresse einer alten Dame und riet mir, mich dort einzumieten. Ich klingelte an der Tür einer schönen Villa, und eine würdige Witwe zeigte mir ein zierlich möbliertes Zimmer mit Fenstern auf das Schweigen eines großen Gartens. Ich floh und bezog im Hotel *La Rochefoucauld* Quartier, wo ich das beruhigende Pfeifen der Züge hören konnte.« (*beste Jahre* 105) Nizan, der inzwischen der Kommunistischen Partei beigetreten ist, weist Beauvoir auf eine ihrer Kolleginnen hin, die er persönlich gut kennt: Colette Audry. Im Unterschied zu Beauvoir setzt sich Colette Audry schon lange mit gesellschaftlichen Fragen auseinander und studiert die Werke von Karl Marx und Rosa Luxemburg. Sie ist noch in anderen Dingen sehr verschieden von Beauvoir. Sie kleidet sich sehr gut und hat ihr Zimmer individuell und ansprechend eingerichtet, Dinge, von denen Beauvoir noch immer wenig hält. Zuerst findet Colette Audry ihre Kollegin ziemlich eingebildet und nicht sehr interessant, aber bald merkt sie, dass mit dieser Person vielleicht doch etwas anzufangen sein könnte, und nachdem sie auch Sartre kennengelernt hat, fühlt sie sich richtig wohl in diesem geistig regen Kreis, zu dem auch zwei Lieblingsschüler Sartres gehören: Jaques-Laurent Bost und Lionel de Roulet. Rouen ist nicht weit von Paris entfernt, und so trifft man sich oft. Beauvoir spart fast ihr ganzes Geld für die Zugfahrten, Sartre ebenso und manchmal können sie in Paris nicht einmal eine Übernachtung bezahlen. Wenn sie auch bei Freunden nicht unterkommen können, streifen sie einfach durch die nächtlichen Straßen. Dann kann es sein, dass Beauvoir am nächsten Morgen direkt vom Bahnhof in die Schule geht. Bei den Eltern der Schülerinnen

Beauvoir als Lehrerin inmitten einer ihrer Klassen am Lycée Molière, 1938

und bei den Kolleginnen und Kollegen kommt das natürlich nicht gut an. Wie soll eine Lehrerin mit solch einem skandalösen Lebenswandel ein Vorbild für Jugendliche sein? Selbst noch sehr jung, wirkt Beauvoir sowieso wie eine Schülerin und nicht wie eine Autoritätsperson. Eine solche will Beauvoir auch gar nicht sein. Sie interessiert sich ohnehin nur für die Schülerinnen, die ihr förderungswürdig erscheinen. Nicht immer hat sie auf Anhieb den richtigen Riecher für die besonders begabten Mädchen.

Im Falle einer jungen Russin, Olga Kosakiewicz, dauert es ziemlich lange, bis sie registriert, was für eine Perle sie da im Klassenzimmer sitzen hat. Olga, ein ruhiges und schüchternes Mädchen, lebt sich in ihren philosophischen Aufsätzen aus und überrascht durch provozierende Gedanken und einen klaren, geschliffenen Stil. Olga liebt ihre Lehrerin von Anfang an, vor allem, weil sie sich so sehr unterscheidet von ihren Vorgängerinnen. Olga gefällt die Lebendigkeit im Auftreten und die geheimnisvolle Aura, die Beauvoir umgibt. Man erzählt sich einiges über den Lebenswandel dieser Lehrerin, sie soll einen Geliebten haben, mit dem sie sich jedes Wochenende in Paris trifft. Das hört sich spannend an. Auch Beauvoir ist von Olga angetan, nachdem sie deren Begabung erkannt hat. Sie ist die erste Schülerin, mit der sie einen regen geistigen Austausch beginnt. Lehrerin und Schülerin gehen nach der Schule zusammen spazieren und treffen sich häufig zu langen Gesprächen im Café.

Paris und Sartre, das ist und bleibt allerdings die Insel der Seligen für Beauvoir, die Festung, von der aus sie agiert. Die anderen Menschen, Freunde und Bekannte, kreisen um dieses Zweigestirn und man hat den Eindruck, sie haben in der Abgeschlossenheit ihrer Beziehung noch gar nicht richtig wahrgenommen, dass Menschen keine Dinge sind, die sie beobachten und beurteilen können, sondern dass von ihnen ein Anspruch ausgeht. In diesem ersten Jahr in Rouen beteiligt sich Beauvoir eifrig an dem ortsüblichen Klatsch und Tratsch. Sie bemüht sich nicht wirklich darum, die Menschen zu verstehen. »Die Existenz der anderen blieb für mich stets eine Gefahr, und ich konnte mich nicht entschließen, ihr freimütig ins Auge zu sehen.« (*beste Jahre* 110) Die bourgeoise Manier, andere zu beurteilen, bevor man sie richtig kennengelernt hat, Menschen einzuteilen in passende und unpassende Gruppen, ist ihr immer noch eigen. Auch der Lehrerin Simone de Beauvoir kommt es von einigen wenigen Ausnahmen abgesehen nicht in den Sinn, sich der einzelnen Schülerin zuzuwenden, sondern sie teilt die Klasse sehr schnell ein in solche, die intelligent genug sind, ihrem Anspruch gerecht zu werden, und solche, die in ihren Augen eben zu dumm sind dafür. Beauvoir hält die Elternhäuser dieser Mädchen für starr und kleinkariert, ist aber in der Selbstbeobachtung relativ blind, hat doch auch sie ihre bürgerliche Erziehung noch keineswegs gänzlich abgelegt. Für Sartre gilt das genauso.

Beauvoir und Sartre lieben die Abstraktion. Sie reden vom Kapitalismus, den es zu überwinden gilt. Sie sind dagegen, dass die Menschheit in herrschende und beherrschte Klassen aufgeteilt werden kann. Aber sie merken nicht, dass die Macht, die sie dem Verstand zubilligen, auch eine Art Klassenherrschaft darstellen kann. Die Klugen stehen dann weit über denen, die offenbar nicht in der Lage sind, rational und klar analysierend zu einem Urteil zu kommen. Das Elitedenken haben sie noch längst nicht völlig abgelegt.

Die einzige Person, deren Subjekt-Sein, deren völlige persönliche Eigenständigkeit Beauvoir anerkennt, ist Sartre. Bei ihm akzeptiert sie, dass er hohe Ansprüche an sie stellt. Um selbst »jemand« werden zu können, braucht Beauvoir offenbar die Abgrenzung gegenüber anderen. Nur mit Sartre ist es anders. Er und sie, das ergibt ein »Wir«. Dass da dieses »Wir« ist, hilft Beauvoir, in Rouen durchzuhalten und nicht aus den Augen zu verlieren, was sie für sich selbst als Berufung formuliert hat, nämlich das Schreiben, auch wenn sie im Lehrerberuf steht, der sie in Beschlag nimmt, ohne sie voll zu befriedigen. Da ist ja noch etwas, das aussteht, die eigentliche, die wirkliche Arbeit, und sie hängt aufs Innigste mit der Beziehung zu Sartre zusammen. Der Blick in die Zukunft macht die Gegenwart erträglicher. Einmal wird es ein Ende haben mit dem Schulalltag, einmal wird Beauvoir Schriftstellerin sein und Romane schreiben. So stellt sie es sich vor.

Sartre bewirbt sich für ein Stipendium ans Institut Français in Berlin. Er bekommt es und tauscht mit seinem alten Studienkollegen Raymond Aron, der dafür in Le Havre seine Lehrerarbeit macht. Sartre ist heilfroh, für eine Zeit lang dem verhassten Beruf zu entkommen. Was die Machtergreifung der Nationalsozialisten bedeutet, ist Castor und Sartre zu diesem Zeitpunkt überhaupt noch nicht klar. Sie lesen in den Zeitungen von Hitlers Aufstieg. Sie erfahren von der Bücherverbrennung und den Judenverfolgungen. Aber sie sind der Meinung, das könne nicht lange gehen, es würde sich schon wieder geben. »Heute staune ich fassungslos, dass wir jene Ereignisse relativ gelassen zur Kenntnis nahmen. Gewiss, sie erregten unseren Unwillen. Die französische Linke verabscheute den Nationalsozialismus noch mehr als den Faschismus Mussolinis; aber man schloss die Augen vor den Gefahren, die er für die ganze Welt bedeutete.« (*beste Jahre* 127) Damit empfinden sie wie die meisten Franzosen, aber gerade die Intellektuellen Frankreichs warnen hellsichtig schon jetzt vor dem, was da heraufziehen könnte. So wird zum Beispiel im Juli 1933 eine Zeitschrift gegründet, in der antifaschistische Artikel erscheinen. Beauvoir interessiert sich nicht besonders für diese Art der Auseinandersetzung mit der Wirklichkeit. Es langweilt sie, obwohl auch Freunde wie Paul Nizan in dieser Zeitschrift mitarbeiten. »Die Welt existierte als ein Ding mit zahllosen Winkeln, deren Entdeckung stets ein Abenteuer sein würde, nicht als ein Kraftfeld, das mir entgegenwirken könnte. Daraus erklärt sich mein unsystematisches Vorgehen. Die wirtschaftlichen und sozialen Probleme interessierten mich, aber nur theoretisch. Vorgänge beschäftigten mich erst, wenn sie ein Jahr, ein paar Monate alt, wenn sie zu Dingen erstarrt waren. Ich las Marx, Rosa Luxemburg, *Die russische Revolution* von Tolstoi, das Werk Farbmanns über den Fünfjahresplan … über das Leben des amerikanischen Arbeiters, über die Krise in England. Die politischen Artikel jedoch langweilten mich zu Tode, ich konnte sie nicht durcharbeiten.« (*beste Jahre* 129) Es sind die aktuellen Stellungnahmen, mit denen Beauvoir Probleme hat. Sie braucht den Abstand, um über Vorgänge nachdenken zu können. Aus dem Abstand heraus ist es möglich, differenzierter zu denken, ein weiteres Bild des Geschehens zu entwerfen, auch in die Ecken zu leuchten.

Sartre hingegen liest regelmäßig und intensiv die Zeitungen, was bei ihm jedoch keine größere politische Weitsicht bezüglich des Nationalsozialismus in Deutschland bewirkt. Was sich da auf das Weltganze hin gesehen zusammenbraut, bleibt dem französischen Vorzeige-Intellektuellenpaar also verborgen.

Im Herbst 1933 kommt Sartre in Berlin an. Er wird recht feudal in einer Villa in Wilmersdorf untergebracht, in der noch andere Studenten wohnen. Sartre vertieft sich in die Schriften des Philosophen *Edmund Husserl* (1859–1938) und versinkt völlig darin. Die ironische Spitze der momentanen Situation besteht darin, dass der Jude Husserl von den Nazis gerade in eine Art »Zwangsurlaub« versetzt wurde. Er lehrte seit 1916 an der Freiburger Universität, war ein anerkannter Forscher und hoch geschätzter akademischer Lehrer, zu dem Studenten von überall her kamen. In großer Isolation schreibt er nun weiter an seinem Werk. Husserls Ruf ist legendär. Berühmt geworden ist er durch seine Maxime: »Zu den Sachen selbst.« Die Selbstverständlichkeit der Welt wird in Husserls Philosophie in den Blick genommen, das, was vor den Augen liegt. Alles voreilige Theoretisieren ist zunächst einmal auszuschalten, Vorurteile sind abzubauen. Dabei ist Husserl jede Kleinigkeit wichtig. Jedes Detail der Wirklichkeit ist es wert, als Phänomen ernst genommen zu werden. Husserls zweite Einsicht ist, dass es niemals eine reine Objektivität und auch keine reine Subjektivität gibt. »Ich denke«, »ich liebe«, »ich hasse«, bedeutet immer »ich liebe etwas«, »ich hasse etwas«, »ich denke etwas«. Das Bewusstsein ist stets gerichtet auf jemanden, auf etwas. Es ist nicht leer und wird nach und nach erfüllt, sondern es ist immer schon ursprünglich ein erfülltes. Husserl nennt diese Struktur des Bewusstseins »Intentionalität«. Indem ich denke, fühle, etwas will, mich verweigere, bin ich in Bezug auf die Welt, bin ich kein isoliertes Subjekt. Husserl hat ein Riesenwerk verfasst, und Sartre ist einfach nur hingerissen von diesem genialen Denker. Er arbeitet wie ein Tier, vergisst die Umgebung und übersieht, was sich in seiner nächsten Nähe in Deutschland ereignet. Sartre lernt Berlin nicht kennen. Es zieht sich wie ein Muster durch all seine Reisen: Ganz anders als Beauvoir lässt er sich nicht ein auf die neue Wirklichkeit einer Stadt oder einer Landschaft, sondern sucht den Weg nach innen, denkt nach, schreibt. Es ist, als würde Sartre selbst die Welt erschaffen, in der er lebt. Er scheint nicht in der Lage zu sein, sich mit allen Sinnen dem Draußen zu öffnen, den Stift ruhen zu lassen, um die Begegnung mit der Stadt Berlin, in der sich Ungeheuerliches zuträgt, zu erleben.

Als Erholung von der strengen geistigen Arbeit nimmt sich Sartre eine Geliebte, von der er Castor natürlich sogleich berichtet. Sie kommen überein, der Dame den Namen »die Mondfrau« zu geben, weil sie träge und gefühlsbetont, ohne besondere intellektuelle Ansprüche von einem Tag in den anderen lebt. Wohlgemerkt, Beauvoir kennt die Frau nicht und dennoch ist sie einverstanden mit dem Urteil Sartres. Eine Art Selbstschutz vielleicht. Ein wenig Angst scheint ihr die »zufällige« Liebe, nun da sie wieder einmal Gestalt angenommen hat, doch zu machen, denn Beauvoir fährt an Ostern 1934 nach Berlin. Allerdings hat die Geschichte ohnehin bald ein Ende, denn im Juni 1934 kehrt Sartre nach Frankreich zurück, bereichert um einige philosophische Erkenntnisse, aber um nichts sensibler geworden in der Beurteilung der politischen Lage.

Beauvoir atmet freier: Die Episode ist vorbei. So ganz einfach ist es wohl doch nicht, diesen Aspekt des Paktes zu akzeptieren. Trotzdem ist sich Beauvoir sicher, die einzige, notwendige Liebe im Leben Sartres zu sein. Sie weiß, dass er sie braucht als Gesprächspartnerin, als einzige Frau, die seine Gedanken nachvollziehen kann, weil ihre Ausgangssituation die gleiche ist: eine einsame bürgerliche Kindheit, der Verlust des Glaubens, der Wille, das Leben aus sich selbst heraus zu gestalten. Und in der Tat ist es so, dass Beauvoir sofort begeistert ist vom Gedanken der Intentionalität, den Sartre ihr im Anschluss an seine Husserl-Studien erläutert: »Er legte mir in großen Zügen das System Husserls und den Gedanken der *Intentionalität* dar. Dieser Begriff lieferte ihm genau das, was er sich erhofft hatte: eine Möglichkeit, die Widersprüche zu überwinden, die ihn damals zerrissen und die ich schon angedeutet habe. Das ›Innenleben‹ hatte er stets verabscheut; es war mit der Wurzel ausgerottet, sobald das Bewusstsein existent wurde, indem es sich ständig über sich selbst hinaus auf ein Objekt richtete.« (*beste Jahre* 161) Die Gespräche über die philosophischen Einsichten, die Sartre in Berlin gewonnen hat, sind sehr intensiv. Beauvoir versteht, was gemeint ist mit Husserls Grundgedanken. Sie kommen auch ihrem Denken nahe. Was ihr in Meyrignac undeutlich aufgegangen war, lässt sich jetzt theoretisch darlegen: In meinem Bewusstsein bin ich gerichtet auf diesen Baum da draußen, auf diese Wiese, auf die Vögel in der Luft. Sie treten auf die Bühne des Bewusstseins und sind dort wirklich. Ich selbst aber bin niemals völlig in mich selbst verkapselt, habe kein abgeschlossenes, undurchdringliches Innenleben, denn mein Bewusstsein bezieht sich permanent auf die Welt draußen.

Die »Mondfrau« ist vergessen, es zählen philosophische Einsichten und die Gespräche darüber.

Beauvoirs Stimmung ist gelöst, als das neue Schuljahr beginnt. Glücklich, Sartre wieder in ihrer Nähe zu haben, kann sie absehen von den Zwängen, die ihr Beruf mit sich bringt. Vor allem auch in gemeinsamen Lektüreerfahrungen erneuert sich die Beziehung. Beide sind fasziniert von Franz Kafka. Sie lesen *Die Verwandlung* und *Der Prozeß*. Die Welt des Unheimlichen, in der doch alles so rational vor sich geht, so zwingend grauenvoll, regt zum Denken an. Im Grunde ist diese Kafka-Wirklichkeit eine Gegen-Welt zu dem, was für Beauvoir und Sartre gilt. Kafkas Figuren entwerfen sich gerade nicht selbst, ihr Leben vollzieht sich unter Gesetzen, die sie nicht durchschauen. Sie sind nicht Herr über ihr Dasein. »Für uns war *Der Prozeß* eines der ungewöhnlichsten und schönsten Bücher, die wir seit langem gelesen hatten. Wir erfassten sofort, dass man es nicht zur Allegorie reduzieren noch es durch irgendwelche Symbole interpretieren dürfe, dass es vielmehr eine totalitäre Vision der Welt sei.«

(*beste Jahre* 160) Wie die meisten Leserinnen und Leser können sich auch Sartre und Beauvoir der Suggestivkraft von Kafkas Büchern nicht entziehen. Sie versuchen zu verstehen, was sie so anzieht an diesem Werk, aber sie kommen nicht dahinter. Dieser Autor wirkt auf rätselhafte Weise, und doch hat Beauvoir den Eindruck, sein Roman habe sehr viel mit ihr und Sartre zu tun: »Wir tasteten ebenso blind, ebenso einsam wie K., wie der Landmesser, in den Nebelschwaden, in denen kein sichtbares Band Wege und Ziele verbindet. Eine Stimme sagte: Du musst schreiben. Wir gehorchten, wir bedeckten viele Seiten mit unserer Schrift. Zu welchem Zweck? Welche Leute würden es lesen? Und was würden sie lesen? Der dornige Weg, dem wir zwangsweise folgten, mündete in unbestimmte Nacht.« (*beste Jahre* 161)

Dass längst nicht alles durchschaubar und rationalisierbar ist, merkt das Paar noch auf eine ganz andere, ursprünglichere Weise. Olga Kosakiewicz heißt die Zauberin, die zum ersten Mal die Insel Castor-Sartre in heftige Turbulenzen stürzt, so dass sie bald schon das Gefühl haben, im Meer unterzugehen. Für Beauvoir ist Olga zu einer sehr wichtigen Freundin geworden, mit der sie in Rouen in ihrer Freizeit lange Gespräche führt. Das junge, lebhafte, intelligente und undurchschaubare Mädchen begeistert die Philosophielehrerin. Olga interessiert sich für Literatur, Musik, Philosophie, fürs Theater, aber auch fürs Schachspielen. Sie steckt voller lustiger, skurriler Einfälle, fängt manchmal mitten auf der Straße an zu tanzen, reagiert spontan und oft völlig überraschend, ist aber auch launisch, unberechenbar und dabei auch noch sehr hübsch. Für Sartre wird sie zur großen Verführung, eine »zufällige Liebe«, die sehr bald gar nicht mehr so rein zufällig erscheint, sondern sich als verzehrende Leidenschaft entpuppt.

Beauvoir muss ihre Eifersucht verdrängen, denn sie merkt sehr schnell: Das hier ist mit der Mondfrau-Affäre nicht zu vergleichen. Sie kann aber den Gedanken nicht ertragen, dass das Reden über die zufällige und notwendige Liebe mit der Realität ihrer Beziehung zu Sartre reichlich wenig zu tun hat. Staubtrockenes theoretisches Gefasel ohne Bezug zu dem, was möglich sein kann, war das. Das Irrationale der Leidenschaft, die Sartre für Olga empfindet, verwirrt Beauvoir in höchstem Maße, aber alles würde sie ertragen, wenn sie Sartre nur nicht verlöre. Ihre Angst ist berechtigt, denn Olga legt es nicht nur darauf an, durch ihre Attraktivität zu verführen: Dazu ist sie viel zu intelligent.

Beauvoir stürzt sich in die Arbeit und endlich auch ins Schreiben. Der Leidensdruck schärft die Sehnsucht, schreibend mehr Klarheit zu gewinnen über das, was für sie wirklich zählt im Leben, worauf sie nicht verzichten will. Sie denkt an einen Episoden-Roman, in dem sie vor allem auch den frühen Tod von Zaza verarbeiten möchte. Das Sterben, die Befreiung aus den Zwängen bourgeoisen Lebens, die Liebe, Freundschaft, das waren die Themen der Tochter aus dem bourgeoisen Elternhaus und das sind auch die Themen, um die es in diesem Buch gehen soll. Es sind die Grundthemen von Beauvoirs Denken. Die einzelnen Episoden haben alle Frauennamen als Überschriften: »Marcelle, Chantal, Lisa, Anne …« In Anne lässt sich unschwer Zaza wiedererkennen und in Chantal hat sich Beauvoir selbst in die Geschichte eingeschrieben. Chantal erlebt den frühen Tod von Anne und es bedrückt sie schwer, »dass Anne vernichtet worden war, bevor sie ganz und gar existiert hatte.« (*Marcelle, Chantal …* 189) Wie soll sie damit je fertigwerden? Chantal selbst ist sich dessen bewusst, dass sie ihr Leben auf eigene Faust leben will, dass niemand ihr dabei helfen kann und dass niemand bestimmen kann, was für sie zu gelten habe. Ein intensives Leben stellt sie sich vor, ein Leben ohne Abstriche. »Es gibt nichts im Leben, was ich an mir vorbeigehen lassen möchte, ohne es zu erfassen.« (*Marcelle, Chantal …* 61) Anne (Zaza) hat sich von außen, vom Elternhaus bestimmen lassen und ist daran zugrunde gegangen. Chantal (Beauvoir) wird darum kämpfen, ein selbstbestimmtes Leben zu führen.

In die Zeit der Arbeit an diesem Roman fällt die merkwürdige, verwirrende Beziehung Beauvoir-Olga-Sartre. Beauvoir hat fest vor, sich nicht aus der Bahn werfen zu lassen durch die Liebe Sartres zu dieser 18-jährigen Frau. Sie hat einen starken Willen zu leben, sich nicht schwächen zu lassen, zu beobachten und darüber zu schreiben. Das direkt Erlebte bietet den Stoff für die Geschichten, denn das Leben selbst wirft permanent die Frage auf, wie man in all dem, was täglich geschieht, einen Sinn erkennen könnte, ja, wie man sich selbst vielleicht den Sinn geben kann. Beauvoir ist keine Geschichten-Erfinderin. Ihre Figuren sind keine Phantasie-Figuren, man erkennt Züge ihrer Bekannten und Freunde leicht wieder. Sie findet genügend Stoff in den eigenen Erlebnissen und in dem, was sie bei anderen Menschen beobachtet. Die Frage, die sie umtreibt, ist, wie man als Mensch zu einem unabhängigen Entwurf eines durch und durch eigenen, selbstbestimmten Lebens kommt. Wie schafft man es, sich aus all den Rollen, die einem aufgezwungen werden, zu befreien? Auch die Rolle der verratenen Liebenden steht nun im Raum. Wie soll Beauvoir damit umgehen? Wie ist die Beziehung Sartres zu ihr in diesem seltsamen Dreiecksverhältnis zu werten? Gilt noch das »Für immer dein« in dem speziellen Sinn des Paktes, den sie geschlossen haben? Wie soll Beauvoir umgehen mit einem Orkan, der alle Pläne niederzureißen droht und dem Verstand überdeutlich seine Grenzen aufzeigt? Hier ist offensichtlich etwas geschehen, was den Rahmen von Selbstentwurf, Freiheit, Klarheit und Rationalität sprengt. Etwas ganz und gar Unheimliches ist auf der Bildfläche erschienen und lässt sich nicht einfach wegpusten. Kein Gespräch kann helfen, diese Glut zu kühlen. Fast melodramatische Dimensionen tun sich auf, man meint, im Kinosessel zu sitzen und einen kitschigen Liebesfilm anzuschauen.

Sartre leidet, denn Olga macht mit ihm, was sie will. Sie bindet ihn an sich und stößt ihn weg, je nachdem, wie ihre Stimmung gerade ist. Mit 18 Jahren dürfte sie allerdings auch ziemlich überfordert sein durch dieses extravagante, intellektuell hoch anspruchsvolle Paar. Wie soll sie eine Orientierung gewinnen in diesem Kreis, in dem jeder an sich denkt, sich behaupten muss, zeigen will, wer er ist? Niemand weist ihr einen Weg, Olga ist völlig auf sich gestellt. Sartre und Castor haben nicht begriffen, dass da eine noch sehr junge Frau ist, die gerade erst mit dem selbstständigen Leben beginnt und lernen muss, mit dem Zauber umzugehen, den sie auf andere ausübt. Zwei Erwachsene haben es mit einer Jugendlichen auf der Suche nach dem Leben zu tun – und merken es nicht. Beauvoir leidet unter der Leidenschaft Sartres, Sartre leidet darunter, nicht restlos erhört zu werden von Olga, und Olga leidet, weil sie nicht ihrem Alter entsprechend behandelt wird. Noch immer tun sich die Philosophin und der Philosoph schwer damit, die anderen als andere zu akzeptieren. Noch immer beziehen sie alles, was ihre Umgebung tut oder sagt, direkt auf sich. Es ist nicht nur so, dass die Welt den Blick des Menschen braucht, um wirklich zu sein. Auch das Ich, die oder der Schauende, Erlebende, braucht die Welt, die anderen Menschen, um wirklich zu sein.

Sartre und Castor müssen akzeptieren, dass sie nicht der Nabel der Welt sind. Haben sie nicht durch das Studium Husserls gelernt, dass wir Menschen in einem ständigen Bezug zur Welt und zu den anderen stehen? Haben sie es so schnell wieder vergessen oder hat es für sie nur eine theoretische Gültigkeit ohne Bezug zur eigenen Lebenswirklichkeit? Relativ blind taumeln sie in diesen frühen Dreißigerjahren durch Raum und Zeit. Sie scheinen nur sich selbst und ihre Probleme zu sehen. Sie ignorieren den unerhörten Zusammenbruch wesentlicher Errungenschaften der Zivilisation, der sich gerade jetzt zuträgt. Sie sind in sich gefangen, beschäftigt mit nichts als einer Liebesgeschichte, und fern der Freiheit, die sie sich so sehr wünschen. Es ist höchste Zeit, dass sie aufwachen und um sich blicken. »Zu den Sachen selbst!«, das könnte man ihnen zurufen.

*»Jeder Mensch ist für alle
und vor allen verantwortlich.«*

Die Philosophie in Zeiten des Krieges
(1937–1945)

Simone de Beauvoir

Für das neue Schuljahr haben sich Sartre und Beauvoir auf Stellen in Paris beworben. Beauvoir freut sich sehr, als sie erfährt, dass es bei ihr klappen wird: Sie wird ans Lycée Molière versetzt werden. Auch Sartre hat Glück: Er kommt nach Laon, eine Stadt im Nordosten, etwa eine Stunde Zugfahrt entfernt von Paris.

Aber zuerst einmal sind Sommerferien und die zwei Reisevögel haben sich diesmal Süditalien als Ziel ausgesucht. Über Rom geht es nach Neapel und Pompeji. Neapel vor allem hinterlässt einen bleibenden Eindruck. Das Leben der Neapolitaner spielt sich fast ausschließlich auf der Straße ab. Privates und Öffentliches sind nicht zu trennen, der Unterschied zwischen Drinnen und Draußen wird unwesentlich. Fasziniert, aber gleichzeitig auch ein wenig angeekelt von dem Dreck auf den Straßen und vor den Häusern, in den Hinterhöfen und am Hafen, wundern sich Sartre und Castor, dass es den Leuten offenbar wenig ausmacht, so zu leben. Vor allem Sartre fühlt sich angesprochen und schreibt ausführlich an Olga darüber: »Wenn ein Junge urinieren will, schiebt er, ohne sich zur Wand zu drehen oder den Hosenschlitz aufzuknöpfen, nur ein wenig sein Hosenbein hoch, zieht sein Glied heraus, so dass es ein bisschen aus der Hose vorguckt, und erleichtert sich vor aller Augen.« (*Briefe an Simone de Beauvoir Band 1*, 69) Das Animalische sticht Sartre in die Augen, der sorglose Umgang mit der Notdurft und überhaupt allem Körperlichen, die Zurschaustellung von Krankheit, Genesung und Sterben. Die offenen Türen erlauben den Blick auf Kranke in ihren Betten, auf Menschen, die in Nachthemden umhergehen.

Für eines hat Sartre fast keinen Blick, Beauvoir dafür umso mehr: die Landschaft. Auf der Rückreise von Paestum nach Neapel lässt Beauvoir sich zwei Tage Zeit, während Sartre sofort zurückfährt. Sie hat vor, auf Schusters Rappen zu marschieren, hat dann aber das Glück, in einer Droschke mitgenommen zu werden. Wie sie das genießt, dieses langsame Vorübergleiten der Küste, die Villen, Kirchen, den Strand. Sie übernachtet in einem Kloster und kann sich nicht sattsehen an dem Ausblick von der Terrasse aus. Die alte Liebe zur Natur regt sich wieder, Beauvoir kann sich noch immer begeistern für eine zauberhafte Landschaft. »Am nächsten Tage lernte ich Ravello kennen, seine Gärten, seine Villen, seine Belvederes, seine Balustraden, auf denen, dem Meer wild entschlossen den Rücken kehrend, Marmorbüsten stehen, die aussehen, als hätten die Ameisen des ›Goldenen Zeitalters‹ sie angenagt.« (*beste Jahre* 231) Solche Erlebnisse gehören ihr allein. Mit Sartre sind sie nicht möglich. Er braucht den Asphalt, die Stadt, mit der Natur kann er fast nichts anfangen. Hoch über dem Meer, allein mit einem wundervollen Ausblick, ist es Beauvoir egal, ob Sartre in Neapel an einem Tisch in einer Bar sitzt und schreibt, vielleicht sogar an Olga. »Sartre spürte kein Bedauern, als ich ihm diese Köstlichkeiten schilderte, denn er hatte sich seinerseits gut amüsiert. Als er nachts allein herumzog, hatte ein junger Mann ihn zum Trinken eingeladen. Er hatte ihn von Taverne zu Taverne geführt.« (*beste Jahre* 231) Die ersten philosophischen Erschütterungen, zu denen die Zweifel an der von den Eltern und ihrer Gesellschaftsschicht überkommenen Weltanschauung, der Verlust des Glaubens und das Erwachen grundsätzlicher Sinnfragen gehörten, erlebte Beauvoir nicht in der Stadt, sondern draußen auf dem Land. Daran kann sie immer wieder anknüpfen, hier sind ihre denkerischen Wurzeln, Sartre hin, Sartre her. Manchmal ist es doch auch wundervoll, den »Ich-Ton« anzuschlagen und das sonst so geheiligte »Wir« für ein paar Stunden zu vergessen.

In Paris zurück, muss Beauvoir sich schleunigst eine Unterkunft suchen, denn der Unterricht beginnt bald. Möbel kann sie sich nicht leisten, und außerdem liegt ihr sowieso nichts an einem Zuhause, das der elterlichen Wohnung auch nur annähernd gleicht. Viel lieber arbeitet sie im *Café Le Dôme* am Boulevard Montparnasse. Und weil das so ist, sieht sie es nicht ein, sich mit Immobilienmaklern herumzuplagen und das Geld für Möbel zusammenzukratzen, sondern mietet ein Zimmer im Hotel *Royal Bretagne*. Wir können uns nicht vorstellen, dass es billiger ist, im Hotel zu wohnen als in einer Wohnung, aber im Paris dieser Jahre ist das tatsächlich der Fall. Das Zimmer ist bescheiden, und wenn man bedenkt, dass Castor mittlerweile 28 Jahre alt ist und seit einigen Jahren als Lehrerin arbeitet, muss man diese Art der Bedürfnislosigkeit schon bewundern. Das eigentliche Leben des fleißigen Bibers spielt sich draußen ab, in den Straßen, den Cafés, Bars und kleinen Restaurants von Paris, nicht in einer gemütlichen, gepflegten und geschmackvoll eingerichteten Wohnung. Außerhalb der eigenen vier Wände pulsiert das Leben, tummeln sich illustre Gestalten, Künstler und Extravagante aller Schattierungen. Im *Café Le Dôme* sitzt Beauvoir am Tisch und schreibt oder bereitet den Unterricht vor. Das Gemurmel der anderen Gäste stört sie nicht, im Gegenteil, es inspiriert. Dass da Menschen sind, die kommen, eine Zeit lang verweilen, andere treffen, sich unterhalten und wieder gehen, das bedeutet für Beauvoir Lebendigkeit. Allein in einem Zimmer über dem weißen Papier zu sitzen und zu brüten, hieße die Einsamkeit unerträglich machen, das Gefühl wachzurufen, allein auf der Welt zu sein. »Die Einsamkeit über einem weißen Blatt Papier ist hart. Ich hob die Augen, ich überzeugte mich, dass die Menschen existierten. Das ermutigte mich, Wörter aufzuzeichnen, die vielleicht eines Tages jemand anrühren würden.« (*beste Jahre* 239) Sie braucht die Körper und die Stimmen, das Geklapper der Teller und Gläser, sie muss Leute um sich haben, wenn sie den Blick hebt. Noch immer macht es ihr Vergnügen zu beobachten, wie diese Männer und Frauen sich benehmen, wie sie gekleidet sind, wie sie ihre Zigaretten aus den Etuis nehmen und anzünden, wie sie flirten oder aneinander vorbeischauen.

In Paris haben Sartre und Beauvoir eine Art kleine Familie.

Die Mitglieder sind frei gewählt und heißen Olga, Bost und Wanda, die sich manchmal Tania nennt. Wanda ist Olgas jüngere Schwester. Olga wohnt sogar im gleichen Hotel wie Beauvoir. Seit Sartre in Laon arbeitet und während des Schuljahrs nur zweimal die Woche nach Paris kommt, verstehen sich Beauvoir und Olga hervorragend und verbringen die Freizeit meistens gemeinsam. Sie haben viel Spaß miteinander und eine neue Seite von Beauvoirs Charakter tritt in diesem Winter 1936/37 zutage: ihre Lust an kleinen Verschwörungsspielchen, die sie und Olga gegenüber Sartre inszenieren. Sie gehen Hand in Hand durch die Straßen, tanzen eng umschlungen in Lokalen, küssen sich innig auf den Mund, während Sartre nur ein Wangentätscheln bekommt. O ja, er ist eifersüchtig, man schafft es, ihm solche Gefühle zu entlocken, zumal Olga sich mittlerweile heftig in Bost verliebt hat und die Zusammenkünfte mit Sartre eher meidet. Spaß und Ernst liegen hier sehr eng beisammen. Was amüsant erscheint, hat einen dunklen Kern. »Sartre erging sich immer noch endlos über Olgas Verhalten; ich verlor die Hoffnung, einen Ausweg zu entdecken, und hatte es allmählich satt, mich bis zur Erschöpfung im Kreise zu drehen. Die Situation hatte sich nicht gebessert, im Gegenteil. Sie wurde für uns drei immer unerträglicher.« (*beste Jahre* 241)

Bei Beauvoir wirkt sich die Überanstrengung so aus, dass sie im Februar 1937 an einer schweren Lungenentzündung erkrankt und viele Wochen in der Schule ausfällt. Sie muss sogar für einige Zeit ins Krankenhaus. Beauvoir erholt sich nur langsam wieder. Die Freunde sind rührend besorgt, selbst ihre Mutter, die in der letzten Zeit eher ferngeblieben war, besucht sie im Hotel. Sartre schreibt aus Laon liebevolle Briefe an den »reizenden Castor«. Allerdings kann er es sich nicht verkneifen, wenn er von seinen Freizeitbeschäftigungen spricht, zu provozieren. So erzählt er im April davon, wann er an »T. P. Zazoulich« schreiben wird. Damit meint er Olgas Schwester Wanda, die »Toute Petite« genannt wird. Beauvoir ist im Bilde darüber, dass Sartre mittlerweile ein Verhältnis mit Wanda hat. Er ist hinter fast jeder Frau her, ein Schürzenjäger und die »zufälligen« Lieben nehmen einen inflationären Charakter an. Beauvoir weiß alles darüber, die delikatesten Kleinigkeiten werden ihr von Sartre selbst berichtet. Es ist schwer nachzuvollziehen, wie sie damit fertigwird, dass sie nicht die Trennung in Erwägung zieht und weiterhin auf das Konzept der »notwendigen« Liebe vertraut. Offenbar braucht Beauvoir diese verbindliche Zweisamkeit, anders ist ihr Durchhaltevermögen in Sachen Casanova Sartre schwer zu verstehen.

Im Herbst 1937 wird Sarte nach Neuilly versetzt und kann nun in Paris wohnen. Sie beziehen Zimmer im gleichen Hotel, Sartre ein Stockwerk tiefer als Beauvoir. Es ist nicht mehr das Hotel *Royal Bretagne*, sondern das Hotel *Mistral*. »Ich hatte ein Sofa, Bücherregale und einen Schreibtisch, an dem es sich gut arbeiten ließ. Ich nahm neue Gewohnheiten an. Morgens trank ich im Stehen Kaffee und aß Hörnchen an der Theke eines lärmenden, rötlich getünchten Lokals ›Les Trois Mousquetaires‹. Oft arbeitete ich in meinem Zimmer.« (*beste Jahre* 268) Weiterhin gibt es also keine gegenseitigen Verpflichtungen, kein Bekochtwerden des Mannes durch die Frau und kein Schlafzimmer für zwei. Jeder ist für sich und doch ist da die räumliche Nähe, die sie sich immer gewünscht haben.

Sartres Roman *La Nausée* (*Der Ekel*) kommt im Verlag Gallimard heraus und Sartre wird ein angesehener Autor, dessen Stimme Gewicht hat. Beauvoirs Roman in Erzählungen mit dem Titel *Quand prime le spirituel* wird sowohl von Gallimard als auch von Grasset abgelehnt. Sartre versucht, Beauvoir zu trösten: Das hänge nicht mit der Qualität des Buchs zusammen, auch Brice Pari von Gallimard habe dies gesagt und gemeint, die Zeit sei einfach noch nicht reif für diese Art von Frauenliteratur. Beauvoir ist dennoch sehr enttäuscht. Sartre bittet sie, in der Öffentlichkeit nicht schlecht über Gallimard zu sprechen. Der aufstrebende Autor hat Angst, Nachteile zu erfahren durch eine allzu laut geäußerte Kritik Beauvoirs am Verlagsgebaren. Was

Beauvoir bräuchte, wäre ein guter Lektor, einer, der ihren Text ernst nimmt und offen mit ihr darüber diskutiert. Genau das tut Sartre nicht. Er ist viel zu sehr mit seinen eigenen Projekten beschäftigt, bei deren Verwirklichung er immer wieder Beauvoirs Rat einholt. Keine Frage: In dieser Arbeitsbeziehung stimmt das Gleichgewicht nicht. Es ist mehr als fraglich, ob Sartre wirklich ernsthaft gelesen hat, was sein Castor aufs Papier gebracht hat. »Wir sprachen von meiner Arbeit und er warf mir meine Zaghaftigkeit vor. In meinem letzten Buch war ich auf Fragen eingegangen, die mich beschäftigten, aber auf dem Umweg über Personen, die mir unsympathisch oder nur bedingt sympathisch waren. Zum Beispiel war es schade, dass ich Anne in der Sicht Chantals zeigte. ›Warum projizieren Sie nicht Ihre eigene Person in das, was Sie schreiben‹, sagte Sartre zu mir mit plötzlicher Heftigkeit. ›Sie sind viel interessanter als diese Renées, diese

Hôtel Mistral

Lisas …‹ Das Blut stieg mir in die Wangen. Es war heiß, wie stets viel Rauch und Lärm um uns herum, und mir war zumute, als hätte ich einen Schlag auf den Kopf bekommen.« (*beste Jahre* 268) Beauvoir ist verlegen und auch ein wenig wütend. Sie fühlt sich unter Druck gesetzt. Andererseits überlegt sie selbst schon längere Zeit, die eigene Person in einen Roman hinein zu verwandeln. Sie ist sich unsicherer denn je.

»Mein ganzes Leben war an einem Tiefpunkt angelangt. Ich wollte nicht wahrhaben, dass der Krieg unmittelbar bevorstand, nicht einmal, dass er möglich war.« (*beste Jahre* 271) Um die beiden Schriftsteller herum nämlich beginnt die Welt zu brennen und die Zündelei hat schon lange angefangen. In Spanien unter General Franco herrscht Bürgerkrieg. Nizan wirft dem Freund Sartre seit einiger Zeit vor, sich beim Thema Spanien so übertrieben zurückhaltend zu verhalten und sich nicht offen zu den Gegnern der Franco-Diktatur zu bekennen. Im Frühjahr 1938 erzwang Hitler den Anschluss Österreichs an »das Reich«. Dem war die Absetzung des österreichischen Bundeskanzlers Kurt Schuschnigg vorausgegangen, weil er nicht gewillt war, die Macht völlig an die Nationalsozialisten zu übergeben. Mit dem neuen Kanzler Arthur Seyß-Inquart an der Macht konnte Hitler unter dem Jubel der Bevölkerung am 12. März 1938 in Österreich einmarschieren. Die antijüdische Politik Deutschlands ist 1938 auf einem ersten Höhepunkt angelangt. Intellektuelle in verschiedenen Ländern, auch in Frankreich, warnen vor den Nationalsozialisten. Beauvoir und Sartre leben jedoch, als gehe sie das alles nichts an, als verstünden sie die Zeichen der Zeit nicht. Für die beiden gibt es ihr Schreiben und darüber hinaus nichts.

Im Sommer 1938 reist Beauvoir viel in der Gegend herum. Sie wandert zunächst mit Bost in den Alpen. Aus dem *Hôtel de la Gare* in Albertville schreibt sie am 23. Juli an Sartre, nachdem sie ihn ihrer innigen Liebe versichert hat: »Etwas äußerst Angenehmes ist mir passiert, das ich mir bei der Abreise nicht hätte träumen lassen – ich habe nämlich vor drei Tagen mit dem kleinen Bost geschlafen, natürlich war ich es, die den Vorschlag machte – die Lust dazu war uns beiden gekommen, wir hatten tagsüber ernste Gespräche, und die Abende waren unerträglich drückend. … Er war unendlich erstaunt, als ich ihm sagte, ich hätte schon immer zärtliche Gefühle für ihn gehabt – und schließlich hat er mir gestern Abend gesagt, er liebe mich seit langem. Ich hänge sehr an ihm. Wir verbringen idyllische Tage und leidenschaftliche Nächte.« (*Briefe an Sartre I*, 69)

Beauvoir hat also nun auch eine »zufällige« Liebe. Wenn sie davon erzählt, geht sie allerdings sehr viel diskreter vor als Sartre, der gerade in diesem Juli eine neue Eroberung gemacht hat. Sie heißt Martine Bourdin und ist Schauspielschülerin. In einem Brief vom 14. Juli berichtet er auf seine typisch freimütige Art: »Gestern habe ich dieses feurige Mädchen geküsst, und sie hat mit der Kraft eines elektrischen Staubsaugers an meiner Zunge gesaugt, so dass es mir jetzt noch wehtut, und sich mit ihrem ganzen Körper an mich geschmiegt.« (*Briefe an Simone de Beauvoir Band 1*, 190) Zwischen all diesen delikaten Einzelheiten einer ausschweifenden Affäre finden sich immer wieder Beteuerungen der Liebe zu Beauvoir. So endet dieser Brief folgendermaßen: »Sie müssen wissen, mein reizender Castor, dass ich es mitten in diesen Stürmen schaffe, ganz mit Ihnen vereint zu bleiben.«

Sartre scheint seinen Castor überzeugen zu können, dass er ihr im eigentlichen, für sie beide geltenden Sinn treu ist, denn auch Beauvoir beteuert immer wieder ihre Liebe. Mehr denn je wird die Außergewöhnlichkeit dieser Beziehung deutlich.

Als es im September 1938 zum Münchner Abkommen kommt, können Sartre und Beauvoir nicht mehr wegschauen. Ein Krieg scheint in letzter Minute verhindert worden zu sein. Hitler, der die Tschechoslowakei zerschlagen wollte, hat die sudetendeutschen Gebiete abgetreten bekommen und betont nun, keine weiteren Forderungen mehr zu erheben. Die Frage, ob man ihm überhaupt trauen kann, stellen sich Beauvoir und Sartre nicht. Beauvoir stürzt sich in einen neuen Roman: *L'invitée*.

Auch die Arbeit im Lycée macht ihr Freude: »Mein Unterricht machte mir Spaß; es war keine Arbeit, sondern ein Gespräch von Mensch zu Mensch. Ich las philosophische Werke, diskutierte mit Sartre; ich gab meine Erkenntnisse an meine Schülerinnen weiter und vermied so, wenn man von einigen leidigen Themen absieht, ein Wiederkäuen des Unterrichtsstoffes.« (*beste Jahre* 294) So wünscht man sich einen lebendigen Unterricht! Allerdings spielen Sympathie und Antipathie in Beauvoirs Umgang mit den Schülerinnen noch immer eine zentrale Rolle. Sie hat Lieblingsschülerinnen, mit denen sie sich auch außerhalb des Unterrichts trifft.

Beruhigt über die in ihren Augen glaubhafte Abwendung der drohenden Kriegsgefahr, erlebt Beauvoir eine Art Schwebezustand. Sie genießt Paris, kleidet sich neu ein, trifft Leute. Manche ihrer Schülerinnen holen sie an der Metro ab, und von Zeit zu Zeit dürfen sie nach der Schule mit ins Café. Beauvoir ist beliebt, sie wirkt interessant, außergewöhnlich, exotisch im Vergleich zu den biederen Fräuleins, die ansonsten den Lehrerinnenberuf ausüben. Zwei ihrer Lieblingsschülerinnen sind die eigenwillige polnische Jüdin Bianca Bienenfeld und die Weißrussin Nathalie Sorokine, genannt Natascha. Mit Bianca beginnt Sartre eine Affäre, ist ihrer aber bald überdrüssig.

Beauvoir geht in diesem Herbst 1938 oft mit Olga aus und lernt durch sie ein neues Café kennen: das *Café de Flore* am Boulevard St. Germain. »Das *Flore* hatte seine Sitten, seine Ideologie. Die kleine Gemeinde der Getreuen, die sich dort täglich traf, gehörte nicht ganz zur Bohème und nicht ganz zur Bourgeoisie. Die meisten hatten lose mit dem Film und mit dem Theater zu tun. Sie lebten von unsicheren Einkünften, Notbehelfen und Hoffnungen.« (*beste Jahre* 297) Diese Leute frönen einem seltsamen Spiel: Reihum werden die Partner getauscht, jeder vernascht jede, und wenn man alle durch hat, beginnt der Reigen von vorn. Die einzige Antriebskraft ist der Wunsch, der fürchterlichen Langeweile zu entkommen. Man hält den Menschen

Café de Flore

für einen erbärmlichen Waschlappen und ein Schwein und tut alles, damit sich auch in Zukunft daran nichts ändere. Diese Lebensart zu dieser Zeit ist ein Tanz auf dem Vulkan. Es wird so getan, als habe die Geschichte keinen Einfluss auf das private Leben, als könne man ewig weitermachen mit den alten Spielen, als gäbe es nur das persönliche Glück, die Erfüllung individueller Bedürfnisse, den Kampf gegen Langeweile und Tristesse. Langsam aber schwappt eine andere Stimmung von jenseits des Rheins nach Frankreich, nach Paris, und erreicht auch Simone de Beauvoir und Jean-Paul Sartre: »Der Krieg war nicht mehr vermeidbar.« (*beste Jahre* 304)

Was nun folgt, ist der brutale Einbruch des Politischen in die bisher beinahe hermetisch abgeschlossene Privatsphäre von Beauvoir und Sartre. Es wird nie mehr sein, wie es war. Beauvoir und Sartre machen Urlaub in der Provence, als sie aus der Zeitung vom deutsch-russischen Nichtangriffspakt erfahren. Nachdem Hitler am 1.9.1939 Polen angegriffen hat, ist klar, dass auch Sartre eingezogen werden wird. Das Gerücht von der

Mobilmachung ist schon im Umlauf und wird schnell Realität. Als Sartre zum Sammelplatz kommt, erfährt er, dass er nach Nancy zum Wetterdienst kommen wird.

Als Sartre abgefahren ist, fühlt Beauvoir zum ersten Mal im Leben, wie es ist, wenn einem die Zukunft abgeschnitten wurde. Niemand kann vorhersagen, wie es weitergehen wird. Aber das ist nicht alles: Auch die vertraute Umgebung verändert sich schlagartig, auf viele alte Gewohnheiten kann Beauvoir nicht mehr zurückgreifen. Manche ihrer Lieblingscafés haben geschlossen, die Nachtlokale sind allesamt zu, um 23 Uhr müssen die Lichter gelöscht sein, der Metroverkehr wird eingeschränkt, und in den Zeitungen gibt es keine Kreuzworträtsel mehr aus Angst vor Geheimcodes. Beauvoirs sonst so heimeliges Paris hat etwas Unheimliches bekommen. Sie hat Angst und das Gefühl, den Boden unter den Füßen zu verlieren. In dieser Situation beginnt sie wieder Tagebuch zu schreiben wie in der Jugend. Es ist eine Art Vergewisserung der eigenen Lebendigkeit, und sie beweist sich damit, nicht völlig unterzugehen im Strudel der Ereignisse, sondern Abstand gewinnen zu können, wenigstens während der Momente, in denen sie schreibt. »17. September. Schwermut beim Erwachen – ein angenehmes Licht dringt durch mein kleines, grün verhängtes Fenster, und ich bin furchtbar traurig. Früher war das Schlimmste an meinen schwermütigen Stimmungen, dass sie mich in Staunen und empörte Auflehnung versetzten. Hier dagegen nehme ich sie mit einem Gefühl von Vertrautheit einfach hin.« (*Tagebuch* 56) Das wird konstatiert und nicht weiter analysiert. Es ist so, es hat keinen Sinn, darüber zu grübeln.

Beauvoir wohnt noch immer im *Hôtel Mistral*, verbringt aber oft mehrere Tage bei Freunden, vor allem bei Gégé, weil sie die Einsamkeit schwer erträgt. In Gégés Zimmer findet auch Olga für eine Zeit lang Unterkunft. Die Sehnsucht nach Sartre ist groß. Umgekehrt gilt das auch und in den Briefen vergewissern sie sich der Kontinuität ihrer Liebe auch in Kriegszeiten. So schreibt Sartre am 8. September 1939: »Und dann müssen Sie wissen, dass ich ungeheuer froh bin, dass Sie existieren. Sie sind für mich beständiger als Paris, das zerstört werden kann, beständiger als alles: Sie sind mein ganzes Leben, das ich bei meiner Rückkehr wiederfinden werde. Ich liebe Sie leidenschaftlich.« (*Briefe an Simone de Beauvoir, Band 1*, 299)

Beauvoir möchte Sartre unbedingt besuchen. Nach vielen Anläufen, Ämterrennereien und Tricks gelingt es ihr schließlich, einen Passierschein zu bekommen und sich mit Sartre in Brumath, wo er stationiert ist, zu treffen. Es ist der 31. Oktober 1939. Beauvoir kann fünf Tage bleiben, die sie in ihrem Tagebuch als eine sehr glückliche Zeit beschreibt. Die stundenlangen Gespräche geben ihr das Gefühl, wieder angekommen zu sein, bei ihm, bei sich und in der Situation, die herrscht und die Krieg heißt. Langsam taucht aus dem Dunkel eine kleine Ahnung von Zukunft auf: »Heute jedoch – in diesen Straßen, die von der Hauptstraße abzweigen, am ruhigen Kanal – kommt der Friede unter dem Krieg hervor; da sind noch blaue Wegweiser, die besagen, dass die Straßen irgendwo hinführen, und nicht anzeigen, dass die Straße verbarrikadiert ist.« (*Tagebuch* 162)

Beauvoir nimmt die Außenwelt wieder wahr, sie erkennt Zeichen, die ihr in den ersten zwei Monaten des Krieges verborgen blieben. Es ist nicht mehr die Traurigkeit, die den Blick völlig bestimmt. Als sie in der Nacht des 5. November wieder in den Zug zurück nach Paris steigt, ist sie glücklich.

Am nächsten Morgen beginnt der Unterricht und Beauvoir geht frisch an die Arbeit. Sie unterrichtet 17 Stunden pro Woche, das ist eine ganze Menge. Aber es zeigt sich wieder, dass sie es liebt, tätig zu sein. Schriftstellerei hin, Schriftstellerei her, Beauvoir ist nicht fürs tagelange Sitzen und Schreiben geschaffen, sie braucht auch die Praxis. Sie ist keine ausgefeilte Theoretikerin wie Sartre und viel weniger als er an rein theoretischer Selbstbeobachtung und Selbstanalyse interessiert. In den Tagebüchern beschreibt sie Eindrücke und Erlebnisse, Orte und

Menschen einfach so, wie sie sie wahrnimmt. Außerdem ist Beauvoir pausenlos damit beschäftigt, für Sartre alles Mögliche zu beschaffen und ihm zu schicken: Bücher, Tintenpatronen, Briefumschläge, Papier.

Mitte Oktober zieht sie ins *Hôtel du Danmark* in der Rue Vavin. An Sartre schreibt sie über die Ausstattung des Zimmers: »… ein riesiges Bett in einem Alkoven, ein großer Tisch und darüber Bücherregale, ein schöner, sehr bequemer Spiegelschrank, schwere, abgenutzte rote Samtvorhänge, ein schmutziger Wandschirm, der das Waschbecken verdeckt, und auf dem Boden ein verdreckter schrecklicher kleiner Teppich. Mein Stuhl ist gepolstert und mit schmutzigem rotem Stoff bespannt, und ein zweiter hat Plüsch. Angenehm ist, dass meine Birne normal ist, weil die Vorhänge dick sind, und ich also menschenwürdiges Licht habe, und über meinem Bett ist eine Lampe. Wirklich, ich war noch nie so gut eingerichtet.« (*Briefe an Sartre 1*, 216) Von hier gehen wieder viele Briefe an Sartre. Beauvoir berichtet davon, wie sie sich um alle in Paris lebenden Freundinnen kümmert: um Nathalie Sorokine, Bianca Bienenfeld und natürlich um die Schwestern Olga und Wanda. Bianca und Nathalie sind auch in Beauvoir verliebt, wobei ihre eigene Rolle in diesem amourösen Verwirrspiel nie so ganz klar ist. In den Briefen und dem Tagebuch erzählt sie zwar von Zärtlichkeiten, die sie mit den beiden Frauen tauscht, aber immer so, als wäre sie emotional in keiner Weise beteiligt. Immerhin jedoch lässt sie es geschehen.

Nach wie vor stehen Beziehungen im Zentrum von Beauvoirs Leben. Sie sind Nahrung für ihr gesamtes Schreiben, für das Tagebuch, die Briefe und den Roman, an dem sie ebenfalls arbeitet. Der Krieg scheint ihren Hunger auf Menschen zu steigern, Tag und Nacht trifft sie sich mit Freunden, mehr oder weniger Bekannten, hilft ihnen beim Beschaffen von Papieren, isst und trinkt mit ihnen. Es sind illustre Gestalten darunter, der Halbwelt entsprungene Figuren, die erst nachts aus ihren Zimmern kriechen und in deren Gesprächen die Sexualität das einzige Thema zu sein scheint. Beauvoir fühlt sich zwischen diesen Menschen unwohl, sie hat das Gefühl, nicht mitreden zu können. Ihrem Tagebuch berichtet sie davon und auch Sartre erzählt sie diese Geschichten. Und dazwischen betont sie immer wieder, dass das wirkliche Leben nur in der Beziehung zu Sartre, ihrem zweiten Ich, bestehe. Auch in fast jedem Brief Sartres wird auf diese unverbrüchliche Realität hingewiesen.

Das Alltagsleben in Paris scheint sich Ende 1939 wieder etwas zu normalisieren. Die Cafés haben länger geöffnet und allein das hebt Beauvoirs Stimmung ungemein. Allerdings ist der Gesprächsstoff der Gäste ein anderer: Politische Diskussionen sind an der Tagesordnung. Beauvoir beteiligt sich daran selten. Offenbar langweilt die Politik sie noch immer. Am 2. Dezember ist in ihrem Tagebuch zu lesen: »Zum Teil politische Inkompetenz, fehlende Verbindung zum Sozialen.« (*Tagebuch* 227)

Im Januar 1940 soll Sartre Urlaub bekommen. Beauvoir wartet, ist hin- und hergerissen zwischen Freude und der Angst, dass es doch nicht klappen könnte. Aber dann, am 4. Februar, ist es so weit: »Das Telegramm ist da. Schock, das ist Konkretes, Reales, und ich habe endlich eine wirkliche Gewissheit, die mir Freudentränen in die Augen treibt.« (*Tagebuch* 338) Als er da ist, ist alles vertraut, nichts muss erst wiederhergestellt werden. Ein wenig getrübt sind die folgenden zehn Tage dadurch, dass Sartre relativ viel Zeit mit Wanda verbringt. Beauvoir reagiert eifersüchtig darauf, obwohl auch sie Beziehungen zärtlicher Natur zu Nathalie Sorokin und zu Bianca hat und in einem regelmäßigen, äußerst liebevollen Briefwechsel mit Bost steht, der wie Sartre eingezogen wurde. Auch diese Liebesbeziehung also besteht noch, obwohl Bost ja eigentlich mit Olga liiert ist. Beauvoir lebt zu dieser Zeit verschiedene Formen des ›Wir‹, wobei die Liebe zu Sartre weiterhin an erster Stelle steht und einen besonderen Platz einnimmt. Auch Bost kommt auf Urlaub nach Paris und Beauvoir erlebt »wunderbare Stunden« mit ihm, wie sie Sartre im Brief erzählt. Sie lesen sogar gemeinsam in einem neuen Buch von Sartre: »Der Jazz im Radio, dieses Kapitel, das uns gemeinsam aufwühlt, der Gedanke an den fernen Sartre, der zu seiner Einsamkeit zurückgekehrt ist und der uns wie ein Unbekannter berührt, den man mit Hilfe eines schönen Buches ins Gedächtnis ruft, und das alles durch Bost hindurch gespürt, seine kostbare, wunderbare und zerbrechliche Gegenwart – das schnürt mir die Kehle zu, rührt mich fast zu Tränen.« (*Tagebuch* 359) Die Beziehung zu Bost findet innerhalb der Beziehung zu Sartre statt. Sartre bleibt der weite Horizont, vor dem sich die anderen Beziehungsgeschichten abspielen.

In diesen ersten Kriegswochen befindet sich Beauvoir immer wieder in einer fast euphorischen Hochstimmung. Die politische Realität verblasst gegenüber der Intensität der privaten Beziehungen. Beauvoir ist es wichtig, Kontinuität zu erfahren, zu erleben, dass Beziehungen dauern und damit eine Zukunft verheißen, die es sonst für sie nicht gäbe.

Sartre agiert ebenfalls vor dem Hintergrund seiner Beziehung zu Beauvoir. Aber für ihn ist diese Liebe von einer »praktischeren« Natur: Beauvoir erledigt Dinge für ihn, die er allein nicht schafft. Sie versorgt ihn mit Schreibutensilien, mit Büchern, sie manövriert ihn immer wieder aus belastend gewordenen Affären heraus. Sie ist die erste Leserin und Lektorin seiner Werke und wichtigste Zuhörerin, wenn er seine philosophischen Theorien darlegt. Diese Kontinuität braucht Sartre. Aber das Zentrum seines Lebens ist und bleibt das Schreiben.

Der Krieg ist noch immer nicht wirklich angekommen beim Soldaten Sartre und seiner Gefährtin in Paris. Das ändert sich Mitte Mai 1940: Nachdem die Deutschen in einem Blitzangriff Belgien und die Niederlande besiegt haben, stoßen sie über die Ardennen nach Frankreich vor. Die Ereignisse überschlagen sich. Während die ersten Truppen der Hauptstadt immer näher kommen, fliehen etwa 10 Prozent der Bevölkerung gen Süden. Flüchtlinge aus den Nachbarländern schließen sich ihnen an. »… ich spürte das Näherrücken der Deutschen wie eine direkte

Bedrohung. Ich hatte nur einen Gedanken: nicht von Sartre und Bost abgeschnitten werden, nicht im besetzten Paris wie eine Maus in der Falle sitzen.« (*Tagebuch* 375)

Auch Beauvoir entschließt sich nun, die Stadt zu verlassen. Bianca und ihr Vater nehmen sie ein Stück im Auto mit, dann fährt sie mit dem Bus weiter nach La Pouèze zu Madame und Monsieur Morel, wo sie freundlich aufgenommen wird, obwohl dort schon viele Flüchtlinge untergekommen sind. Der Exodus so vieler Menschen aus Paris bewirkt ein unvorstellbares Chaos auf den Straßen und in den Orten entlang der Nord-Süd-Route. Die Menschen nutzen alle Arten von Transportmitteln, sogar Särge, die vollgeladen werden mit Menschen und Dingen des täglichen Gebrauchs. Die Dörfer und Städtchen sind völlig überfüllt, es gibt wenig zu essen und fast keine Übernachtungsmöglichkeiten. Beauvoir beschreibt all das minutiös in ihrem Tagebuch.

Ende Juni fährt sie nach Paris zurück. Sie möchte ihre Gastgeber nicht überstrapazieren und hat außerdem seit Ewigkeiten keine Nachricht mehr von Sarte oder Bost. Paris ist seit dem 14. Juni von den Deutschen besetzt. Die Straßen sind ziemlich leer, wenn man von den langen Schlangen vor den wenigen geöffneten Lebensmittelläden absieht. Die Versorgungslage ist schlecht. Als Beauvoir ihre Eltern und die Großmutter besucht, erschrickt sie über deren blasses, verhärmtes Aussehen und die niedergeschlagene Stimmung. Die Sorge um Sartre und Bost steigert sich von Tag zu Tag. Nathalie Sorokine ist ebenfalls in Paris und hängt sich an Beauvoir, die einerseits froh ist, jemanden zu haben, andererseits aber auch nicht die ganze Zeit mit ihr verbringen will. Es wird in der Stadt davon geredet, dass viele Franzosen in Kriegsgefangenschaft seien. Von Bost erfährt sie, dass er verwundet wurde und nun in Avignon im Hospital liegt. Von Sartre hat sie Anfang Juli noch immer keine Nachricht. »Jeden Morgen beim Aufwachen fassungslos überrascht, wenn die gleiche Situation wieder da ist: Wo ist Sartre? Und es vergehen

einige Minuten, ehe ich verstehe, wie ich den Vortag habe über-
stehen können.« (*Tagebuch* 412)

Beauvoir kann acht Stunden in der Woche im Lycée Duruy
Philosophie unterrichten zu einem ordentlichen Lohn. Ein wenig Normalität also. Im *Café Dôme* allerdings werden Damen
ohne männliche Begleiter im Innern nicht mehr zugelassen, und
so muss Beauvoir ihre Arbeit auf der Terrasse verrichten. Sind das
die neuen alten Moralvorstellungen? Zum Glück ist es warm,
denn Beauvoir folgt noch immer gern der Gewohnheit, nicht
bei sich im Hotelzimmer, sondern in den Cafés zu lesen und zu
schreiben und den Unterricht vorzubereiten.

Am 11. Juli kommt endlich Post von Sartre. Der Absender:
»Durchgangsgefangenenlager Nr. 1 Baccarat.« Der Text: »Mein
reizender Castor! / Ich bin Gefangener und werde sehr gut behandelt, ich kann ein bisschen arbeiten und langweile mich nicht
allzu sehr, und ich denke, ich werde Sie bald wiedersehen. Ich
liebe Sie so sehr, mein süßer Kleiner, aber ich habe Angst, dass
Sie sich grämen ohne Nachrichten. Schreiben Sie mir.« (*Briefe
an Simone de Beauvoir, Band 1, 300*)

Die gesamte Regierungsmannschaft war aus Paris geflohen
und ließ sich in den letzten Junitagen in Vichy nieder, einer kleinen Stadt in der Auvergne. Zum Regierungschef wurde Marschall Pétain gewählt und mit unumschränkten Vollmachten ausgestattet. Marschall Pétains Marionettenregierung kollaboriert
mit den Deutschen. Das Vichy-Regime ist rückwärtsgewandt
und autoritär, gegen den Individualismus, für ein Ständedenken,
ausländerfeindlich und antisemitisch.

Trotz dieser deprimierenden politischen Situation stimmt es
Beauvoir froh, dass sie nun Nachricht erhalten hat von Sartre
und der Kontakt wieder gesichert scheint. Mitte August wird
Sartre in ein Gefangenenlager nach Trier verlegt. Auch hier hat
er Zeit zu arbeiten und die ersten 50 Seiten seines philosophischen Hauptwerks *Das Sein und das Nichts* sind praktisch fertig.
Sartre hat offensichtlich die Fähigkeit, sich mitten im Krieg tief

zu vergraben in philosophische Erörterungen und ein kompliziertes Gedankensystem zu erarbeiten. Um denkerisch auf der Höhe zu bleiben beziehungsweise mit Sartre mithalten zu können, setzt sich Beauvoir täglich drei Stunden in die Bibliothèque Nationale und liest vor allem Hegel. Außerdem schreibt sie an ihrem neuen Roman *L'Invitée* und trifft ihre Freunde. Der Herbst in Paris ist wunderschön.

Im neuen Schuljahr unterrichtet Beauvoir am Lycée Camille-Sée. Alle Lehrerinnen und Lehrer müssen unterschreiben, dass sie keine Juden oder Freimaurer sind. Beauvoir beugt sich dieser Regelung, obwohl sie sich innerlich dagegen wehrt. Aber sie rebelliert nicht offen. Sie versucht noch immer, so zu tun, als ginge alles weiter wie gewohnt, nur eben ohne Sartre. Skandalös ist für sie vor allem: dass Sartre noch immer abwesend ist. Der Herbst bleibt nicht schön, es wird kälter und die Lebensmittel werden knapper. Beauvoir kauft hauptsächlich auf dem Schwarzmarkt ein. Sie fährt mit dem Fahrrad wie die meisten Pariser, denn die Deutschen haben Privatautos konfisziert und auf die öffentlichen Verkehrsmittel kann man sich nur eingeschränkt verlassen. Fahrräder sind plötzlich enorm kostbar. Mit den Freunden hört Beauvoir viel Musik und isst in den wenigen Restaurants, in denen es noch einigermaßen gutes Essen gibt. Die Unsicherheit über die Zukunft mit Sartre macht ihr immer wieder großen Kummer: »Es ist nicht so, dass ich mir innerlich geringer vorkomme, aber all meine Möglichkeiten scheinen mir nutzlos, es ist steril, es taugt nichts, wenn Sie nicht da sind, um der Welt einen Sinn zu geben. ... Alles, was ich vom Leben ohne Sie haben kann, habe ich – aber es ist nichts. Ich wusste das, als sie da waren: Sie sind für mich alles. Jetzt weiß ich es noch besser, und das ist grausam und süß für mich«, schreibt Beauvoir am 14. November 1940 an Sartre. Inzwischen ist die Kollaboration Pétains mit den Deutschen in vollem Gange. Pétain hat sich am 24. Oktober mit Hitler getroffen. Deutsche Immigranten, die Asyl suchten, werden ausgeliefert oder in Lager gesteckt. Eines der berüchtigtsten Lager ist das Frauenlager Gurs in den Pyrenäen, in dem auch die jüdische Philosophin Hannah Arendt (1906–1975) im Jahr 1940 ein paar Wochen interniert ist.

Beauvoir engagiert sich nicht, sie wartet auf Sartre und versucht die Zeit totzuschlagen. Währenddessen organisiert sich der Widerstand gegen das Vichy-Regime, an dem sehr viele Frauen beteiligt sind. So gibt es 1940 Frauendemonstrationen und -streiks, nicht nur in Paris, sondern beispielsweise in der Michelin-Fabrik bei Clermont-Ferrand, wo sich 300 Frauen gegen ein neues Gesetz wehren, das verheirateten Frauen die Erwerbsarbeit untersagt. In Paris kommt es unter anderem zur Stürmung eines deutschen Proviantlagers, woraufhin zwei Frauen durch das Regime hingerichtet werden. Von Anfang an ist es lebensgefährlich, Widerstand zu leisten. Ebenfalls bereits im September 1940 wird die TA (Travail allemand – Deutsche Arbeit) gegründet. Man macht es sich zur Aufgabe, die deutschen Besatzer »umzuerziehen«, also ins Gespräch mit ihnen zu kommen, um sie eventuell vom Unrecht des Faschismus zu überzeugen und für die Sache des Widerstands zu gewinnen. Auch hieran sind viele Frauen beteiligt: Sie knüpfen unauffällig Kontakte zu Deutschen, sprechen sie in Parks und Cafés an, sie verteilen illegale Flugblätter und Zeitungen oder sammeln als Dolmetscherinnen oder Telefonistinnen Informationen.

Es bewegt sich also viel in der französischen Gesellschaft. Es herrscht kein Stillstand, keine totale Unterwerfung unter die neuen Regeln und Gesetze. Obwohl vor allem Frauen aktiv werden, beteiligt sich Beauvoir nicht und bekommt offenbar auch gar nichts von den Aktionen mit. Sie glaubt auch nicht daran, dass es etwas genützt hätte, wenn sie die eidesstattliche Erklärung im Gymnasium nicht unterschrieben hätte. Für sie hängt von dieser Arbeit alles ab, die Lebensmittelkarten, die Papiere, und darauf will sie auf keinen Fall verzichten. Georges de Beauvoir ist stolz auf seine Tochter. Sein Antisemitismus wächst ins Gigantische, an allem Unglück sind für ihn die Juden schuld.

So steht in diesem ersten halben Jahr der deutschen Besatzung für Beauvoir die Abwesenheit Sartres im Mittelpunkt ihres Denkens und Fühlens. Als sie von Nizans Soldatentod erfährt, ist sie tief schockiert, wacht aber noch immer nicht auf aus der Trance, in die sie die Gefangennahme des Gefährten gestürzt hat. Sie kann in ihrem Leben nur einen Sinn sehen, der in innigstem Zusammenhang mit Sartre steht. In dieser Hinsicht wirkt sie wie die klassische große Liebende, der ihr Leben ohne den Geliebten sinnlos scheint. All ihre Abenteuer mit Wanda, Bianca, Louise Vedrine, Bost vermögen die Leere nicht auszufüllen, die sich durch Sartres Gefangennahme aufgetan hat.

Im März 1941 hat das Warten ein Ende: Sartre kehrt aus der Kriegsgefangenschaft zurück. Beauvoir kann es nicht fassen und ist mit der Situation zunächst überfordert, zumal Kriegsdienst und Gefangenschaft Sartre natürlich verändert haben. Fast drei Jahre lang war er permanent auf engem Raum mit anderen Männern zusammen gewesen. »Wir hatten nie Mühe gehabt, wieder zueinanderzufinden. An jenem Abend jedoch, am Tage darauf und noch an den folgenden verwirrte Sartre mich. Er kam aus einer Welt, die mir genauso fremd war wie ihm die Welt fremd sein musste, in der ich seit Monaten lebte; wir hatten den Eindruck, nicht die gleiche Sprache zu sprechen.« (*beste Jahre* 410)

Sartre war sich darüber klar geworden, was es heißt, sich in eine Lage zu fügen, die man nicht selbst gewählt hat, die einem einfach übergestülpt wird. Man kann in eine Situation kommen, in der man einer von vielen ist und aus der man nicht einfach aussteigen kann. Gefangen zu sein im Kollektiv, diese Erfahrung kann Beauvoir nicht mit ihm teilen. Sartre erkennt für sich die Bedeutung des Widerstands gegen die deutsche Besatzung. Er kritisiert Beauvoirs Lethargie, ihre Kompromissbereitschaft aus Eigennutz, kann nicht verstehen, dass sie in der Schule diese Erklärung unterschrieben hat. Beauvoir ist dieses Rigorose an Sartre fremd, sie empfindet ihn als prinzipienreiterisch. »Sartre hatte zu allen Zeiten seinen Ideen, seiner Billigung und seiner Missbilligung Ausdruck gegeben, in seinen Gesprächen und seinem Verhalten; aber nie hatte er universelle Maximen aufgestellt.« (*beste Jahre* 411) In seinen Briefen hatte er von widerständigen Ideen nicht geschrieben, hatte erzählt von seinem Tagesablauf, nach ihrem Wohlergehen gefragt, sich um die »Familie« gesorgt und Beauvoir aufgetragen, sich um alle zu kümmern. Und nun steht er da und hält ihr gerade das vor. Hier wird die Unselbstständigkeit in Beauvoirs Handeln deutlich. Sie verlässt sich auf Sartres Urteilsvermögen, sie erwartet seine Anweisungen, sie verharrt in sich und reagiert auf die Stimme des »Herrn«.

Sartre richtet sich wieder ein in Paris. Er und Beauvoir ziehen in verschiedene Zimmer auf verschiedenen Stockwerken des *Hôtel Mistral*. Außerdem kann er im Lycée Pasteur als Philosophielehrer arbeiten. Mit Nathalie Sorokine hat er eine kurze Affäre; in den Liebesangelegenheiten ist alles wie immer. Es schmeichelt seiner Eitelkeit, von einer schönen Frau ins Bett gelockt zu werden. Eine solch leidenschaftliche Dreierbeziehung wie mit Olga soll es aber nicht mehr geben. Die etwas zweifelhafte Kontinuität wechselnder Liebesaffären bleibt Stabilitätsfaktor in der Beziehung Sartre-Beauvoir. Die Einstellung zum Menschen als einem gesellschaftlichen Wesen jedoch ist bei Sartre eine andere geworden. Er hält sich nicht bei langen Erklärungen auf, sondern beraumt im April einfach ein Treffen an und zwar, man höre und staune, in Beauvoirs Zimmer. Olga wird eingeladen, außerdem Bost, Nathalie und Jean Pouillon, ein früherer Schüler Sartres. Mit diesen Leuten hat Sartre vor, über den Widerstand zu diskutieren und Projekte zu planen. Andere Teilnehmerinnen und Teilnehmer sollen geworben werden, Flugblattaktionen wird es geben und Nachrichten müssen gesammelt werden. Einen Namen gibt sich die Gruppe auch: *Socialisme et Liberté*. Man trifft sich im Hotel oder in der École Normale Supérieure. Beauvoir ist zunächst ziemlich unsicher. Sie bewegt sich auf ihr bislang völlig unbekanntem Terrain. Andere aus dem Kreis erleben sie als zurückhaltend. Erschwerend kommt hinzu, dass sie von den meisten Bekannten Sartres ohnehin nur als dessen Anhängsel betrachtet wird, das man in Kauf nehmen muss, wenn man Wert legt auf einen dauerhaften Umgang mit Sartre.

Lange kann sich die Gruppe *Socialisme et Liberté* nicht halten. Dass es bereits andere Widerstandsgruppen gibt, registriert Sartre zunächst überhaupt nicht. Bei der Werbung um neue Mitglieder hat er keinen Erfolg: In den Kreisen des Widerstands gilt er als eher ungeeignet, weil zu auffällig agierend. Im Sommer 1941 machen Beauvoir und er eine Reise in den Süden Frankreichs, und Sartre bemüht sich auch hier um Mitstreiter: ohne Erfolg. Beim Ausflug in die Welt der politischen Praxis hat er einen Dämpfer bekommen. Beauvoir kann den Gefährten an den Schreibtisch zurückholen, was ihr sowieso am liebsten ist.

Inzwischen ist der Vater gestorben und Françoise, Beauvoirs Mutter, richtet ihr Leben neu ein. Sie kümmert sich um andere Menschen, ist sehr aktiv, verdient allerdings kein Geld, so dass sie auf die Unterstützung ihrer Tochter angewiesen ist. Auch Olga, Wanda, Nathalie und Bost bekommen Geld von Beauvoir und Sartre. Bei großer Sparsamkeit reicht das Geld für die ganze »Familie«.

In ihrem Hotelzimmer hat Beauvoir zum ersten Mal im Leben eine Kochgelegenheit und nutzt sie täglich: welch wunderbare Verwandlung. Sie ist groß im Planen, Haushalten und Hamstern. Das weckt Erinnerungen an die Leidenschaft, mit der Françoise im Ersten Weltkrieg den kargen Haushalt organisierte. »Ich erinnere mich an einen Nachmittag, Anfang Dezember, an dem die Sperrstunde – wegen eines Attentates war sie auf sechs Uhr festgesetzt – mich in meinem Zimmer festhielt. Ich schrieb. Draußen das große Schweigen der Wüste. Auf dem Ofen kochte eine Gemüsesuppe, die gut roch. Dieser einladende Duft, das Zischen des Gases leisteten mir Gesellschaft. Ich gehörte nicht zur Zunft der Hausfrauen, gewann aber einen Einblick in ihre Freuden.« (*beste Jahre* 431)

Neben dem brodelnden Kochtopf beendet Beauvoir ihren Roman *L'invitée* (*Sie kam und blieb*). Es ist die fatale Geschichte einer Dreierbeziehung, die sie hier erzählt: Françoise und Pierre sind ein Paar und es ist fast unmöglich, in den beiden Hauptfiguren nicht Beauvoir und Sartre wiederzuerkennen. Als sie der jungen Xavière begegnen, wächst die Gefahr eines Scheiterns der Beziehung zwischen Françoise und Pierre. Der Grundgedanke für Françoise ist der, dass alles durch sie eine Realität bekommt:»Solche Macht hatte sie: ihre Gegenwart riss die Dinge aus ihrem Nichtsein heraus, gab ihnen Farbe und Duft.« (*Sie kam* 7) Françoise allein fühlt sich nun auch berufen, Xavière zu einem eigenen Leben zu verhelfen. Im Grunde hat diese junge Frau ja noch gar keine Existenz. Erst im Zusammensein mit Françoise und Pierre hat sie die Chance, jemand zu werden. Xavière hält sich aber nicht an diese unausgesprochene Übereinkunft, sondern wächst aus sich heraus, handelt immer mehr aus Gründen, die für das Paar nicht nachzuvollziehen sind. Sie wird zunehmend gefährlich, indem sie ihren Platz außerhalb des Kosmos Françoise-Pierre verlässt und sich innerhalb ihrer Welt zwischen ihnen niederlässt, um ihre Fäden zu spinnen.»Xavière war den ganzen Abend über immer mehr gewachsen, sie füllte das Denken mit der Massivität des riesigen Kuchens im ›Nordpol‹ aus.« (*Sie kam* 61) Françoise muss erkennen, dass jeder aus sich heraus seine Person formen kann und dass Xavière sie nicht braucht, um ein starkes Selbst zu entwickeln. Am Ende des Romans tötet Françoise Xavière.

Das Buch ist übervoll an Gesprächen, und man hat den Eindruck, die Autorin wolle sich in all ihre Figuren hineinversetzen, um sie zu verstehen. Schließlich aber weiß ihre Hauptfigur sich nicht mehr zu helfen. Die Übermacht von Xavière ist zu groß und sie greift zum Mord als letztem Mittel.»Allein. Sie hatte allein gehandelt. Allein wie der Tod. Eines Tages würde Pierre es erfahren. Aber auch er würde von der Tat nur die Außenseite kennen. Niemand konnte sie verurteilen oder ihr vergeben. Ihre Tat gehörte nur ihr. ›Ich will es.‹ Ihr Wille vollzog sich in diesem Augenblick, nichts trennte sie mehr von sich selbst. Sie hatte endlich gewählt. Sie hatte sich gewählt.« (*Sie kam* 378)

Beauvoirs Roman ist durch und durch philosophisch. Sie setzt sich darin mit dem auseinander, was für sie denkerisch auf dem Spiel steht: Was soll das eigentlich mit dem Ich und Du und Wir? Wann kann man wirklich »Ich« zu sich sagen? Es sind die alten Fragen, ihre Grundfragen. Immer dringlicher scheint es für sie zu werden, die Rolle des anderen, beziehungsweise der anderen für das Ich zu bestimmen. Wie kann es gelingen, nicht mit Angst zu reagieren auf andere Menschen, sie nicht als bedrohende Subjekte zu empfinden? Ist Gewalt wirklich ein Mittel, sich der Übermacht einer anderen Person zu erwehren?

Darin liegt eine große Sprengkraft, denn über das Persönliche hinaus hat Beauvoir die erlebte Zeitgeschichte in den Roman eingearbeitet. Die Besatzungsmacht der Deutschen, was ist das anderes als eine überlebensgroße Xavière, die das Leben in Paris bestimmt und die Bevölkerung knechtet? Einen Roman zu schreiben, das ist Beauvoirs Antwort auf die Fragen der Zeit und auf die Probleme ihres persönlichen Lebens. So lethargisch, wie es schien, ist sie also gar nicht. Vor allem hätte Sartre sie dafür nicht zu kritisieren brauchen, er, der die ganze Gefangenschaft hindurch an einem philosophischen Werk geschrieben hat, um dann, zurück in Paris, schlagartig zum agitatorischen Menschen und zum Widerstandskämpfer werden zu wollen. Immerhin organisiert Beauvoir weitgehend den Alltag: Sie ist es, die Lebensmittel beschafft, und sie ist es, die die Mahlzeiten kocht, neben ihrem eigenen Denken und Schreiben.

Gallimard ist bereit, den Roman zu drucken, sobald der Verlag wieder Papier hat, und gibt Beauvoir einen Vorschuss. Mit den Tantiemen machen sie und Sartre eine Fahrradtour ins Baskenland. Sie treffen André Gide und André Malraux. Allerdings baut Beauvoir einen fürchterlichen Sturz, durch den ihr Gesicht sich monströs verändert, anschwillt und sie zum Objekt erschrockener Blicke macht.

Dann kommt der Winter 1942/43. Es ist klirrend kalt in Paris, die Lebensmittelbeschaffung wird schwieriger und kleidungsmäßig profitiert Beauvoir vom Tod des Vaters, weil sie von ihrer Mutter die Hälfte der übrig gebliebenen Kleidermarken bekommt. Da es kein warmes Wasser und fast keine Seife gibt, leidet die Körperhygiene. Beauvoir trägt einen Turban über den ungewaschenen Haaren. Weil es im Hotelzimmer unerträglich kalt ist, setzt sie sich meistens schon morgens früh ins *Café de Flore* an den Ofen. Keiner kann ihr damit diesen Platz streitig machen. Nach den Ferien konnten Beauvoir und Sartre nicht mehr ins *Hôtel Mistral* ziehen. Die Zimmer waren bereits vergeben. Nun müssen sie mit dem überaus schäbigen *Hôtel Aubusson* vorliebnehmen. Auch Wanda und Nathalie mit Freund folgen ihnen in diese wenig respektable Absteige. »Mutter« Beauvoir kocht weiterhin für alle. Auch abends treffen sich alle Freunde im *Flore*. Zu dieser Zeit beginnt Beauvoir auch mit einem neuen Roman: *Le sang des autres* (*Das Blut der anderen*). Gleichzeitig schreibt sie an einem philosophischen Essay, den sie bereits in den Ferien begonnen hat: *Pyrrhus et Cinéas*.

Ausgangspunkt ihres Nachdenkens in diesem Essay ist diese seltsame menschliche Situation, etwas zu beginnen mit dem Wissen, dass sich schon bald die Frage stellen wird: Und jetzt? Wir setzen tausend Dinge in Gang, wir tun unendlich vieles und kommen doch nie an ein Ende: »Der Mensch pflanzt, baut, erobert; er will, er liebt: immer gibt es ein ›Und dann?‹« (*Soll man* 196) Wir haben zwar Ziele, aber jedes Ziel ist auch wieder ein Anfang, mit jedem Ankommen brechen wir von Neuem auf. Das lässt sich sehr gut nachvollziehen. Ich werde geboren und schon fängt es an: Ich lerne, dann komme ich in den Kindergarten, dann in die Schule, dann vielleicht auf die Universität, dann gibt es verschiedene andere Möglichkeiten, wie es weitergeht, aber es geht weiter bis zu meinem Tod. Gerade darin, sagt Beauvoir, besteht die Freiheit des Menschen. Weil er immer wieder Neues entwirft und damit auch sich selbst neu schafft, ist er frei. Er gibt sich und dem, was durch ihn in die Welt kommt, den Sinn. Außerhalb des Menschen ist ein Sinn nicht möglich. Und so geht Beauvoir auch nicht von einem Gott aus, der die Geschicke in irgendeiner Weise lenkt oder eingreift ins Geschehen. Aber auch ein schweigsamer Gott im Hintergrund ist für sie nicht denkbar. Was sie ebenfalls verneint, ist die Vorstellung von einer Menschheit, deren vollkommene Gestalt irgendwo in der Zukunft liegen könnte und auf die wir hinarbeiten sollten: »Man kommt nie irgendwo an. Es gibt nur Ausgangspunkte, Anfänge. Mit jedem Menschen bricht die Menschheit von Neuem auf.« (*Soll man* 222)

Der Mensch hat die Freiheit, Entwürfe zu wagen, und bringt in diesen Entwürfen sich selbst hervor. »Das menschliche Sein existiert in der Form von Entwürfen, die nicht Entwürfe auf den Tod hin sind, sondern Entwürfe auf bestimmte Ziele hin. Er jagt, er fischt, er schafft sich Instrumente, er schreibt Bücher: dies sind keine Zerstreuungen, ist keine Flucht, sondern Bewegung auf das Sein hin: der Mensch macht, um zu sein.« (*Soll man* 228) Damit übernimmt der Einzelne natürlich auch die Verantwortung für sein Tun. Im ersten Teil des Essays geht es darum zu zeigen, dass es keine Gesetze außerhalb des Menschen gibt, die seinem Leben einen Sinn geben. Es liegt an ihm, das Leben sinnvoll zu gestalten.

Der zweite Teil beschäftigt sich mit Beauvoirs zentraler Frage: Was bedeuten mir die anderen? Warum bin ich nicht allein auf der Welt, sondern muss täglich mit anderen Menschen umgehen, werde von ihnen gefordert? Niemals, so sagt Beauvoir, kann einer dem anderen eine Begründung für sein Leben bieten. Ein Mensch kann dem andern zwar helfen, Möglichkeiten eröffnen, aber die Verwirklichung ist Sache jedes Einzelnen. So sind zum Beispiel Geburt und Erziehung lediglich die Faktizität, aus der heraus man etwas aus sich machen muss. Eltern können es ihren Kindern nicht abnehmen. Niemand rettet einen anderen für immer.

Die totale Hingabe ist eine Illusion, und auch der Ausspruch »Ich handle zu deinem Besten« eine völlig irrige Ansicht, denn nicht ich bin es, der eines anderen »Bestes« zu erfüllen hat. Das muss er schon allein bewerkstelligen, weil er allein die Freiheit dazu hat. Auch für mich selbst gilt: »Ich muss mich gleichzeitig als Objekt und als Freiheit erfassen, muss anerkennen, dass meine Situation durch den anderen begründet wird, ich also für ihn Objekt bin, darüber hinaus habe ich aber aufgrund der Freiheit mein Sein zu bestätigen.« (*Soll man* 240) Großzügigkeit ist also gefragt. Das eigentlich Wertvolle für jeden Einzelnen ist seine Freiheit.

Dennoch gehört es zu den Aufgaben des Menschen, also auch zu meinen Aufgaben dazu, sich um die anderen zu kümmern, Beziehungen zu anderen ernst zu nehmen, die Freiheit der anderen ins Auge zu fassen. »Was ich mir gegenüber brauche, ist eine Freiheit.« (*Soll man* 250) Beauvoir spricht in dieser Passage ganz bewusst im Ich-Ton, damit jeder Einzelne sich angesprochen fühlt. Für mich ist es nicht gut, jemanden mir gegenüber zu haben, der seine Freiheit missachtet oder sogar verleugnet. Wir brauchen einander, aber als freie Menschen. Mein Entwurf muss von einem anderen aufgefangen werden. Das kann auf sehr unterschiedliche Weise geschehen. Wenn jemand zum Beispiel ein Bauwerk konzipiert oder etwas erfindet, dann werden wahrscheinlich noch künftige Generationen von diesem Entwurf profitieren. Andere Entwürfe wiederum betreffen die engere Umgebung und sind zeitlich beschränkt. »Ich kämpfe also, um zu sein.« (*Soll man* 257) Bei allem, was ich tue, geht es darum, mein Existieren zu sein, mich zu erschaffen, mir meine Daseinsberechtigung zu geben. Das ist eine Anstrengung, dafür kämpfe ich.

Beauvoir richtet sich gegen die Idee eines abgeschlossenen Individuums, das einen Panzer um sich herum trägt. Wir Menschen sind ihrer Meinung nach immer nach draußen, auf die anderen hin ausgerichtet: »Wenn ich mich schmücke, wenn ich reise, wenn ich baue, dann tue ich dies stets inmitten der Menschen. Ich kann nicht in hermetischer Abgeschlossenheit leben.« (*Soll man* 257) Meine Freiheit kann sich nur dann entfalten, wenn ich dem anderen seine Freiheit lasse. Damit die Menschen aber überhaupt ganz den Entwürfen ihrer Freiheit leben können, müssen Armut und Unterdrückung überwunden werden. »Ich verlange für die Menschen Gesundheit, Bildung, Wohlbefinden, Muße, auf dass ihre Freiheit nicht im Kampf gegen Krankheit, Unwissenheit, Not aufgezehrt werde.« (*Soll man* 259) Damit der Mensch die Kraft hat, sich zu entwerfen, müssen die äußeren Bedingungen stimmen. Am Schluss ihres Essays zeigt sich Beauvoir gesellschaftskritisch. Wie eine solche Gleichheit unter den Menschen herzustellen wäre, darauf gibt sie hier keine Antwort – es bleibt bei der Forderung. Beauvoirs Anliegen in diesem Essay ist es darzustellen, wie sie grundsätzlich über den Menschen denkt, was ihr philosophischer Ansatz ist, nämlich, dass das Wesen des Menschen die Freiheit ist, die er zwar ablehnen oder ignorieren kann, zu der er aber »verdammt« ist. Die Freiheit gehört ursprünglich zum Menschen dazu und auch, wenn wir sie leugnen, nehmen wir bereits Stellung zu ihr.

Obwohl Beauvoir immer wieder betont, sie sei eigentlich keine Philosophin, kann sie nicht leugnen, dass es ihr ganz offensichtlich ein Bedürfnis ist, Klarheit zu gewinnen in den Fragen, die man gar nicht anders als philosophisch nennen kann. Als zentrales Thema kristallisieren sich wieder die Fragen nach dem Verhältnis des »Ich« zu den anderen heraus, die ja schon in den ersten beiden Romanen ganz zentral waren. Die Basis für die Ausformung ihrer Gedanken bilden die Gespräche mit Sartre, aber Beauvoir schreibt nicht ab, was er sagt, sondern äußert sich auf ihre Weise zu dem, was sie denkerisch umtreibt.

An diesem Essay schreibt sie drei Monate. Im *Café de Flore* arbeiten auch andere, die wie Beauvoir einen warmen Ofen suchen. »Im Lauf des Vormittags füllte sich der Saal allmählich.

Zur Zeit des Apéritifs war er voll.« (*beste Jahre* 445) In diesem
Gewusel und Gedränge, dem Gemisch aus Plaudereien und
ernsthaften Diskussionen sitzt die Philosophin und schreibt. Viele der Menschen um sie herum tun etwas anderes, manche trinken und rauchen bloß. Die Mehrzahl der Leute hier ist gegen
die Kollaboration mit den Deutschen, aber es gibt auch Anti-
semiten, die ihren Judenhass offen zeigen.

In diesem Winter und Frühling 1942/43 schreibt Beauvoir
auch wieder an einem Roman, der sich mit der gleichen Problematik auseinandersetzt wie der Essay, nur natürlich viel konkre-
ter. Es geht um die Freiheit und was sie für das Leben der Menschen als gesellschaftliche Wesen und als Privatpersonen mit sich
bringt. Ende Mai 1943 ist das Manuskript von *Le sang des autres*
(*Das Blut der anderen*) nahezu abgeschlossen. Der Roman spielt in
der Zeit der Résistance. Die Hauptpersonen sind ein paar junge
Leute aus der Bourgeoisie, die versuchen, ihren eigenen, von der
Herkunft unabhängigen Weg zu finden. Vor allem ein junger
Mann namens Jean steht im Zentrum des Geschehens. Er ver-
lässt sein reiches Elternhaus, wird Arbeiter und schließt sich der
Widerstandsbewegung an.

Alle Personen des Romans stellen sich die gleiche Frage: Was
bedeutet es, da zu sein, »ich« zu sagen. Liebe und Politik als zwei
Möglichkeiten, sich und das eigene Leben zu entwerfen, werden im Roman in all ihren Widersprüchen geschildert. Was bedeutet es, wenn man sich für eine Sache engagiert, und was rufe
ich an Unwägbarem, an Glück und Unglück hervor, wenn ich
liebe? Inwieweit werde ich schuldig, ohne es zu wollen? Sobald
man handelt, öffnet man sich einer Zukunft, die man nicht im
Griff hat. Mit etwas anfangen bedeutet, nicht zu wissen, wo es
hinführt. Aber man hat die Verantwortung auf sich zu nehmen.
Jean sagt: »Jeder Mensch ist für alles und vor allen verantwortlich.« (*Blut* 113) Was man tut, geht hinaus über einen selbst und
die eigenen Wünsche. Es geschehen Dinge, die man nicht vor-
hersehen kann.

Jean, der Widerstandskämpfer, zieht Hélène, seine Geliebte, in seinen Kampf mit hinein. Sie stirbt, aber ist es wirklich seine Schuld? Hat sie nicht aus eigener Verantwortung gehandelt? Hat sie sich nicht selbst entschieden für diesen Weg des Kampfes?

Der Roman stellt grundsätzliche Fragen, beantwortet sie aber nicht, sondern zeigt individuelle Wege, mit diesen Fragen umzugehen, indem er die Geschichten der Figuren erzählt.

Beauvoir, die vordergründig Unpolitische, die reine Privatperson, die in Beziehungen und Affären Gefangene, Verstrickte, die Gefolgsfrau Sartres: Hier zeigt sich ihr anderes Gesicht, ihr Wille, zu hinterfragen, was geschieht. Damit hat sie auch sich selbst im Blick, denkt auch über eigene Entschlüsse, Versäumnisse, Schuld nach. Umgeben von Menschen, inmitten des Geräuschpegels eines stark frequentierten Cafés, hat sie einen dichten philosophischen Roman geschrieben mit starken Charakteren und einer spannenden Handlung. Zu Recht ist sie stolz darauf. Gallimard zeigt bereits Interesse an einer Veröffentlichung, zumal der erste Roman bei den Lesern Gefallen findet. Natürlich ist an einen Druck nicht zu denken, solange die Deutschen Paris besetzt halten. Aber auf ihrem Weg, eine anerkannte Schriftstellerin zu werden, ist Beauvoir ein großes Stück vorwärtsgekommen. Sie zweifelt nicht mehr, dass es der richtige Weg ist. Eine Tür hat sich geöffnet.

Mitte 1943 holt sie die platte Wirklichkeit noch einmal ein. Nathalies Mutter, Mme Sorokine, bittet Beauvoir, ihre Tochter dazu zu bewegen, zu ihrem früheren Geliebten zurückzukehren, weil der ihr eine gesicherte Existenz ermöglichen würde. Beauvoir denkt natürlich nicht daran, ihr diesen Gefallen zu tun, und so kommt es, dass sie aus dem Schuldienst entlassen wird, mit der Begründung, sie habe eine minderjährige Schülerin verführt. Mme Sorokine hat sie bei der Schulleitung angezeigt und im prüden Paris der Besatzungszeit gibt es nur eine Reaktion: Suspendierung. Beauvoir ist die feste Stelle los und damit auch ihr

Gehalt. Sartre, der mittlerweile nicht mehr als Lehrer arbeitet, hatte sich auf Beauvoir verlassen. Nun wird ihm mulmig bei dem Gedanken, dass beide keine finanzielle Grundsicherung mehr haben. Nicht, dass er nun versuchen würde, für sich wieder eine »geregelte« Arbeit zu finden, das ist die Beauvoir zugedachte Rolle. Sartre sucht und wird fündig. Der fleißige Biber bekommt bei der Radiodiffusion Nationale eine Stelle. Eine zweifelhafte Angelegenheit, denn die Deutschen haben den Sender unter Bewachung und in Widerstandskreisen hält man vom Pariser Radio rein gar nichts mehr. Beauvoir wird für eine Opportunistin gehalten, was durchaus zulässig ist. In der Organisation des gemeinsamen Alltags ist sie längst noch nicht so selbstständig wie im Schreiben. Hier bestimmt noch immer Sartre, wo es langgeht, und der ist sich selbst der Nächste, wenn es um sein angestammtes Recht auf eine ruhige Arbeitsatmosphäre geht. Er ist mittlerweile zu einer gewissen Berühmtheit gelangt: Sein Theaterstück *Die Fliegen* wurde aufgeführt. Und noch immer sind weite Teile der Freunde und Bekannten davon überzeugt, dass Beauvoir lediglich ein Anhängsel Sartres ist.

Im Sommer 1943 macht Beauvoir alleine eine dreiwöchige Radtour, weil Sartre sich in Paris um Wanda kümmern möchte. Castor ist enttäuscht, gerade jetzt wäre ein Gesprächspartner vonnöten. Aber die Radtour lässt sie nicht sausen. Den September verbringt sie dann mit Sartre im Süden bei Mme Morel, die immer genug zu essen hat und ihre Gäste vor dem Einbruch des Winters noch einmal richtig verwöhnt.

Wieder zurück in Paris, erfährt Beauvoir, dass *L'Invitée* den Lesern ungemein gefällt. Viele Menschen wollen die Autorin persönlich kennenlernen und kommen ins *Café de Flore*. Michel Leiris, ein surrealistischer Schriftsteller, und seine Frau, werden enge Freunde. Beauvoir lernt auch Picasso kennen und trifft den Bildhauer Alberto Giacometti wieder. Auch der Psychoanalytiker François Lacan und Georges Bataille gehören zum Kreis der Freunde und Bekannten. Es tut Beauvoir ungemein gut,

auszubrechen aus dem kleinen Kreis der »Familie«, die da Nathalie, Wanda, Olga, Bost und Sartre heißt. Wie wunderbar es
sich anfühlt, so viele intelligente, kreative Leute zu kennen. Das
frühere, kleine Leben erscheint ihr armselig. Beauvoir hat Lust
auf Menschen. Sie hat die Nase voll von den Klatschereien, Ei-
fersüchteleien, Affärchen. Sie ist endgültig nicht mehr bloß der
Schatten Sartres, nein, man akzeptiert sie als individuelle Schriftstellerin, die etwas zu sagen hat, die nicht das Echo eines anderen ist.

Es gibt ausreichend minderwertigen Alkohol in Paris, der
auf ausschweifenden Partys genossen wird. Beauvoir und Sartre
sind immer dabei. Beide genießen sie ihre wachsende Berühmtheit.

Zur gleichen Zeit erhöht sich die Zahl der Luftangriffe der
Alliierten, die zwischen April und August 1944 etwa 7000 Menschen in Paris und Umgebung das Leben gekostet haben. Die
Deutschen verschärfen ihre Kontrollen und Hausdurchsuchungen. Der Widerstand wird erbittert bekämpft. Die Bürokratie
funktioniert hervorragend, auf »saubere« Verhältnisse wird peni-
bel geachtet. Auch im kulturellen Leben der Stadt geht es wider-
sprüchlich zu. Einerseits hat man den Eindruck, die Kultur lebt,
die Stadt pulsiert trotz der Besatzung. Es gibt Theateraufführun-
gen und Ausstellungen von bildenden Künstlern. Manche der
Schriftsteller veröffentlichen in Untergrundverlagen, um sich
der Besatzungsmacht nicht anbiedern zu müssen. Daneben ist
da aber auch die renommierte *Académie française*, die man ohne
Probleme die Mutter vieler der führenden Köpfe des Vichy-
Regimes nennen kann.

In der zivilen Bevölkerung sind unterschiedliche Stimmungen zu spüren. Die politischen Entwicklungen werden mit wachen Sinnen registriert und man versucht, sie einzuordnen und
Schlüsse zu ziehen. So ruft der Sturz Mussolinis im Sommer
1943 Hoffnung hervor, weckt jedoch keineswegs euphorische
Gefühle. Noch immer ist die Situation allzu verworren und der

alltägliche Existenzkampf hart. Selbst der Résistance trauen die
Leute nicht uneingeschränkt, zumal deren Übergriffe und die
Gründe dafür manchmal nicht ganz nachzuvollziehen sind und
übermäßig gewalttätig erscheinen.

Beauvoirs Position wirkt distanziert. Vorrangig bleibt für sie
im letzten Kriegsjahr das Glücksgefühl, das der stetige öffentliche Erfolg ihrer schriftstellerischen Arbeit hervorruft. Sie muss
nicht mehr die anderen bewundern dafür, dass sie »jemand« sind.
Sie ist nun selbst eine Persönlichkeit des kulturellen Lebens.
Trotz der schwierigen finanziellen Situation, der prekären Versorgungslage und der restriktiven politischen und gesellschaftlichen Situation hat sie es geschafft, Gehör zu finden – sie, eine
ehemalige Lehrerin, die man wegen moralisch verwerflicher Ansichten und unsittlichen Handelns entlassen hat. Die tägliche
Erfahrung der Einschränkung persönlicher Freiheit stärkt im
intellektuellen Umkreis von Beauvoir und Sartre den Wunsch,
Freiheit als zentrale Möglichkeit des Menschen gedanklich zu
durchdringen.

Zur gleichen Zeit lernt Sartre einen Mann kennen, der ihn
vom ersten Augenblick an zutiefst fasziniert: Albert Camus. Camus ist dreißig Jahre alt, in Algerien aufgewachsen und seit 1940
in Paris. Er kommt aus einfachsten Verhältnissen. Sein Vater starb
früh und er wuchs bei seiner analphabetischen Mutter und der
strengen Großmutter auf. Bildung hat für ihn verständlicher-
weise einen ganz anderen Stellenwert als für ein Kind aus der
französischen Bourgeoisie. Seine Schulzeit über lebte er in zwei
Welten: »Im Lycée jedenfalls konnte er mit niemandem über
seine Mutter und über seine Familie sprechen. In seiner Familie
konnte er mit niemandem über das Lycée sprechen.« (*Der erste
Mensch* 212) In seiner Heimat hat Camus die Armut erlebt und
bei anderen ihre Wirkung beobachten können. Ihm war bereits
damals die Sinnlosigkeit der Existenz klar geworden. Die Menschen müssen jeden neuen Tag in Mühsal und harter Arbeit bewältigen, ohne dass es dafür eine wie auch immer geartete me-

taphysische Rechtfertigung gibt. Kein Gott ist da, der eingreift und Sinn stiftet. Diese Gedanken stellen den Bezug zu Sartre her. Die existenziellen Grunderfahrungen und die Herkunft der beiden könnten allerdings unterschiedlicher nicht sein.

Äußerlich ist Camus ein sehr anziehender Mann. Er trägt fast immer einen Trenchcoat mit hochgeschlagenem Kragen: sein Markenzeichen sozusagen. Camus hat bereits einen Roman veröffentlicht und seinen Essay *Der Mythos von Sisyphos*. Außerdem arbeitet er als Lektor bei Gallimard und ist Mitglied der Widerstandsgruppe »Combat«, für deren Zeitung gleichen Namens er Artikel verfasst.

Beauvoirs Beziehung zu Camus ist von Anfang an gespannt und wenig herzlich. Er kommt ihrem voyeuristischen Bedürfnis so gar nicht entgegen, hüllt sich in vornehmes Schweigen, was sein Privatleben angeht. Er wirkt arrogant auf sie und sie nimmt kein Blatt vor den Mund, wenn es um eine Beurteilung des neuen Freundes von Sartre geht. Naiv soll er sein, schöngeistig, bissig und ohne Tiefgang. Im Vergleich mit Sartre habe Camus sowieso nichts zu bieten, so Beauvoirs voreiliger Schluss. Verhindern allerdings kann sie nicht, dass Camus Platz nimmt in ihrer beider Leben. Bald schon redet man über ihn und Sartre als einem Duo im Geiste und als Hauptvertreter des *Existentialismus*, ein Ausdruck, den Sartre in *Das Sein und das Nichts* auf seine Philosophie angewendet hat.

Camus möchte das Paar auch für die Widerstandsorganisation »Combat« gewinnen. Sartre lehnt aus Zeitgründen ab und damit ist auch Beauvoir nicht mit von der Partie. Bei solchen Entscheidungen folgt sie Sartre blind. Die Fragen, die bei den Sitzungen erörtert werden, bespricht Camus mit Sartre allerdings.

Die Osterferien 1944 verbringen Beauvoir und Sartre wieder bei Mme Morel. Als sie nach Paris zurückkommen, rät ihnen Camus, sich einen sicheren Unterschlupf zu suchen. Ein Combat-Mitglied sei verhaftet worden und man müsse auf alles gefasst sein. Sie finden ein Hotel in Neuilly-sous-Clermont in der

Nähe von Paris. Als am 11. August im Radio bekannt gegeben wird, dass die Amerikaner bereits in der Nähe von Chartre seien, machen die beiden sich auf den Weg zurück nach Paris. Die deutschen Truppen sind auf der Flucht. Als sie in Paris ankommen, bemerken sie Veränderungen. Die Metro fährt nicht mehr, es gibt keinen Strom und nichts zu essen, wenn man nicht auf Vorräte zurückgreifen kann. »Wir trafen uns zu den Mahlzeiten im *Hôtel Chaplin*, wo Bost eine Art Rechaud gebastelt hatte, den er mit alten Zeitungen betrieb; eine Handvoll Nudeln zu kochen war ein Riesenunternehmen.« (*beste Jahre* 505)

Als sich herumspricht, dass die Armee Leclerc auf dem Marsch auf Paris ist, macht sich die Hoffnung breit, dass bald alles vorbei sein könnte. Und in der Tat: Am 25. August ist es so weit. Die zweite Panzerdivision unter General Leclerc marschiert in Paris ein. »Das war das Ende. Paris war frei. Die Welt und die Zukunft waren uns wiedergeschenkt, und wir stürzten uns hinein.« (*beste Jahre* 510)

»*Wir müssen alle Gesichter
der Liebe kennenlernen.*«

Transatlantische Verzauberung
(1945–1949)

◀ *Simone de Beauvoir, 1947*

»Tag und Nacht feierten wir zusammen mit unseren Freunden die Befreiung, plaudernd, trinkend, flanierend, lachend: Und alle, die nah und fern genauso feierten wie wir, wurden zu unseren Freunden. Was für eine Orgie der Brüderlichkeit.« (*Lauf* 11)

Beauvoir und Sartre könnten beide wieder als Lehrer arbeiten, verzichten jedoch darauf und begeben sich mit vollem Risiko in die freie Schriftstellerlaufbahn. Beauvoir vor allem möchte auf keinen Fall noch mehr Zeit verlieren, denn ihr Kopf ist voll mit Ideen, die nach Verwirklichung drängen. Das Verlagshaus Gallimard hat *Das Blut der anderen* übernommen, *Pyrrhus et Cinéas* erscheint und Beauvoir arbeitet bereits wieder an einem Roman und an einem weiteren Essay. Immer noch zieht sie das *Café de Flore* allen anderen Arbeitsorten vor und findet sich in alter Gewohnheit bereits früh am Morgen dort ein. Auf dieser persönlichen Schreib-Zeit ohne äußeren Druck baut Beauvoir ihre schriftstellerische Unabhängigkeit auf. Es gäbe immer Dinge zu erledigen, die mit Sartre zu tun haben, Formalien zumeist, und weil Beauvoir ihm gegenüber schlecht Nein sagen kann, schafft sie sich diesen zeitlichen und örtlichen Rahmen, der es ihr ermöglicht, die weißen Seiten auf dem Tisch vollzuschreiben.

So langsam nimmt ein Plan Gestalt an, den Castor und Sartre schon lange hegen: Sie gründen eine Zeitschrift, der Sartre den Namen *Les Temps Modernes* gibt. Die Zeitschrift sollte sich um aktuelle Fragen kümmern. In der Redaktion sitzen neben Beauvoir und Sartre noch Raymond Aron, Leiris, Merleau-Ponty, Albert Ollivier und Paulhan. »Unsere Diskussionen gingen vorläufig nur um Lappalien, aber sie machten mir sehr viel Spaß. Diese Gemeinsamkeit im Handeln erschien mir als die vollkommenste Form der Freundschaft.« (*Lauf* 22) Das ist aber zunächst auch alles, denn Sartre reist im Januar 1945 für zwei Monate nach Amerika und lässt seine Partnerin mit dem ganzen Formalien-

kram allein. Dabei wäre sie sehr gern auch mitgeflogen. Die erste richtige Reise nach der Befreiung von Paris hätte sie zusammen mit Sartre machen wollen. Aber Sartre freut sich so über
diese Gelegenheit, dass er keine Minute darüber nachdenkt, wie
schade es eigentlich ist, dass sie nicht zu zweit zum ersten Mal
Amerika sehen können. Schmerzlich, aber nicht zu ändern, und
so macht Beauvoir wieder einmal das Beste aus einer nicht sehr
angenehmen Situation. Sie nutzt die Zeit und schreibt.

Außerdem freundet sie sich intensiv mit Camus an. Das geht
nur, weil der philosophische »Zwillingsbruder« Sartres ihr gegenüber offenherziger geworden ist. Er fängt an, etwas von seinem Privatleben preiszugeben, erzählt von seiner Ehefrau und
einer Liebesaffäre, die ihm Probleme bringt. Da ist Beauvoir ja
nun wirklich Fachfrau und erfährt nebenbei auch noch, dass Sartre in Amerika auch bereits wieder eine aufregende Liebschaft
begonnen hat. Die Dame heißt Dolores Ehrenreich, ist Franzö-
sin und lebt mit ihrem amerikanischen Mann in dessen Heimat.
Der Pakt verbietet solcherlei Eskapaden ja nicht. Beauvoir hält
sich nicht lange auf mit Nachdenken darüber und nimmt eine
Einladung ihrer Schwester an, sie und ihren Mann in Portugal
zu besuchen und ein paar Vorträge zur Besatzungszeit in Frankreich zu halten. Der Mann von Hélène arbeitet in Lissabon als
Herausgeber einer französischen Zeitschrift. Und so reist Beauvoir im Februar nach Portugal. Sie erlebt Lissabon intensiv, kann
die Stadt so richtig genießen. Wie immer, wenn sie ohne Sartre
reist, kann sich ihre Lust am Schauen und Entdecken voll entfalten. Sie sollte das eigentlich so oft wie möglich machen. Keine
Wartereien auf einen manischen Schreiber, der am liebsten auf
irgendeinem Stuhl festgeklebt sitzt und sich ja nicht zu viel durch
die Gegend bewegen möchte. Soll er sich also doch ruhig vergnügen in Amerika, Beauvoir vergnügt sich in Lissabon nicht
weniger, auch wenn sie dazu keiner Affäre bedarf. »Noch nie
hatte ich mich solchen Ausschweifungen hingegeben; da meine
Vorlesungstournee gut bezahlt wurde, legte ich mir im Laufe

eines Nachmittags eine komplette Ausstattung zu: drei Paar Schuhe, eine Handtasche, Strümpfe, Wäsche, Pullover, Kleider, Röcke, Hemden, eine weiße Leinenjacke und einen Pelzmantel. Auf der Cocktailparty, die das Institut Français gab, erschien ich von Kopf bis Fuß neu eingekleidet.« (*Lauf* 33) Beauvoir erlebt dies alles mit wachen Sinnen und so entgeht ihr die Armut neben der Vielfalt nicht. Die Schönheit der Landschaft, der Stadt, der Dörfer, ist die eine Seite. Die andere Seite, das sind in Mülltonnen wühlende Menschen, kranke, zerlumpte Kinder, Bettler. Wieder muss Beauvoir erkennen, dass viel zu viele Menschen im Traum nicht daran denken können, ihre Freiheit zu verwirklichen, weil sie nicht einmal die Möglichkeit haben, ihre Grundbedürfnisse zu befriedigen.

All die Eindrücke nimmt sie mit nach Paris, wohin auch Sartre zurückgekehrt ist, noch immer heftig verliebt in Dolores, die er bald wieder besuchen möchte. Seine anhaltende Hingerissenheit von dieser Frau schockiert Beauvoir nun doch, aber der Glaube an den Pakt hält sie aufrecht. Wichtiger bleibt für sie zu dieser Zeit etwas anderes: *Das Blut der anderen* erscheint im September 1945 und Beauvoir arbeitet bereits konzentriert am nächsten Roman. Das Buch wird von der Kritik hochgelobt. Manche der Kritiker glauben zu erkennen, dass Beauvoir hier versucht, existentialistische Grundgedanken erzählerisch darzulegen. Dagegen wehrt sie sich entschieden: »Ein Roman über die Résistance: Er wurde aber als existentialistischer Roman katalogisiert. … Ich hatte meine Romane geschrieben, bevor ich diesen Begriff überhaupt kannte, und mich nicht von einem System, sondern von meiner Erfahrung leiten lassen.« (*Lauf* 43) Keine systematische Theorie wird im Roman dargelegt, sondern das ursprüngliche Existieren mit all seinen vielfältigen Entscheidungsmöglichkeiten und den Verstrickungen, die es mit sich bringt, unter anderen und mit anderen Menschen zu leben.

Das Handeln und Fühlen der Figuren in ihren Romanen ist Beauvoir wichtig, nicht das Übermitteln einer Philosophie. Im

Herbst 1945 hält sie in einem Club einen Vortrag mit dem Titel *Literatur und Metaphysik*, in dem sie genau auf diese Problematik eingeht. Dabei hat sie auch ihre Leserinnen und Leser im Blick und kritisiert, dass diese das Abenteuer des Lesens nicht wirklich auf sich nehmen. Der Roman richte nämlich den Appell an die Leser, ihre Freiheit ernst zu nehmen. Beauvoir möchte sich mit ihren Büchern an Leute wenden, die zur Belebung dessen, was sie lesen, beitragen, indem sie es auf sich beziehen. Die unbeteiligten Leser wünscht sich Beauvoir nicht.

Die Menschen und ihr Kampf um ein sinnvolles Leben sind das Thema von Beauvoirs Schriftstellerei.

Ihr neuer Roman wird den Titel *Alle Menschen sind sterblich* haben. Sie erzählt darin die seltsame Geschichte einer ehrgeizigen Schauspielerin mit Namen Regine, die eines Tages in einem Garten einen Mann sitzen sieht, der völlig entrückt zu sein scheint. Regine kommt mit dem Mann in Kontakt. Seine Abgeschlossenheit und seelische Ungerührtheit reizen Regine. Sie beschließt, ihn zu verführen. Schließlich erzählt er ihr seine Geschichte. Er, Fosca, ist im 13. Jahrhundert in Norditalien zur Welt gekommen. Als ihm die Unsterblichkeit angeboten wurde, hat er sie gewählt. Regine hat vor, als seine Geliebte ebenfalls Unsterblichkeit zu erlangen. Am Ende jedoch geht er für immer fort von ihr und lässt sie als eine Wahnsinnige zurück. Fosca ist gescheitert in seinem Wunsch, in die Geschichte einzugreifen, teilzuhaben am Geschehen. Er erfährt jedoch, dass jeder Mensch selbst für sein Wohl verantwortlich ist und dass nicht einer für alle handeln kann. Wie soll ein Unsterblicher zur Liebe und zur Freundschaft fähig sein, wie die Schönheit erleben, wo doch diese Dinge unauflöslich an die Sterblichkeit der Menschen geknüpft sind? Es ist die Bedrohung durch den Tod, die die Menschen ihre Grenze erfahren lässt, und erst im Erleben der Grenze bekommt alles seine Intensität.

Im Oktober ist das Manuskript bis auf ein paar Kleinigkeiten abgeschlossen. Beauvoir ist sehr zufrieden damit und plant, mit

Sartre in den Weihnachtsferien nach Megève zum Skifahren zu gehen. Der ist noch am Schwanken, weil er liebend gerne erneut in die USA reisen möchte, vor allem auch wegen Dolores. »Um sie wiederzusehen, hatte er sich von amerikanischen Universitäten einladen lassen und schiffte sich am 12. Dezember auf einem *liberty ship* ein.« (*Lauf* 58) Zur gleichen Zeit erscheint die erste Ausgabe von *Les Temps Modernes* mit einer Widmung »Für Dolores«. Was das wohl in Beauvoir auslöst? Wie groß ist der Schmerz über diese Beziehung zu einer Frau weit weg in Amerika, die ihr unbekannt ist wie keine Geliebte Sartres zuvor?

Beauvoir schlägt sich die Nächte um die Ohren, vergnügt sich beispielsweise mit Camus, der ein witziger, anregender Unter-

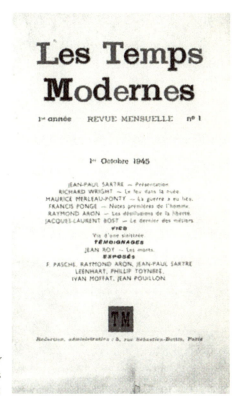

Die erste Ausgabe der Zeitschrift Les Temps Modernes, *1945*

halter ist. Schließlich verlässt sie Paris und fährt in die Winterferien nach Megève. Von dort schreibt sie an Sartre: »Vor sechs Jahren habe ich Ihnen von hier aus geschrieben, und damals war Krieg. Mir scheint es viel länger zu sein. Ich fühle mich ein wenig abseits, wie in einem zweiten Leben. Ich erkenne mich selbst und die Welt von gestern nicht so recht wieder. Aber die Erinnerungen sind geblieben, die Erinnerungen an unser Zusammensein im alten Leben. Sie haben eine wunderliche, etwas beängstigende Wirkung, so wenig passen sie zur Gegenwart.« (*Lauf* 59) Beauvoir versucht sich in der Gegenwart einzurichten, empfindet diese Gegenwart aber als Leerstelle. Sie weiß, dass sie, um weiterhin mit Sartres Lebensweise und seinen Frauengeschichten fertigzuwerden, nicht am Vergangenen hängen bleiben darf, sondern einen eigenen, neuen Weg in die Zukunft finden muss. Sie kann sich nicht nur nach Sartres Plänen richten.

Im Januar 1946 wird Beauvoir nach Tunesien eingeladen, um Vorträge über moderne französische Literatur zu halten. Das Reisefieber und die Abenteuerlust packen sie wie eh. »Alle Stunden, die ich nicht meinen Vorträgen und den unerlässlichen gesellschaftlichen Pflichten widmen musste, verbrachte ich mit Ausflügen.« (*Lauf* 61) Wie auf all ihren Reisen ohne Sartre genießt Beauvoir das Alleinsein mit sich: »Der Dämon des Abenteuers hatte mich wieder gepackt.« (*Lauf* 62) Vielleicht ist gerade das eine Art von Gegenwartserfahrung, die Kraft geben kann für die Herausforderungen in Paris. »Nach den vielen Jahren kollektiven Lebens ging mir dies Zusammensein mit mir selbst so tief zu Herzen, dass ich die Morgenröte der Wahrheit zu erblicken glaubte. Es war nur eine Ruhepause, aber ich habe lange die Erinnerung an die Palmen, den Sand und die Stille bewahrt.« (*Lauf* 65)

Zurück in Paris, fängt das kollektive Leben wieder an. Sartre weilt noch bei Dolores. Beauvoir, die immer lieber mit jungen als mit alten Leuten zusammen ist, lernt den aufstrebenden Dichter und genialischen Streuner Boris Vian kennen. Aus sehr reichem Haus stammend, verheiratet mit Michelle d'Eglise, die man nur die »hübsche Blonde« nennt, feiert er rauschende Feste und beweist sich als profunder Kenner von Jazz und neuer Literatur. Auf seinen Partys wird ausgiebig getrunken und Beauvoir ist dabei. Sie liebt die am Rande stattfindenden Gespräche mit Vian über Musik, Literatur, Politik. Als Sartre zurückkommt, freut er sich über den »familiären« Zuwachs, und kaum sind ein paar Wochen vergangen, haben er und Michelle liebesbeziehungsmäßig zueinandergefunden, trotz Dolores. Für Beauvoir ist das weiter kein Problem, ist Michelle für sie doch eher als dümmlich und naiv einzustufen. Normalerweise wird Sartre solcher Frauen relativ schnell überdrüssig. Beauvoir hat auch immer wieder kleine Affären ohne weitere Bedeutung. Wenn sie zu viel getrunken hat, kann es schon mal passieren, dass sie sich in einem fremden Bett wiederfindet.

In den Zeiten, in denen Sartre nicht in Paris ist, nimmt Beauvoir die Mahlzeit oft bei ihrer Mutter ein. Françoise ist kaum wiederzuerkennen in ihrem Stolz auf die berühmte Tochter. Die Moralvorschriften und Gängeleien sind vergessen und an ihre Stelle ist vorbehaltlose Bewunderung getreten.

Inzwischen hat Beauvoir den zweiten großen philosophischen Essay nahezu abgeschlossen: *Pour une morale de l'ambiguité* (*Für eine Moral der Doppelsinnigkeit*). Auch in diesem Essay ist die Freiheit des Menschen wieder das Thema. Für sich selbst muss der Mensch sorgen, nicht auf andere oder gar auf einen Gott hoffen. »Es ist Sache des Menschen zu bewirken, dass das Menschsein Bedeutung hat, und er allein kann seinen Erfolg oder seinen Misserfolg erfahren.« (*Doppelsinnigkeit* in: *Soll man* 85) Bewusst gebraucht Beauvoir jetzt auch das Wort »Existentialismus«, um zu zeigen, dass es keine allgemeingültigen Werte geben kann. Die vielen einzelnen Menschen entwerfen ihre Existenz, ihre Ziele und setzen damit jeweils Werte. Das menschliche Leben wird sinnvoll, indem es existierend mit Sinn erfüllt wird. An sich und außerhalb des konkreten Existierens kann es keinen Sinn geben. Die Tatsache der Vereinzelung der Menschen bringt aber ein Problem mit sich: »Wie sollen die von Anfang an vereinzelten Menschen zueinanderfinden können?« (*Doppelsinnigkeit* in: *Soll man* 86) Die Antwort besteht für Beauvoir darin, dass jeder Mensch seine Freiheit erst dann wirklich leben kann, wenn er die Freiheit der anderen anerkennt und sich dort, wo Freiheit eingeschränkt wird, dafür einsetzt, diesen unerträglichen Zustand zu ändern. Es ist für Beauvoir eine Tatsache, dass die Menschen sich als vereinzelte Wesen vorfinden, dass sie aber genauso in einer Gemeinschaft leben und Beziehungen pflegen.

Beauvoir spricht in diesem Essay meistens im »Wir«-Ton und meint dabei sich selbst und Sartre. So, wenn sie erklären möchte, wie wichtig für sie als Philosophin das Interesse am einzelnen Menschen ist: »Der Mensch interessiert uns nicht nur als Angehöriger einer Klasse, eines Volkes, einer Gemeinschaft, sondern auch als Einzelner.« (*Doppelsinnigkeit* in: *Soll man* 173) Es ist sogar so, dass der konkrete Mensch am wichtigsten ist und dass abstrakte Ideen davor jederzeit zurückzutreten haben: »Wir verwerfen alle Idealismen, Mystizismen u.s.w., die ein Ideal, eine Form dem Menschen vorziehen.« (*Doppelsinnigkeit* in: *Soll man* 181)

Beauvoir ist zu der Zeit, als sie den Essay schreibt, innerlich unausgeglichen und zerstreut. Sie hat Zweifel, ob die Beziehung zu Sartre halten wird. Er erzählt begeistert von Dolores und wie sehr er an ihr hänge. »Ich hatte meinen zähen Optimismus eingebüßt: Mir konnte alles widerfahren. Eine Verbindung, die seit über fünfzehn Jahren besteht: ist sie nicht bereits zur Gewohnheit geworden? Welche Konzessionen bringt sie mit sich?« (*Lauf* 74) Auch körperlich fühlt sie sich wie ein Wrack und erlebt starke Kopfschmerzattacken. Dass Sartre vorhat, jedes Jahr ein paar Monate bei Dolores zu verbringen, verletzt Castor. Geradezu unverschämt mutet es an, dass Sartre ihr in dieser Situation Ratschläge gibt, wie sie die lange Zeit ohne ihn sinnvoll nutzen könnte. Sie solle Artikel schreiben für *Les Temps Modernes* und sich auch sonst in die Zeitschrift einbringen, außerdem Feste feiern, ausgehen und neue Menschen kennenlernen. Für Beauvoirs Zweifel hat er kein Verständnis, er scheint gar nicht wirklich mitzubekommen, in welcher Krise sie steckt. Beauvoir begehrt seltsamerweise nicht auf, sogar dafür scheint sie momentan zu schwach zu sein. Am 5. Mai 1946 notiert sie in ihr Tagebuch: »An manchen Tagen, wenn ich viel gearbeitet habe, fühle ich mich wie eine der Schollen, die zu viel gelaicht haben und auf den Felsen stranden, sterbenskrank, ihrer Substanz entleert. So geht es mir heute früh. Ich habe schlecht geträumt und mir ist irgendwie kalt ums Herz.« (*Lauf* 80)

An dieser Niedergeschlagenheit ändert sich auch nichts, als Beauvoir im Frühsommer Sartre auf eine Vortragsreise in die Schweiz begleitet. Sartre, der berühmte Philosoph, steht im Mittelpunkt. Beauvoir kommt nur am Rande vor. Mittlerweile nennen viele sie *La grande Sartreuse*. Es kommt vor, dass sie ihre Situation als ziemlich lächerlich empfindet. Sartre wird umlagert von Journalisten und interessierten Zuhörern. In den Buchhandlungen von Zürich, Bern, Basel und anderen Schweizer Städten liegen seine Bücher nebst Fotos und Zeitungsausschnitten. Beauvoir wird lediglich als Begleitperson Sartres betrachtet. Mit fast vierzig Jahren hat sie nach außen noch kein wirklich eigenes Profil, obwohl auch sie manchmal für Vorträge angefragt wird und ihre zwei Romane sich gut verkaufen und passable Kritiken bekommen haben. Neben einer Tochter aus bourgeoisem Haus ist sie nun die Partnerin eines gefragten Philosophen. Und was sonst? Woran sollte sie sich darüber hinaus halten? Sie wollte Schriftstellerin werden, sie ist es geworden, aber nun hat sie den Übernamen *La grande Sartreuse* bekommen, ein Etikett, auf das sie gern verzichten würde. Natürlich, sie braucht diese Nähe zu Sartre, die Gespräche mit ihm. Sie leidet schon, wenn er wie jetzt zu seiner Mutter in die Rue Bonaparte zieht, nachdem sein Stiefvater gestorben ist. Sie hat Angst, ihn noch stärker an andere abgeben zu müssen. Er entgleitet ihr zusehends, aber ist das nicht der Preis der Freiheit, die sie einander von Anfang an zugestanden haben? Was will Simone de Beauvoir wirklich?

Wie eine Jammergestalt irrt sie durch die Straßen von Paris, sitzt mit trüber Miene gelangweilt im Café herum und der Freund Giacometti fragt besorgt, warum sie solch ein »böses Gesicht« mache. Der Bildhauer mag Beauvoir von Herzen gern und ohne Hintergedanken. Im Unterschied zu den meisten Männern in ihrer Umgebung gehört er nicht zu den Sartre-Jüngern. Er diskutiert zwar oft und lebhaft mit dem Meister, aber er ist meistens anderer Meinung als er. Seine Freundschaft schenkt er Beauvoir und spürt instinktiv, dass sich etwas ändern muss in deren Leben. Diese Lethargie, dieses Gefühl des Nicht-gebraucht-Werdens, des Zu-nichts-nutze-Seins muss ein Ende haben. Die *grande Sartreuse* sollte sich anstrengen, zur *grande Beauvoir* zu werden.

Wie immer in entscheidenden Situationen zeigt sich eine Lösung für Beauvoir eher blitzartig als in einem langsamen Entscheidungsprozess. So war ihr als jungem Mädchen auf einen Schlag bewusst geworden, dass der eigene Blick das Aussehen der Umgebung mit prägt und dass es keinen Gott gibt, der alles in Händen hält. Und nun, in dieser unsicheren, vertrackten Lebensphase, schaut sie sich selbst plötzlich mit anderen, neuen Augen an und macht eine für sie überraschende Entdeckung: »Diese Welt ist eine Männerwelt, meine Jugend wurde mit Mythen gespeist, die von Männern erfunden worden waren, und ich hatte keineswegs so darauf reagiert, als wenn ich ein Junge gewesen wäre.« (*Lauf* 98)

Sich selbst in ihrem Frausein nimmt Beauvoir in den Blick. Und sie tut es nicht in der Form einer autobiografischen Beichte, sondern sie fasst den Plan, zu forschen über die Rolle der Frau in verschiedenen Jahrhunderten und Kulturen. Das bedeutet Nähe und Abstand. Nähe, weil Beauvoir selbst eine Frau ist und davon nicht wird abstrahieren können. Abstand, indem sie nicht nur sich anschaut, sondern versucht, dem Frausein überhaupt auf die Spur zu kommen. Schon immer gehen bei ihrem Schreiben Intuition und genaues Beobachten Hand in Hand. Beauvoir hat den wissenschaftlichen Blick, der sich mit der Einfühlung in Menschen und Situationen sehr gut mischen kann.

Sartre ist von diesem Vorhaben angetan und macht keinen Hehl daraus. Er bestärkt Beauvoir in ihrem Vorhaben, nicht aus ganz uneigennützigen Motiven, will es scheinen. So wird er Ruhe haben vor ihr, wird sie nicht auf jeden seiner Schritte achten und ihm nicht auf die Nerven fallen mit ihren Verlustängsten. Seine Bewegungsfreiheit wächst mit der Intensität von Beauvoirs eigener Arbeit. Je konzentrierter sie schafft, desto größer ist der Radius seiner Unternehmungen, für die sie natürlich neben dem eigenen Schreiben noch genügend Interesse und Kraft aufbringen sollte.

Zu diesem starken inneren Impuls kommt nun auch von außen noch etwas hinzu, was Beauvoir in eine fieberhafte, ängstlich freudige Erregung versetzt: Sie bekommt eine Einladung in die USA für Anfang 1947. Allerdings ist daran die Bedingung geknüpft, dass sie vier Monate bleibt und verschiedene Vorträge an Universitäten hält. Und so stehen die letzten drei Monate des Jahres 1946 unter dem Zeichen von Neuanfang, Veränderung, wiedererwachter Neugierde.

Beauvoir arbeitet zu dieser Zeit auch viel für *Les Temps Modernes*. Die Zeitschrift steht dem Kommunismus nahe, aber die Kommunistische Partei Frankreichs hat Zweifel an der politischen Aufrichtigkeit der Redaktion und vor allem an ihrem Herausgeber Sartre. Er und Beauvoir werden wegen ihrer unklaren politischen Haltung von allen Seiten argwöhnisch betrachtet. Den Existentialismus bezeichnen viele als eine »Krankheit« bourgeoiser Kreise. In ihrem Essay *Existentialismus und die Volksweisheit* setzt sich Beauvoir mit diesen Vorwürfen auseinander: »Wenige kennen die Philosophie, die etwas zufällig ›Existentialismus‹ genannt worden ist, viele greifen sie an.« (*Auge* 35)

Man werfe dieser Philosophie puren Subjektivismus vor, Liebe, Freundschaft und Solidarität kämen darin so gut wie nicht vor. Beauvoir räumt ein: »Dagegen behaupten die Existentialisten, dass der Mensch Transzendenz ist; sein Leben ist Engagement in der Welt, eine Bewegung zum Anderen, ein Überschreiten der Gegenwart auf eine Zukunft hin, die auch der Tod nicht begrenzt.« (*Auge* 50)

Die Subjektivität gerade als Freiheit zu definieren sei eine optimistische Philosophie und fern jenes »Miserabilismus«, als den man die Existenzphilosophie auch gern bezeichne. Beauvoir wirft den Kritikern vor, sie hätten einfach nur Angst vor der Verantwortung, die aus der Freiheit resultiere. Lieber sei es ihnen, der Mensch sei nichts als eine Maschine ohne die geringste Macht über sein Handeln. Träge seien die Menschen, Ruhe wollten sie, ein wenig Kampf vielleicht, aber auch nicht mehr. Man sei aber nicht einmal und für immer ein Held. »Kein einziger Erfolg erlöst mich: damit er mir weiterhin als Erfolg erscheinen kann, muss ich ihn weiterhin wollen, und dieser Wille muss sich notwendigerweise in neuen Handlungen ausdrücken.« (*Auge* 54) Keine abgeschlossene Theorie erspart den Menschen die freie Entscheidung.

Beauvoir selbst jedenfalls sieht Ende Oktober 1946 relativ optimistisch in die Zukunft. Amerika lockt. Was würde diese neue Reise an neuen Eindrücken und Begegnungen bringen? Bis dahin gibt es aber noch eine Menge Arbeit. Beauvoir verbringt viel Zeit in der Redaktion von *Les Temps Modernes*, liest Texte von Leuten, die in Sartres Zeitschrift veröffentlichen wollen. »Da gab es junge Menschen, die um jeden Preis sofort durchkommen wollten, alte, die einen letzten Versuch machten, Unverstandene, die davon träumten, der Langeweile des häuslichen Daseins zu entrinnen, Männer und Frauen jeglichen Alters, die Geld brauchten.« (*Lauf* 118)

Das kann manchmal lächerlich wirken, hat aber immer wieder eine tragische Note. Beauvoir nimmt diese Arbeit nicht auf die leichte Schulter. Ihr tun Menschen leid, die sich über sich selbst täuschen. Selbstüberschätzung behindert den authentischen Lebensentwurf. Wer sich selbst überschätzt, setzt auf Wirkung und verspielt die Chance, einen echten persönlichen Lebensentwurf zu wagen.

Sartre verdient inzwischen vor allem durch seine Theaterstücke einen schönen Batzen Geld. Er ist sehr großzügig, verschenkt, ohne groß zu überlegen. Beauvoir scheut noch immer den Luxus, hat Skrupel, sich teure Kleider zu kaufen, obwohl sie für Amerika wohl etwas Schickes brauchen könnte.

Inzwischen ist *Alle Menschen sind sterblich* erschienen. Die Rezensenten sind sich einig: Das Buch ist schlecht. Beauvoir versteht die Welt nicht mehr, hat sie doch gerade an diesem Roman mit so viel Freude gearbeitet. Die Unberechenbarkeit der Kritiker ist etwas, woran Beauvoir sich erst gewöhnen muss. Aber Beauvoir hält sich nicht lange auf mit Jammern: Zuerst einmal in die Ferne, endlich, es wird höchste Zeit für diesen Klimawechsel. Sie muss andere Menschen sehen, eine andere Luft atmen, in einem fremden Zimmer schlafen, durch fremde Straßen gehen. Nur fort von den Pariser Freunden und Bekannten, den Kritikern, der Zeitschrift. Auch von Sartre fällt der Abschied nicht allzu schwer, denn er war selbst in Amerika und wohnte in New York im gleichen Hotel, in dem Beauvoir nach einem wunderbaren Flug am 24. Januar 1947 absteigt. Und so schreibt sie im ersten Brief an Sartre: »Ich bin ganz glücklich und auch ganz gerührt, dass ich hier bin; ich weiß, dass Sie hier gewesen sind, in der großen Wartehalle mit Bar der französischen und amerikanischen Luftfahrt. Ich habe gerade in dem Hotel gegessen, in dem auch Sie gegessen und geschlafen haben; ich stoße überall auf Spuren von Ihnen, und das ist wieder eine Art, mich mit Ihnen so vereint zu fühlen.« (*Briefe an Sartre 2*, 357)

Angekommen in New York ist Beauvoir zunächst sich selbst überlassen. Sie genießt die ungewohnten Gerüche und neuen Eindrücke. Allein auf Erkundungstour zu gehen gehört zum

Schönsten für sie. Ihre Freundin Stepha Gerassi, die sie treffen wird, ist am ersten Tag noch nicht in der Stadt. Und so flaniert Beauvoir führerlos durch die Metropole und wie immer kann sie sich nicht sattsehen, ist ihre Neugierde grenzenlos. Mit allen Sinnen gleichzeitig nimmt sie auf, was New York zu bieten hat: den Broadway, die Wall Street, die Freiheitsstatue, die jüdischen und chinesischen Straßen, die Stiefelputzer. Sie liebt den Himmel über dieser Stadt, den Horizont und das Meer. Niemand kennt einen, niemand beobachtet einen. Beauvoir geht in ein Kino in Greenwich, am helllichten Tag, wie herrlich! An Sartre schreibt sie, wie frei sie sich in New York fühle. Sie erinnert sich daran, wie sie damals zu Beginn ihrer Lehrerinnenzeit in Marseille ankam. Da hatte sie das gleiche Gefühl, an einen wunderbaren Ort gelangt zu sein, den sie erobern müsse. Beauvoir führt ein Reisetagebuch. Unter dem 27. Januar notiert sie: »Ich gehe auf den Straßen, die nicht für mich geschaffen wurden, auf denen mein Leben noch keine Spur hinterließ, in denen kein Duft der Vergangenheit weht. Niemand kümmert sich hier um meine Gegenwart, ich bin immer noch ein Phantom und gleite durch die Stadt, ohne etwas an ihr zu ändern. Und doch wird von nun ab mein Leben die Straßenflucht, die Häuserflucht tief in sich aufnehmen: New York wird mir gehören und ich werde New York gehören.« (*Amerika* 14) Fast wie eine Landschaft erlebt Beauvoir die Großstadt. Der Himmel über den Wolkenkratzern scheint ihr so weit zu sein. Alles hat eine ganz starke Wirklichkeit. Der Augenmensch Beauvoir schaut und schaut, ohne zu verstehen, ohne zu analysieren, ohne große Fragen zu stellen.

Wie in der Natur, in den Bergen, unternimmt Beauvoir Wanderungen, Gewaltmärsche, in diesem Fall nicht über Stock und Stein, sondern über Asphalt. Sie hat noch immer das Gefühl, ein Phantom zu sein, als Geist durch die Straßen zu ziehen. Sie fühlt sich nicht unwohl dabei, im Gegenteil, ihr ist seltsam schwerelos zumute: »Mit einem Schlag bin ich befreit von der Sorge um jenes monotone Unternehmen, das ich mein Leben nenne. Ich bin nur noch das bezauberte Bewusstsein, durch welches hindurch das souveräne Objekt sich entschleiern wird.« (*Amerika* 20) Zum ersten Mal lässt Beauvoir auf einer Reise alles hinter sich, öffnet sich ganz dem Neuen, lässt sich völlig einnehmen davon. Das ist etwas, was sie bisher noch mit niemandem wirklich geteilt hat: diese Fähigkeit, sich verzaubern zu lassen von einer Landschaft, von einer Stadt. Und so klingen die Sätze, die sie an Sartre schreibt, merkwürdig konstruiert, einem lange eingeübten Muster folgend. Beauvoirs Beteuerungen, New York auch deshalb so sehr zu lieben, weil sie hier permanent auf Sartres »Spuren« treffe, wie sie sich ausdrückt, wirken irgendwie ziemlich blass und ohne echte innere Anteilnahme. Die Faszination, die New York auf sie auswirkt, kann und will sie Sartre nicht vermitteln. Das ist etwas, was nur ihr gehört.

Immerhin steht ja auch auf eigenen Wunsch Beauvoirs ein Treffen mit Dolores, der amerikanischen Geliebten Sartres, bevor. Dolores hat vor, nach Paris zu reisen, um Sartre die Zeit ohne Beauvoir zu versüßen.

Bei der Begegnung der beiden Frauen in einer Bar sind die Gerassis und eine weitere Person aus deren Freundeskreis anwesend. Stepha empfindet die Situation als zwanghaft, völlig unlocker. Keine, weder Beauvoir noch Dolores, kann der anderen offen in die Augen schauen. Das Gespräch schleppt sich zäh dahin, Beauvoir legt allen Vorhersagen zum Trotz eine überdurchschnittliche Gelassenheit an den Tag und bricht nicht etwa wie befürchtet in Tränen aus. An Sartre schreibt sie: »Ich habe sie genau so gefunden, wie ich vermutet hatte, ich mag sie sehr, und ich war sehr glücklich, weil ich Ihre Gefühle verstand, sie greifen konnte, ich lobte Sie, solche Gefühle zu haben – und zugleich fühlte ich mich nicht im Geringsten unbehaglich.« (*Briefe an Sartre 2,* 370)

Beauvoir behält die Fassung, reagiert, wie Sartre es von ihr verlangt, und enthüllt ihm ihr wahres Innenleben nicht. New York steht ihr zur Seite, die Stadt hilft ihr, Sartre und Dolores nicht in

der Intensität zu ihrem Thema zu machen, wie es in Paris geschehen ist. In diesem Augenblick ist das Gefühl der Freiheit,
die Lust am Schauen und Erleben größer als die Angst vor dieser Frau, die in Sartres Leben einen solch großen Raum einnimmt.

Nach dem Rausch der ersten Tage fängt Beauvoir an, Einzelheiten zu beobachten und zu ordnen. Sie trifft Pariser Freunde,
die 1940 in die USA gegangen waren. Sie fühlen sich noch immer sehr allein, fast isoliert, sind nicht recht angekommen. Vor
allem als nicht sehr erfolgreicher Künstler fristet man in dem riesigen Land Amerika ein ziemlich trostloses und sehr einsames
Dasein. Die Entfernungen in New York sind riesig und so bleibt
man weitgehend für sich. Diese Menschen fühlen sich gefangen
in der Stadt. Das stärkt in Beauvoir das Verlangen, stärker ein-
zudringen in das Wesen New Yorks und Amerikas. Einer der
größten Unterschiede zu Sartre liegt darin, dass Beauvoir sich
einlässt auf Orte, um ihnen begegnen zu können, während Sartre weit eher ausgeht von der Vorstellung, die er sich bereits gemacht hat, bevor eine Begegnung stattfindet. Bei Sartre beeinflusst die Theorie das Erleben, bei Beauvoir ist es umgekehrt:
Sie erlebt und versucht dann, das Erlebte zu verstehen. So kann
Sartre sich in einer Stadt in ein Café setzen und aufschreiben,
was an diesem Ort wesentlich ist für ihn. Beauvoir muss gehen,
wandern, flanieren, schauend und Eindrücke speichernd ohne
Unterbrechung, um zu verstehen, was vor ihr liegt.

Beauvoir geht an manchen Tagen mehrmals ins Kino und
schaut sich amerikanische Filme an, hat aber den Eindruck,
Amerika dabei eher zu verlieren als sich dem Land intensiver
zuzuwenden.

Die Leute begegnen Beauvoir sehr freundlich und warmher-
zig. Auch wenn es manchmal so scheint, als sei das Dauerlächeln
von oben angeordnet, so empfindet sie die Herzlichkeit doch als
echt. Man wird akzeptiert, wenn man Ausländerin ist, obwohl
die Amerikaner ihr Land für das schönste der Welt halten. Im-

merhin geben sie zu, dass Beauvoir doch auch aus einer wirklich bemerkenswerten Stadt kommt!

Immer wieder meldet sich auch die Philosophin Simone de Beauvoir zurück. Schauen ist wunderbar, beglückend, aber da taucht doch auch von Neuem die Frage auf, ob man überhaupt richtig sehen kann, wenn man nicht versteht. Das betrifft vor allem die Begegnungen mit Menschen, und die sind zahlreich. Beauvoir wird häufig eingeladen, sie besucht Partys, bei denen es wimmelt von unbekannten Menschen. Wie macht man sich die Fremde vertraut? »Gesichter, Gesichter, alle verschieden, aber alle sind für mich ohne Sinn. Das exotische Quallen amerikanischer Stimmen hüllt mich ein. Ich fühle mich verloren. Und doch liegt in diesem Augenblick für mich ein Beginnen, ein Versprechen: ich nehme es nicht hin, dass alle diese Menschen um mich herum mir nichts bedeuten sollen.« (*Amerika* 33)

Beauvoir geht im ersten Kontakt nicht schnell aus sich heraus, sie bleibt lange Zeit reserviert, dazu kommt die fremde Sprache, mit der sie noch nicht souverän umgeht. Ein paar Whiskeys helfen. Beide, Sartre und Beauvoir, sprechen diesem alkoholischen Getränk überaus gern zu. Hier in New York heißt er »Manhattan«, und sein Geschmack bedeutet für Beauvoir ein wesentliches Stück Amerika. Nach dem vierten Glas taut sie langsam auf und wird zugänglicher. Erst dann hat sie auch wirklich etwas von den Gesprächen mit diesen Fremden, und wenn sich eine Nähe herstellen lässt, ist ihr schwindlig vor Glück.

Eines Abends geht Beauvoir mit einem Freund ins *Savoy*, das ist ein Dancing, in dem Jazz gespielt und dazu getanzt wird. Die Gäste sind nahezu ausschließlich Schwarze. Beauvoir verehrt den Jazz schon lange. Nun aber geschieht so etwas wie ein Wunder. Was ihr in den Pariser Jazzlokalen nie passierte, wird hier auf einmal deutlich: Diese Menschen sind im Tanz sie selbst und nur sie selbst und diese Musik ist vollkommen, nicht der Abglanz von etwas anderem. Beauvoir ist hier in New York so frei, diese unglaubliche musikalische und menschliche Ausdruckskraft in vollen Zügen genießen zu können. Idee und Wirklichkeit des Jazz fallen für sie hier zum ersten Mal zusammen.

Neben dieser vergnüglichen Seite darf aber die Arbeit nicht zu kurz kommen: Beauvoir hält Vorträge in kulturellen Einrichtungen und Universitäten auch außerhalb New Yorks. Außerdem wird sie von den großen Zeitungen interviewt. Man betrachtet in Amerika den Existentialismus eher mit einem süffisanten Lächeln, hält ihn für eine Modeerscheinung und ist der pragmatischen Überzeugung, Menschen sollten handeln, statt sich mit derart vielen Fragen herumzuplagen. In einer solchen Atmosphäre haben es die Intellektuellen schwer, für eigenständige Gedanken ein Forum zu finden. Außerdem ist der versteckte »Kalte Krieg« bereits in vollem Gange, die Kommunistenangst wird nach Kräften angeheizt und »jeder linksgerichtete Mensch wird als Kommunist und jeder Kommunist als Verräter beschuldigt«. (Amerika 45).

Immer wieder ist Beauvoir fasziniert von dem Glanz und dem Luxus, denen sie begegnet. Auf Äußeres wird großen Wert gelegt und Menschen aller Berufsgruppen geben einen Großteil ihres Einkommens für Kleidung aus. Umso erschreckender ist es, wenn man dem blanken Elend begegnet. Beauvoir sucht die Armenstraße New Yorks auf, die Bowery Avenue. »Die Kranken, Alten, Heruntergekommenen, Pechvögel, die Gescheiterten Amerikas treiben sich auf diesen Gehsteigen herum. Sie legen sich trotz Glatteis oder Regen auf den Asphalt; sie kauern sich auf den Stufen der kleinen Treppen zusammen, die in die Kellergeschosse führen; oder sie lehnen sich an die Mauern und versuchen, stehend zu schlafen.« (Amerika 62) Auf der einen Seite die Wall Street, auf der anderen Seite Bowery, zwischen diesen beiden Extremen spielt sich in New York das Leben ab.

Mitte Februar verlässt Beauvoir New York erst einmal, um Vortragsverpflichtungen in anderen Städten wahrzunehmen. »Ich fahre fort, ich bin abgereist. Mein Herz ist zerrissen, als hätte ich jemanden verlassen.« (*Amerika* 75) Im Brief an Sartre steht nichts von diesem Abschiedsschmerz.

Über New London geht es nach Washington, dann weiter nach Rochester und Buffalo. All diese Orte interessieren Beauvoir nicht besonders; zu sehr ähneln sie einander. Auch die Studentinnen und Studenten an den Colleges, an denen Beauvoir Vorträge hält, enttäuschen sie. Politik und soziale Probleme sind selten ein Thema. Die jungen Leute reden über ihr College-Leben, über Sport, und dabei bleibt es. Beauvoir konstatiert, dass die meisten Amerikaner und hier vor allem auch die jungen Leute nicht daran glauben, dass sie in der Welt etwas bewirken können, dass es einen Sinn hat, Verantwortung zu übernehmen.

Und dann Chicago, wo Beauvoir 36 Stunden bleiben wird. Sie steigt im Hotel *Palmer House* ab und ist aufgeregt, in der Stadt zu sein, in der so viele Gangster- und Gaunergeschichten spielen. Von ihren Freunden in New York hat sie zwei Chicagoer Adressen bekommen. Sie wählt die des Schriftstellers Nelson Algren und ruft ihn an. Eine mürrische Stimme meldet sich, tut kund, man habe sich wohl verwählt, und hängt ein. Nach mehreren Versuchen klappt es endlich, sie verabreden ein Treffen in der Lobby des Hotels. Algren wird sie an diesem Abend ausführen. Er zeigt ihr nicht das Chicago der Reichen und Mächtigen, sondern führt sie in Spelunken, in die Viertel der Straßenräuber, Taschendiebe, Huren und Drogensüchtigen. Sie betreten eine Bar, in der Beauvoir die einzige Touristin ist. »N. A. ist kein Tourist, er kommt häufig hierher, kennt hier alle Menschen, Pennbrüder, Säufer, alte ruinierte Schönheiten.« (*Amerika* 99) Fast ist er selbst einer von ihnen, dieser seltsame Mann. Algren stammt nicht aus einem der sogenannten »guten« Häuser, sondern wuchs in einem Chicagoer Arbeiterviertel auf, sein Vater war Maschinist. Nach dem Studium ist er viele Jahre herumgereist, hat Gelegenheitsjobs angenommen, saß einmal vier Monate im Gefängnis, weil er eine Schreibmaschine geklaut hatte, als ihm die Idee kam, Schriftsteller zu werden. Nun hat er bereits zwei Romane veröffentlicht.

Niemand könnte geeigneter sein, der Touristin aus Frankreich das Chicago hinter der glänzenden Fassade zu zeigen. Rückblickend sagt sie: »Wenn ich gestern Abend nicht so eigensinnig gewesen wäre, hätte ich von Chicago kaum mehr als eine Kulisse aus Steinen und Lichtern und kaum mehr als eine verlogene Fassade von gesitteter Üppigkeit kennengelernt. So aber habe ich einen Blick hinter die Kulissen werfen und eine wirkliche Stadt sehen können, tragisch und alltäglich, faszinierend wie alle Städte, in denen Menschen aus Fleisch und Blut zu Millionen leben und kämpfen.« (*Amerika* 105) Auch davon nichts an Sartre. Beauvoir schreibt lediglich, dass ihr Chicago sehr gefallen habe und dass ein »typischer« Amerikaner sie herumgeführt habe, der ihr sehr sympathisch sei und der sie im Taxi geküsst habe. In Wirklichkeit ist noch viel mehr geschehen. Beauvoir und Nelson Algren haben sich ineinander verliebt – und das in einem atemberaubenden Tempo. Und so schreibt sie, sobald sie im Zug Richtung Kalifornien sitzt, den ersten Brief an Algren, in dem sie davon spricht, dass sie glücklich war, mit ihm zusammen diesen Abend zu verbringen, und dass sie hofft, ihn noch einmal zu sehen vor der Abreise nach Europa. Beauvoir kehrt im April nach Chicago zurück. »Ich musste in New York noch einiges ordnen. Ich überredete Algren, mich zu begleiten. Es war das erste Mal, dass er mit dem Flugzeug reiste. Ich machte meine Gänge und verabschiedete mich von Freunden und Bekannten. Gegen fünf Uhr kehrte ich in mein Zimmer zurück, und bis zum nächsten Morgen trennten wir uns nicht mehr.« (*Lauf* 128) Am 17. Mai verlässt Beauvoir Amerika wieder und kehrt nach Paris zurück. Sie trägt einen silbernen Ring, den Nelson ihr geschenkt hat. Im Brief schreibt sie: »Wir werden kein Erwachen erleben, denn es war kein Traum; es ist eine wunderbare, wahre Geschichte, die erst anfängt.« (*Transatlantische Liebe* 22)

Zum ersten Mal in ihrem Leben ist Beauvoir, nun fast 40 Jahre alt, mittendrin in einer wunderbaren Liebesgeschichte. Simone, die »Froschfrau«, und Nelson, der »Krokodilmann«, wie sie sich liebevoll nennen, schreiben beide leidenschaftliche Briefe, in denen sie von nichts als ihrer Sehnsucht sprechen. Beauvoir liebt Nelson mit Haut und Haaren. Es ist eine völlig andere Beziehung als die zu Sartre, facettenreicher, nicht bloß gesprächsorientiert, sondern auch stark körperlicher Natur. Sie wollen einander so intensiv kennenlernen, wie es auf diese immer wieder riesige räumliche Distanz überhaupt möglich ist: »Wir müssen alle Gesichter der Liebe kennenlernen.« (*Transatlantische Liebe* 23)

In Paris zurück, muss sich Beauvoir um Sartre kümmern. Dolores will nicht mehr weichen, besteht darauf, bei Sartre zu bleiben, ihn zu heiraten, was den auf äußerste Unabhängigkeit bedachten Philosophen zutiefst erschreckt. Er hat nun plötzlich Angst vor Dolores, mit der er unzählige angenehme Stunden verbracht hat. Beauvoir reagiert anders als bei ähnlichen Situationen in der Vergangenheit. Sie wirkt sehr in sich gekehrt, abwesend und merkwürdig antriebslos, was Sartres »Nöte« betrifft. Sie verbringt mit ihm einen Monat auf dem Land. Immer wieder fährt er nach Paris, um Dolores zu treffen, macht ihr aber gleichzeitig klar, dass er an seiner Beziehung zu Beauvoir festhält. Sartre braucht Beauvoir als geistiges Gegenüber, als Gesprächspartnerin, mit der er seine Gedanken, seine Werke jederzeit besprechen kann. Damit kann sich auch Beauvoir arrangieren, auch sie ist froh, auf diese Kontinuität bauen zu dürfen, jemanden an ihrer Seite zu wissen, der kritisch Anteil nimmt an ihrem Denken und Schreiben. Sie kennt Sartre und weiß, dass sie sich verlassen kann.

Die Beziehung zu Algren ist völlig anders, neu, berauschend und vielleicht deshalb auch für Beauvoir eine ein wenig unheimliche Erfahrung. In langen Liebesbriefen erzählt sie ihm von ihrem Alltag, beteuert in immer neuen Anläufen ihre Leidenschaft, die der Antrieb ist, der sie zum Schreiben bringt. »… ich mag einfach den Akt des Schreibens, es ist, als würde ich Sie küssen, es ist physisch; wenn ich schreibe, fühle ich meine Liebe zu Ihnen in meinen Fingern, es ist gut, seine Liebe in jedem beliebigen Teil des Körpers zu spüren, nicht nur im Kopf.« (*Transatlantische Liebe* 52)

Dabei ist sich Beauvoir klar darüber, dass sie Sartre nie verlassen würde, um in Amerika mit Nelson zu leben. Das macht ihr ein schlechtes Gewissen: Sie fragt sich, ob man überhaupt das Recht hat, so weit zu gehen in einer Beziehung, wenn man das Äußerste dann doch nicht wagt.

Aber: Eine neue Reise nach Chicago ist bereits für den September geplant. Die Zeit bis dahin vergeht wie im Flug. Beauvoir hat viel zu tun, Redaktionsarbeit für *Les Temps Modernes* und ihr Buch über die Rolle der Frau, dem sie sich endlich auch wieder zuwendet. Ihre innere Dauererregung stört allerdings ihre Konzentrationsfähigkeit erheblich. Die Hauptaufgabe besteht darin, die Wartezeit bis zum Abflug zu überbrücken. Sie arbeitet an ihrem Amerika-Tagebuch, das veröffentlicht werden soll. Sie besucht aber auch viele Partys bei alten Freunden und trinkt dort übermäßig Alkohol. Außerdem machen Sartre und sie im Sommer eine Reise nach Skandinavien. Sartre hält Vorträge in Kopenhagen und Stockholm. Beauvoirs Aufregung hat sich nicht gelegt. Manchmal wird sie von Angst- und Panikattacken gequält, fühlt sich nachts zum Beispiel von Vögeln angegriffen. »Um sie mir vom Leibe zu halten, muss ich Tag und Nacht einen ermüdenden Kampf führen: den Tod, unsere Toten, die Einsamkeit, die Eitelkeit. Nachts lassen sie sich auf mir nieder. Erst wenn der Morgen graut, fliegen sie weg.« (*Lauf* 135) Mit Sartre sind die Gespräche in den ersten Tagen in Kopenhagen eher lau, und die Beziehung scheint durch Beauvoirs neue Liebe an Lebhaftigkeit verloren zu haben, was nur allzu natürlich erscheint. »Unsere Beklommenheit legte sich allmählich in den darauffolgenden Tagen, als wir zwischen den Schaubuden des Tivoli spazieren gingen und in den Matrosenkneipen bis spät in

die Nacht hinein Schnaps tranken.« (*Lauf* 134) Beauvoir befürchtet zudem, dass Nelson ihr Vorwürfe machen und mit Un-
verständnis reagieren könnte, weil sie bei Sartre in Paris bleiben
und nicht endgültig zu ihm nach Chicago ziehen möchte. Und
so ist diese Reise eher von Trübnis durchzogen und Beauvoir erlebt den Norden nicht mit der Freude und Neugierde, die sonst
ihre Reisen begleiten. Die Sehnsucht nach Nelson ist das alles
andere in den Hintergrund drängende Gefühl. Sie ist froh, als
sie nach Paris zurückkehren kann.

Am Morgen des 11. September 1947 ist es endlich so weit:
Beauvoir landet in Chicago. Nelsons Wohnung in der Wabansia
Street besteht lediglich aus der Küche und einem Wohn- und
Schlafraum. Das Mobiliar ist einfachst, waschen muss man sich
am Waschbecken in der Küche, weil es kein Bad gibt. Beauvoir
streift wieder mit Nelson durch die Straßen, Bars, Nachtlokale.
Er erzählt ihr, dass viele seiner Freunde um ihren Job bangen.
Die »Kommunistenhetze« ist in vollem Gange und wird gefährlich für alle, die eine eigene Meinung haben und frei und un-
angepasst nach ihrem Geschmack leben wollen. Die wenigsten
derer, die auf der Liste sogenannter umstürzlerischer Subjekte
stehen, sind tatsächlich Kommunisten, die Auswahl ist rein will-
kürlich: eine einzige Farce.

Die meiste Zeit verbringt das Paar in trautem Glück zu Hause
in Nelsons »Luxusappartement«, wie Beauvoir scherzhaft meint.
Es ist Nelson, dem Beauvoir die ersten Entwürfe zu ihrem großen Essay über die Frau vorlegt. Er zeigt sich sehr angetan von
ihren blitzgescheiten Ausführungen und der exakten Beobach-
tungsgabe. Die zwei Septemberwochen mit dem geliebten Krokodilmann geben Beauvoir neue Schaffensenergie und die Kraft,
ihre Projekte voranzutreiben. Außerdem planen sie für das Frühjahr 1948 eine große gemeinsame Reise, so dass die Abreise am
26. September zwar sehr schmerzhaft ist, aber bereits von der
Vorfreude auf das Wiedersehen überglänzt wird: »Nelson, mein
Liebster. Heute fange ich an, Sie zu vermissen und auf Sie zu

warten, auf den gesegneten Tag zu warten, an dem Sie mich wieder in Ihren starken, liebenden Armen halten. Es schmerzt sehr, Nelson, aber ich bin froh, dass es so schmerzt, weil dieser starke Schmerz Liebe ist und ich weiß, dass auch Sie mich lieben, Sie, so nah und so fern, so fern und so nah, mein Geliebter.« (*Transatlantische Liebe* 95)

Beauvoir kehrt nach Paris zurück und ruht sich erst einmal aus. Eine Sache trübt die Erinnerung an glückliche Stunden: Nelson hatte ihr erneut die Frage aller Fragen gestellt, nämlich, ob sie mit ihm in Amerika leben wolle. Von ihrem Pakt mit Sartre hatte sie dem Geliebten erzählt, aber wie sollte er diese merkwürdige Geschichte glauben können? Warum nur wollte diese Frau in der Nähe Sartres sein und nicht in seiner, Nelsons Nähe, da sie ihm doch ihre große Liebe gestanden hatte? Warum konnte der Philosoph seine Auftritte in der Öffentlichkeit nicht allein bestreiten, seine Werke ohne Zuspruch Beauvoirs schreiben, seine Mahlzeiten für sich einnehmen und die Abende mit der jeweiligen Geliebten und den Freunden verbringen? Dass seine Froschfrau sich verpflichtet fühlt, gemeinsam mit Sartre politische Projekte zu beginnen, will ebenfalls nicht in seinen Kopf, zumal Beauvoir sich ihm gegenüber bisher nicht als extrem politisch denkende Person gezeigt hatte.

Das politische Engagement von Beauvoir und Sartre sieht so aus: Sartre ist der Meinung, Frankreich dürfe sich weder an die USA noch an die Sowjetunion anlehnen, sondern müsse eine neutrale Position einnehmen. De Gaulle ist ihm verhasst, er greift ihn öffentlich scharf an. Beauvoir hat keine eigene Meinung dazu. Sie bleibt im Hintergrund, lässt Sartre agieren. Weil sie eine quasi öffentliche Erscheinung ist, heißt es für sie dennoch: mitgefangen, mitgehangen. Beide sind ein gefundenes Fressen für die klatschsüchtige Menge. Man munkelt, sie würden sich vorwiegend in rauchigen Kneipen und Nachtlokalen aufhalten und sowieso insgesamt einen recht skandalösen Lebenswandel führen. Selbst Sartres Vorliebe für schwarze Rollkragenpullis gibt Anlass zum Tratsch. Man spricht von »existentialistischer Einheitstracht«. Das meiste sind pure Gerüchte und haltlose Fantasien. »Nehmen wir als Beispiel den perlgrauen Hut, der von der Nachlässigkeit seiner übrigen Kleidung absteche und den er zu der Zeit, als er Professor war, jeden Monat habe kokett aufbürsten lassen. Sartre hat nie einen Hut getragen. Die Blicke, die uns in der Öffentlichkeit folgten, waren durch diesen Schmutz vergiftet, infolgedessen ging ich nicht mehr gern aus.« (*Lauf* 144) Existentialismus ist zu einem Schlagwort geworden, mit dem Leute, die sich nicht wirklich auskennen und sich nicht mit dem Begriff als einem philosophischen beschäftigt haben, einen liederlichen Lebenswandel verbinden. Seine Existenz leben, das heißt für diese Menschen, tun und lassen, was man möchte, und das wilde Leben durch eine entsprechende Tracht nach außen zur Geltung bringen.

Beauvoir wird hineingezogen in die Gerüchteküche. Sie hat damit zu kämpfen, endgültig als Wurmfortsatz Sartres angesehen zu werden. Wirklich entgegenzusetzen hat sie wenig. In Sartres Nähe zu leben bedeutet, in seinem Schatten zu stehen. Es ist eine seltsame Tatsache, dass Beauvoir gerade im Hochgefühl ihrer Liebe zu Nelson Algren praktisch nicht von Sartres Seite weicht, als hätte sie Angst davor, sonst irgendwann allein dazustehen. In ihrer Arbeit nämlich ist sie weiterhin sehr selbstständig. Sartres Themen sind überhaupt nicht immer auch ihre Themen. Mit dem Projekt eines Buches über die Frau beschäftigt sie sich nun endlich wieder intensiver.

Am 9. Januar 1948 wird Beauvoir 40 Jahre alt und schreibt nach Amerika an den geliebten Nelson Algren: »Ich würde Ihnen gern die Liebe einer jüngeren Frau geben, obwohl ich weiß, dass sie mich lieben, wie ich bin. Ich bin traurig, weit weg und alt zu sein, und Ihnen so wenig von dem geben zu können, was ich in einem anderen Leben hätte geben können.« (*Transatlantische Liebe* 201) Mit 40 Jahren fühlt Beauvoir sich bereits alt, zu alt für eine junge Liebe. Dies mag mit ein Grund sein, warum sie sich an der Beziehung zu Sartre so krampfhaft wie an einem Strohhalm festhält und sich dennoch nach der großen Welt und der Freiheit sehnt.

Beauvoir und Nelson planen, ab Mai 1948 mindestens vier Monate zusammen zu verbringen, eine gewisse Zeit bei Nelson in Chicago und dann auf ausgedehnten Reisen auf dem amerikanischen Kontinent. Beauvoir macht sich mit Feuereifer daran, Informationen zu sammeln, Reisebüros aufzusuchen, Landkarten zu studieren. Sie gibt sich diesem Reiseglückstaumel völlig hin, denkt nicht groß daran, was Sartre während ihrer Abwesenheit machen würde, denn Dolores ist zerknirscht und hat nicht vor, die leere Stelle zu besetzen.

Wie aber geht es voran mit dem Buch über die Frau? Langsam nimmt es Gestalt an, ist schon weit über einen Essay hinausgewachsen. An Nelson schreibt Beauvoir: »Das Buch, an dem ich schreibe, fesselt mich immer mehr.« (*Transatlantische Liebe* 260) Beauvoir recherchiert nicht mehr nur, sondern hat begonnen, sich eigene Gedanken zu machen, zu ordnen, zusammenzufassen. Die Sommermonate, die sie mit Nelson verbringt, bringen noch einmal eine Schreibpause mit sich. Am 8. Mai landet die Froschfrau in Chicago. Sechs Tage später nimmt sie mit dem Krokodilmann zusammen den Dampfer nach New Orleans. Eine ganze Woche sind sie auf dem Wasser. Jeder auf dem Dampfer kennt Beauvoir schon bald. Sie hat die Angewohnheit, das Brot zu zerkrümeln. Die Krümel liegen dann überall herum, auf und unter dem Tisch, ein Blickfang für die Mitreisenden, die sich fragen, ob es in Frankreich Sitte sei, so mit Brot umzugehen.

In New Orleans bleibt das Paar nicht lange, sondern fliegt bald weiter nach Mexiko. Beauvoir nimmt ihre alte Gewaltmarsch-Methode wieder auf, Nelson trabt hinterher und kippt abends vor Erschöpfung fast um. Selbst Beauvoir gelangt an die Grenzen ihrer Kräfte, und dennoch wird keine Sehenswürdigkeit ausgelassen.

Anfang Juli fliegen sie nach New York, wo einige geschäftliche Dinge zu erledigen sind. Sie treffen unter anderem die Gerassis, und Stepha fällt sofort auf, wie anders Beauvoir in Nelsons Anwesenheit ist, so ganz anders als mit Sartre zusammen. Beide scheinen sehr verliebt zu sein. Der Freundin fällt auch auf, dass Nelson Beauvoir niemals »Castor« nennt, sondern in der Öffentlichkeit »Simone« sagt, und zwar in einer besonders melodiösen, sanften Weise.

Schon vor Antritt der transatlantischen Reise hatte Beauvoir gewusst, dass sie nur zwei Monate bleiben würde. Sie zögert lange, es Nelson zu sagen, dass sie am 14. Juli abfliegen würde. Natürlich reagiert er unwillig und traurig. Wie sollte er verstehen, dass diese Frau, die ihn so sehr liebt und mit der er gerade zwei wundervolle Monate erlebt hat, nun wieder so weit entfernt leben würde. Es ist die immer gleiche alte Frage, auf die er keine Antwort bekommt, die er wirklich akzeptieren könnte.

Und so reist Beauvoir ab, kommt in Paris an, ohne jedoch wirklich anzukommen. So leicht ist es denn doch nicht, Abschied zu nehmen. Drei Tage später schreibt sie an Nelson: »Gestern habe ich versucht zu arbeiten und die Hälfte von dem noch einmal gelesen, was ich über die Situation der Frauen geschrieben habe. Hatte ich das geschrieben? Es war mir ziemlich fremd; ein Teil ist bereits in den T-M abgedruckt, und so gedruckt scheint es überhaupt nicht zu mir zu gehören. Ich habe dasselbe Gefühl von Irrealität wie Sie, ich kann mein altes Ich nicht wiederfinden. Ich weiß, ich werde es schaffen, weiter an meinem Buch zu arbeiten, aber ich weiß noch nicht wie. Warum haben Sie mich so sehr aufgewühlt, Sie Nichtsnutz?« (*Transatlantische Liebe* 290) Andererseits aber schreibt sie Nelson auch, dass sie Sartre auf keinen Fall allein lassen könne, weil er sie brauche, ihre Anwesenheit, das Gespräch mit ihr, ihre kritische Anteilnahme an seinem Werk. Mit aller ihr zur Verfügung stehenden Überzeugungskraft versucht sie, dem Geliebten klarzumachen, warum es nicht anders gehen kann.

Beauvoir stürzt sich wieder in die Arbeit am Buch über die Frauen und Ende 1948 hat sie einen Titel gefunden. Sie informiert Nelson Algren sofort darüber: »Ich werde mein Buch *Le deuxième Sexe* nennen. Auf Französisch klingt es gut. Die Schwulen werden ja immer das ›dritte Geschlecht‹ genannt, aber nie wird erwähnt, dass die Frauen an zweiter Stelle kommen und den Männern nicht gleichgestellt sind. Doch steckt das immer implizit mit drin. Es wird ein so dickes Buch werden! Ich habe eine Menge amüsanter Geschichten dafür gesammelt.« (*Transatlantische Liebe* 367)

Beauvoir untertreibt gewaltig! Über das Erzählen »amüsanter Geschichten« geht ihr Werk weit hinaus. Sie untersucht die Lebensbedingungen der Frauen durch die Jahrhunderte hindurch, argumentiert psychologisch, soziologisch, kulturgeschichtlich und biologisch. Sie entlarvt all die Mythen und Bilder, die den Blick auf die Frau beeinflussten und es noch immer tun. Auch auf die gelebte Gegenwart kommt sie zu sprechen und beleuchtet einzelne Lebensphasen, von der Kindheit angefangen. Liebe und Sexualität sind ebenfalls zentrale Themen. Beauvoir sitzt in den Bibliotheken, sie schreibt im Café und in ihrem Hotelzimmer, ab Oktober 1948 dann in einem möblierten Zimmer in der Rue de la Bûcherie, weil sie das Hotelleben gründlich satt hat. Abends trifft sie sich mit Freunden, und auch hier wird eifrig diskutiert über »ihr« Thema. Auch von Nelson kriegt sie ein paar Tipps: Er rät ihr, sich einzuarbeiten in die Rolle der Schwarzen in Amerika, und in der Tat entdeckt Beauvoir verblüffende Parallelen zur Geschichte der Unterdrückung der Frau. Allerdings haben die Schwarzen, die von den Weißen als »andere« gesehen werden, eine eigene »Wir«-Solidarität oder -Identität. Bei den Frauen fehlt das: »Als Frauen des Bürgertums sind sie solidarisch mit den männlichen Bourgeois und nicht mit den Frauen des Proletariats, als Weiße mit den weißen Männern und nicht mit den schwarzen Frauen.« (*Geschlecht* 13) Die Frauen, die das »andere« Geschlecht sind, haben keine gemeinsame Identität, sie sind Einzelne. Und als solche lassen sie die Fantasie der Männer an sich arbeiten und werden Prinzessinnen, Huren, schöne Schwäne, Spiegel, Musen, Schlampen. Vor allem auf dem Feld der Literatur wird der Mythos Frau zelebriert.

Dass die Frau nicht von Natur aus anders ist, Weib an sich, davon ist Beauvoir zutiefst überzeugt. Sie weist mit Vehemenz die weitverbreitete These zurück, nach der es eine unwandelbare Natur der Frau gibt, gegen die man nichts machen kann und die sozusagen Ewigkeitscharakter hat. Und so beginnt der zweite Teil ihres Buchs mit der bedeutungsschweren Feststellung: »Man kommt nicht als Frau zur Welt, man wird es. Kein biologisches, psychisches, wirtschaftliches Schicksal bestimmt die Gestalt, die das weibliche Menschenwesen im Schoß der Gesellschaft annimmt.« (*Geschlecht* 265) Schon in der Jugend wird das Mädchen in die spätere Rolle als Mutter und Hausfrau eingewiesen. Beauvoir gibt nicht allein der Gesellschaft die Schuld an dieser »Unmündigkeit«, zum Teil ist sie selbstverschuldet, weil Frauen sich zumeist nicht wehren gegen vorgegebene Lebensregeln. Wie schwer es ist, als Frau ein selbstbestimmtes Leben zu leben, hat Beauvoir am eigenen Leib erfahren. Wie lange brauchte sie, um ihr Wunschstudium aufnehmen zu können! Wie viele Hindernisse hatte sie zu überwinden, bis sie eigenes Geld verdiente! Frauen müssen lernen, ihre Fähigkeiten ohne Einflussnahme der Männer zu entwickeln. Auf diese Weise könnten sie sich befreien von jahrhundertelanger Unterdrückung.

Beauvoir ist so sehr in ihre Arbeit vertieft, dass sie ein wenig erschrocken reagiert, als Nelson ihr Anfang Dezember 1948 vorschlägt, nach Paris zu kommen. Er hält die lange Trennung fast nicht mehr aus. »Lassen Sie mich vernünftig überlegen. Ich glaube, am besten wäre es, wenn Sie Anfang Mai kämen, denn auch ich wäre gern mit meinem Buch fertig …« (*Transatlantische Liebe* 362) So schreibt sie einem vor Sehnsucht fast Wahnsinnigen, dem sie immer wieder beteuert, wie leidenschaftlich ihre Liebe doch sei. Inzwischen hat Nelson ihr auch gestanden, dass es eine andere Frau gäbe, mit der er schlafe. Er halte es nicht mehr aus, nur zu arbeiten und in der kalten Wohnung zu sein, ohne einen Menschen, der ihm Wärme gebe. Beauvoir leidet unter diesem Geständnis, obwohl sie Nelson immer beschworen hatte, sich nicht gebunden zu fühlen. Dennoch pocht sie darauf, erst ihr Buch beenden zu müssen, bevor ein Wiedersehen möglich sei.

Sie hat aber nicht alle Zeit der Welt zur Verfügung, um zu schreiben. Sartre erwartet, dass sie ihm bei seinen wachsenden politischen Aktivitäten zur Seite steht. Verstärkt hat er die Probleme der Dritten Welt und der Arbeiterklasse im Auge. »Sartre las viel Nationalökonomie und Geschichte. Er kritzelte mit winziger Schrift unermüdlich die Hefte voll, in denen er seine Morallehre entwickelte.« (*Lauf* 162) Auch Beauvoir beginnt, sich intensiver zu engagieren, vor allem für Menschen, die aus ihrem Land fliehen mussten, weil sie aus politischen Gründen verfolgt wurden.

In ihrer Wohnung in der Rue de la Bûcherie hat sich Beauvoir gut eingelebt. Ihre Reisesouvenirs schmücken die Zimmer: bunte Decken und Teppiche, Vasen, exotische Vorhänge. Auch ihre Kleidung ist bunt und nicht schwarz wie die all der jungen Leute, die es den »Existentialisten« gleichtun wollen. Und das sind inzwischen viele! Der Existentialismus ist zu einer Modeerscheinung geworden, ohne dass die philosophischen Grundlagen die Basis bilden. Junge Menschen gefallen sich darin, »Existentialisten« zu spielen, in den Cafés zu sitzen, zu diskutieren mit einem Band von Sartres Werken unter dem Arm, wobei es mehr als zweifelhaft ist, ob es sich um ein durchgearbeitetes oder ungelesenes Exemplar handelt. Nach dem Krieg haben die jungen Menschen das Bedürfnis, sich zu berauschen, an Ideen, an einem neuen Lebensgefühl. Der Existentialismus »riecht« nach Abenteuer, vermittelt das Gefühl, dass man etwas erreichen kann, wenn man sich auf den Weg macht. Diese Weltanschauung richtet den Blick nach vorn, nicht zurück. Sie erkennt keine Autorität an, ruft auf zur Befreiung aus dem Althergebrachten, aus verkrusteten Strukturen. Und so ist der Existentialismus zu einer Art studentischer Jugendkultur geworden, ohne dass dies von Sartre, Beauvoir oder Camus auch nur erahnt werden konnte.

Die »Familie« befindet sich mehr und mehr auf der Flucht vor diesen Nachahmern. Von den »Familienmitgliedern« übrigens wäre an Neuigkeiten zu erzählen, dass Olga noch immer sehr krank ist und dass Bost, ihr Mann, eine Liaison mit der Schriftstellerin Marguerite Duras eingegangen ist. Außerdem gehört die Chansonsängerin Juliette Greco nun zum engeren Kreis um Beauvoir und Sartre, und auch die Dichterin Anne-Marie Cazalis hat sich hinzugesellt. Wie Sartre pflegen sie alle ihre Affären, das Beziehungsgeflecht scheint undurchdringlich.

Und Beauvoir? Sie sieht dem Ende ihres großen Werkes über die Frau entgegen, sehnt sich nach Nelson und schreibt ihm am letzten Tag des Jahres 1948: »Sobald ich etwas sehe, denke ich, dass ich es Ihnen nun bald zeigen kann – das ist schön. Ich arbeite immer mehr, so dass das Buch fertig ist, wenn Sie kommen. ... Heute Morgen, als mich eine große rote Sonne, die über dem Meer aufging und in mein Zimmer kam, aufweckte, dachte ich an Sie. Ich erinnere mich an alles – seit dem ersten Kuss im Taxi – alles ist warm und wunderbar geblieben. Und alles wird wieder Wirklichkeit werden. Ich bin heute sehr glücklich. Ich sage ›Leben Sie wohl‹, weil ich arbeiten möchte. Ein glückliches Jahr für Sie, Sie geliebter Liebster, mein Nelson.« (*Transatlantische Liebe* 370)

So beendet Beauvoir das Jahr 1948: arbeitend, an ihre »transatlantische Liebe« denkend und gleichzeitig festhaltend am Pakt mit Sartre.

»Kaum wache ich auf, habe ich das Verlangen, sogleich nach der Füllfeder zu greifen.«

Eine anerkannte Schriftstellerin (1949–1959)

◀ *Simone de Beauvoir, 1960*

Am 9. Januar 1949 feiert Beauvoir ihren 41. Geburtstag. Es ist ein trüber, regenverhangener Tag und sie kauft sich zum Trotz einen roten Regenmantel. Denn im Grunde ist sie gut gelaunt, geradezu euphorisch: Der erste Teil von *Das andere Geschlecht* ist fertig und kann dem Verlag Gallimard übergeben werden. Den zweiten Teil möchte Beauvoir beenden, bevor Nelson sie in Paris besucht. Beflügelt von der Vorfreude könnte sie Tag und Nacht schreiben, wenn die Kräfte es zuließen.

Ende Mai ist es so weit: Der erste Teil kommt in die Buchhandlungen. Nun ist es draußen, das Werk, und man muss abwarten, wie es aufgenommen wird. Nelson ist schon Anfang des Monats in Paris angekommen und wohnt bei Beauvoir. Alle Freunde nehmen den charmanten Mann aus Chicago sehr herzlich auf und finden ihn sympathisch. Auch Sartre ist fasziniert von dem begnadeten Geschichtenerzähler und nutzt jede Gelegenheit, ihm zu lauschen.

Nelsons Pariser Aufenthalt fällt also in die aufregende Zeit nach dem Erscheinen des ersten Teils von *Das andere Geschlecht* und er muss miterleben, wie auf seine Begleiterin mit dem Finger gezeigt wird, sobald er mit ihr ein Lokal betritt. »Ich erhielt signierte und anonyme Epigramme, Satiren, Strafpredigten, Ermahnungen … Man sagt, dass ich unbefriedigt, frigid, priapisch, nymphoman, lesbisch sei und hundert Abtreibungen hinter mir habe und sogar heimlich ein Kind hätte.« (*Lauf* 184)

Der Vatikan setzt das Buch auf den Index, eine Liste der Schriften, die aus moralischen Gründen von der Kirche verboten sind. Unter anderen sind die Schriftsteller François Mauriac und Albert Camus entrüstet, weil sie sich in ihrer Männlichkeit angegriffen fühlen. Allerdings ändern all diese Proteste nichts daran, dass bereits in der ersten Woche nach Erscheinen über 20 000 Exemplare verkauft werden. Beauvoir ist in aller

Munde, aber es ist eine Berühmtheit mit schmerzlichem Beigeschmack, obwohl Beauvoir ziemlich gelassen reagiert auf all die Anfeindungen. Sachlich über die Geschichte der Rolle der Frau und über Sexualität schreiben zu wollen, gilt als unmöglich, wenn nicht gar in weiten Kreisen als sittenwidriges Unterfangen.

Kurzerhand begeben sich Beauvoir und Nelson auf eine lange Reise nach Italien und Südfrankreich, von der sie erst Mitte August zurückkehren. Im Sommer ist Paris nahezu ausgestorben, die Leute fahren aufs Land oder ans Meer, und so können die beiden noch einen wunderbar ungestörten Monat zusammen verbringen, bevor Nelson am 13. September zurückfliegt nach Amerika. Am Abend des gleichen Tages schreibt Beauvoir: »Nelson, meine einzige Liebe. Es war der härteste und süßeste Abschied, der härteste, weil ich Sie noch nie so sehr geliebt habe, der süßeste, weil ich noch nie Ihre geliebte, warme, kostbare Liebe so sehr gefühlt habe. Wir gehören einander, wir bleiben selbst über den Ozean hinweg vereint, ich habe jetzt diese Gewissheit, ich fühle mich in Ihrem guten, warmen Herzen sicher; selbst wenn Sie andere Frauen küssen, werden Sie nie ein Herz finden, das Sie so stark liebt, nie einen so liebenden Mund wie meinen.« (*Transatlantische Liebe* 402)

Nelson ist indessen voller Arbeitseifer, aber auch Beauvoir hat bereits ein neues Projekt im Kopf: Sie möchte wieder einen Roman schreiben. Von Neuem drängt es sie, Geschichten zu erzählen, einzelne Personen oder Personengruppen auf der fiktiven Bühne ihres Roman-Lebens agieren zu lassen.

Es soll die Geschichte einer Gruppe Intellektueller im Nachkriegsfrankreich werden. Beauvoir beginnt im Oktober 1949 mit der Niederschrift, im gleichen Monat, in dem der zweite Teil von *Das andere Geschlecht* erscheint und noch einmal die Wogen der Entrüstung hochschlagen lässt. Man wirft ihr unter anderem vor, als kinderlose Frau über Mutterschaft zu schreiben. Camus fühlt sich, wie schon beim Erscheinen des ersten Teils, als französischer Mann lächerlich gemacht. Er möchte grundsätzlich am gewohnten Objekt-Status der Frau festhalten. Aber es gibt auch viele Menschen, denen das Buch eine Hilfe ist und die Beauvoir begeisterte Briefe schreiben, unter ihnen Psychiater, die ihren Patientinnen *Das andere Geschlecht* als therapeutischen Lesestoff empfehlen. So unterschiedlich sind die Reaktionen, was beweist, welcher Stein hier ins Rollen gekommen ist.

Beauvoir und Sartre ziehen sich aus dem Trubel zurück nach Cagnes-sur-Mer in Südfrankreich. Dort bewohnt Beauvoir ein Zimmer mit Balkon, in dem sie gut arbeiten kann. Sie stürzt sich mit Feuereifer in den neuen Roman. »Ich wollte ganz darin aufgehen; ich wollte mein Verhältnis zum Leben, zum Tod, zur Literatur, zur Liebe, zur Freundschaft, zum Reisen beschreiben. Ich wollte auch andere Menschen schildern, vor allem die fieb-

Mit Nelson Algren und Olga Bost in Cabris, 1949

rige, von lauter Enttäuschten begleitete Geschichte der Nachkriegszeit erzählen.« (*Lauf* 190)

Beauvoir hat viel erlebt, sie steckt mitten in der Verarbeitung
der letzten vier Jahre. Die tiefe Verbundenheit mit Sartre trotz aller Widrigkeiten, die überwältigende Liebeserfahrung mit Nelson, der Tumult, den *Das andere Geschlecht* entfacht hat, all das
arbeitet in Beauvoirs Innerem und sucht nach einem Ventil. Sie
hat erreicht, was immer schon ihr Wunschtraum war: Sie ist eine
berühmte Schriftstellerin und lebt an der Seite des berühmtesten französischen Philosophen der Zeit. Kein Grund jedoch für
ein seliges Sichzurücklehnen. Die grundsätzlichen Fragen sind
geblieben: nach Tod und Liebe und der Beziehung zu anderen
Menschen, nach dem Alter und der Rolle der Frau. Beantwortet ist nichts endgültig, obwohl in vielem mehr Klarheit herrscht
als früher und Beauvoir selbstbewusster auftritt, wenn es darum
geht, ihre Thesen in der Öffentlichkeit zu vertreten. Sie hat die
Themen ihres Schreibens und Philosophierens gefunden und
verfolgt sie konsequent.

Nun erlebt sie einmal mehr den spannenden Moment, anzufangen mit einer neuen Arbeit, den geeigneten Einstieg zu
suchen, die Themen stimmig zu entfalten. Sie beginnt mit dem
ersten großen Monolog von Anne, einer der Hauptfiguren des
Romans. Beauvoir lässt sie philosophieren über den Tod und
über Gott, und man hört aus dieser Stimme die Autorin heraus,
wenn sie zum Beispiel erzählt, wie sie Gott als Fünfzehnjährige
verloren hat. Beauvoir schreibt sich selbst ein in diesen Roman,
ihre eigene Suche nach dem »richtigen« Weg, ihre Beziehung zu
Sartre und die hoffnungslos erscheinende Liebe zu Nelson. Die
Offenheit, mit der sie erzählt, ist rigoros. Geheimnisse scheint es
keine zu geben. Beauvoir gehört nicht zu den Autorinnen, die in
ihrem Werk nicht zu erkennen wären, die dahinter zurücktre-
ten. Sie verwandelt sich in ihre Figuren hinein, in fast alle, nie in
nur eine. Jeder Mensch entwirft sich ja nach Beauvoirs Ansicht
immer wieder und sie schildert solche Entwürfe, indem sie Per-

sonen erfindet, die sich ihren Weg suchen und die alle auch Züge von ihr selbst tragen. Seit *Das andere Geschlecht* nimmt sie das Typische im Leben von Frauen stärker in den Blick, interessiert sich vor allem dafür, wie Frauen mit den Rollen zurechtkommen, die die Gesellschaft für sie vorsieht, aber auch mit ihren individuellen Vorstellungen und Wünschen. Anne in ihrem Roman, dem sie den Titel *Die Mandarins von Paris* gibt, ist Gesprächspartnerin eines bedeutenden Intellektuellen und Liebende, eine vom Zerreißen bedrohte Figur, die versucht, eine Art Harmonie in ihr Leben zu bringen.

Die Mandarins von Paris ist aber auch eine Bestandsaufnahme der Rolle der Intellektuellen in der Gesellschaft nach dem Zweiten Weltkrieg. Die Mandarins waren im kaiserlichen China hohe Beamte. Mit diesem Begriff soll deutlich gemacht werden, welch große Ansprüche an die Intellektuellen gestellt werden, dass sie eigentlich eine Elite darstellen, was einen enormen Druck bedeutet. Wie aber ist es bestellt um diese Elite im Frankreich der Nachkriegszeit? In welche Richtung soll man sich engagieren? Lohnt sich ein Engagement überhaupt? Wo die Guten sind und wo die Bösen, ist längst nicht mehr auszumachen, woher also die Kriterien für eine Unterscheidung nehmen? Was überhaupt macht den Intellektuellen aus? Was berechtigt ihn, im Namen anderer zu sprechen, und wie sieht es mit der Nähe zum »Volk« aus? Über all diese Fragen wird diskutiert zwischen den Personen des Romans, und so entsteht ein dichtes Geflecht aus persönlichem Erleben und aus Politik und Gesellschaft.

Beauvoir möchte das Buch dem geliebten Nelson widmen: »Ich arbeite voller Liebe stetig an *Ihrem* Buch, ich möchte, dass es mein bestes, ein wirklich gutes Buch wird, da es ein Geschenk für Sie wird.« (*Transatlantische Liebe* 425) Nelson allerdings ist zu dieser Zeit sehr zurückhaltend mit Briefen. Beauvoir bittet ihn inständig, ihr einen genauen Termin für das Jahr 1950 zu nennen, an dem sie sich treffen könnten. Sartre, so schreibt sie, müsse nicht später als Mitte Juni für drei Monate verreisen, und sie fragt, ob es nicht möglich wäre, dass sie dann nach Chicago flöge.

Nelson scheint die Hoffnung aufgegeben zu haben, in Beauvoirs Leben die Hauptrolle zu spielen. Immer wieder ist es Sartre, der bestimmt, wann sie sich wo aufhalten kann. Nelson berichtet Beauvoir davon, dass er seine frühere Frau wiedergetroffen habe und sich überlege, ob es nicht voreilig gewesen sei, sich von ihr zu trennen. Beauvoir ist natürlich beunruhigt, bleibt aber bei ihren terminlichen Plänen. Sie hört nichts vom Geliebten und verbringt das Frühjahr in einer nervösen Unruhe, nahezu unfähig zu arbeiten. Mit Sartre macht sie eine Reise nach Afrika, um sich abzulenken und neue Eindrücke zu sammeln. Ein für sie fantastisches Erlebnis ist die Sahara. »Die Färbung der Dünen wechselte im Laufe der Stunden und entsprechend dem Neigungswinkel des Lichts: In der Ferne golden wie Aprikosen, wurden sie zu frischer Butter, wenn wir an ihnen vorbeikamen. Hinter uns färbten sie sich rot.« (*Lauf* 203) Beauvoirs Lust am Schauen kommt auf ihre Kosten. Viele Spaziergänge macht sie allein, während Sartre sich zurückzieht, um zu arbeiten. Zum Abschluss der Reise besuchen sie auch noch Marokko.

Zurückgekehrt nach Paris, hat Beauvoir nun den baldigen Abflug nach Chicago im Blick. Sie muss einfach wissen, wie Nelson zu ihr steht. Die Anspannung wächst von Tag zu Tag. Da kommt die Nachricht von einem Überfall Nordkoreas auf Südkorea. Die Amerikaner intervenieren und die Angst vor einem Krieg breitet sich aus. »Obwohl ich Algren wiedersehen wollte und ihn ungern wieder enttäuschte, zögerte ich sehr, bevor ich Frankreich verließ.« (*Lauf* 220) Sartre beruhigt sie. Er glaubt nicht an einen Krieg.

Beauvoir fliegt also Anfang Juli zu Nelson, der ihr klarzumachen versucht, dass seine Gefühle für sie der langen Trennung nicht standgehalten hätten und abgekühlt seien. »Er liebe keine andere, es sei nichts passiert, aber er liebe mich nicht mehr.« (*Lauf*

221) Dennoch verbringen sie den Sommer gemeinsam in Nelsons Ferienhaus in Miller am Michigansee. Aber das alte Glück stellt sich nicht wieder ein. Neben der Kriegsangst ist Beauvoir erfüllt von der berechtigten Sorge, den Geliebten für immer verloren zu haben. »Als ich im Flugzeug saß, stopfte ich mich mit Belladenal voll, ohne einschlafen zu können, die Kehle von dem Schrei zerrissen, den ich nicht laut werden ließ.« (*Lauf* 224)

Als sie nach Paris zurückkommt, warten andere Probleme auf sie. Sartre wird in der Öffentlichkeit stark angegriffen, weil er sich noch nicht eindeutig zum Koreakrieg geäußert hat. Von einem Mann wie ihm wird das erwartet. Nächtelang diskutieren Sartre, Beauvoir und ihre Freunde darüber, was zu tun wäre, wenn plötzlich die Russen in Paris einmarschieren würden. Manche sind der Meinung, man müsse dann sofort fliehen.

Sartre ist absolut dagegen und plädiert für den geheimen Widerstand, sollte es denn so weit kommen. Camus warnt Sartre, indem er ihn darauf hinweist, dass Stalin aufmüpfige Intellektuelle ins Lager nach Sibirien verbannt. Sartre verneint aber auch die Vorgehensweise der USA, die beginnen, sich immer stärker als Weltpolizei aufzuspielen, und so lehnen er und Beauvoir einen Vorschlag Nelson Algrens, im Fall eines russischen Einmarsches nach Amerika zu kommen, ab. Frankreich muss unabhängig bleiben, so weiterhin die Meinung des Paares.

Aber wie steht es wirklich mit Beauvoir? Interessiert sie sich überhaupt für diese Probleme, die ja nicht von weit hergeholt, sondern ziemlich drängend sind? Dies sind nicht die theoretischen Spinnereien einer Reihe verrückter Intellektueller. Seitdem bekannt ist, dass Stalin in Sibirien Straflager hat, muss über den Kommunismus ganz neu diskutiert werden. Offensichtlich hat man es hier mit einer Diktatur zu tun. Sartre jedenfalls macht sich unendlich viele Gedanken zu dieser Problematik. Beauvoir bleibt zurückhaltender, registriert die Zeichen der Zeit und nimmt Anteil, aber die meiste Energie verwendet sie auf den Roman.

Ein wesentlicher Strang der Erzählung betrifft die Liebe ihrer Hauptfigur zu einem Amerikaner namens Lewis, in dem unschwer die Züge Nelson Algrens zu erkennen sind. Beauvoir arbeitet bewusst ihre transatlantische Liebesgeschichte ein in dieses Buch, dem sie sich mit solch großer Leidenschaft und Konzentration widmet wie keinem ihrer bisherigen Werke. Bis ins schmerzvolle Scheitern hinein setzt sie sich im Schreiben allem noch einmal aus.

Nachdem Lewis Anne eröffnet hat, er liebe sie nicht mehr, macht sie einen einsamen Spaziergang: »Ich nahm ein Taxi, ließ mich zum Loop fahren und ging dann lange zu Fuß: Gehen beschäftigt einen fast ebenso wie Weinen. Die Straßen sahen mich feindselig an. Ich hatte diese Stadt, dieses Land geliebt; aber in zwei Jahren hatten sich die Dinge gewandelt, und Lewis' Liebe beschützte mich nicht mehr. Nun bedeutete Amerika die Atombombe, den drohenden Krieg, den aufkommenden Faschismus; die meisten Leute, denen ich begegnete, waren Feinde: ich war allein, verachtet, verloren.« (*Mandarins* 709)

Jedes Schauen, jede Begegnung mit einer Stadt, einem Land, einer Landschaft, ordnet, sortiert, lässt aus, schließt ein. Es gibt den objektiven Blick nicht. Beauvoir hat Amerika zunächst in der Begleitung Nelsons erlebt und nun, ohne ihn an ihrer Seite, registriert sie anderes, wird aufmerksam auf Dinge, die damals keine große Bedeutung hatten. Was Beauvoir hier schreibt, ist also nicht pure Erfindung, nicht Fantasie. Wie hält sie es aus, sich der eigenen Geschichte so stark anzunähern? Die Menschen in diesem Roman diskutieren viel, reden über gesellschaftliche und politische Probleme. Da könnte sich leicht der Vorwurf einer gewissen Theorielastigkeit erheben. Einem solchen Vorwurf kommt die Schriftstellerin zuvor, indem sie die »Träger« der Ideen, der Gedanken und Lebensentwürfe in den Wirbel des Lebens hineinschickt, ja sie geradezu hineinwirft. Hier wird nicht gedacht und vielleicht dann auch noch ein wenig gelebt, diese Figuren haben ein intensives Leben, sie bersten vor Erfahrungen, vor allem für Anne gilt das. Indem Beauvoir die Erlebnisse, unter denen sie fast kaputtgeht, an eine oder mehrere literarische Figuren übergibt, sie ihnen auf den Leib schreibt, zeigt sie, dass diese scheinbar rein subjektiven Erfahrungen objektive Züge haben, dass solche Dinge zum Leben der Menschen dazugehören. Es gibt die Liebe, weil Menschen lieben, es gibt Scheitern und Schuld, weil Menschen scheitern und Schuld auf sich laden. Ob ein Sinn in diesen Unternehmungen, in Glück und Leid liegt, entscheiden einzig die handelnden und fühlenden Menschen, sonst niemand. Genau das und nichts anderes zeigt Beauvoir mit diesem Roman und füllt damit ihre existentialistischen Ideen mit Leben. Sich selbst führt sie vor und zeigt doch, dass nicht nur ihr das zustößt, was sie beschreibt. Indem Menschen aus dem Augenblick heraus in eine unbestimmte Zukunft hinein denken und handeln, nehmen sie vielleicht auch das Scheitern auf sich, mit Sicherheit aber das Unbestimmte. Man beginnt etwas und weiß nicht, wie es endet. Anne/Beauvoir hat eine leidenschaftliche Liebesbeziehung begonnen, obwohl sie von Anfang an wusste, dass irgendwann das Ende kommen könnte. Dennoch stürzt sie sich mit aller Leidenschaft hinein und die Leserinnen und Leser des Romans sollen genau diesen ganz ursprünglichen Lebensentwurf verstehen, sie sollen dabei sein und nicht von außen auf eine Welt schauen, mit der sie nichts zu tun haben.

Im Oktober 1951 verbringt Beauvoir noch einmal zwei Wochen bei Nelson in seiner neuen Wohnung in Chicago. Sie einigen sich auf Distanz, und doch hat Beauvoir beim Abschied den Eindruck, dass Nelson sie noch immer liebt. Trotzdem, auch wenn sein Herz sehr an ihr hängt, besteht er auf der Trennung. Sein Hauptargument ist, dass es ihm unmöglich sei, einer Frau zu gehören, die ihm nicht den ersten Platz in ihrem Leben einräumt. Er ist überzeugt davon, dass Beauvoir in Paris und bei Sartre zu Hause ist. Schließlich hat sie ihm dafür oft genug den Beweis geliefert. In einem Brief schreibt er: »Die Enttäuschung, die ich vor drei Jahren erlebt habe, als ich einzusehen begann, dass Ihr Leben Paris und Sartre gehört, liegt weit zurück und ist verklungen. Seither habe ich versucht, Ihnen mein Leben wieder wegzunehmen. Ich hänge sehr an meinem Leben, und es passt mir nicht, dass es einem so weit entfernten Menschen gehöre, einem Menschen, den ich jedes Jahr nur für wenige Wochen zu sehen bekomme …« (*Lauf* 244) Beauvoir ist daraufhin klar, dass sie einen Schlussstrich unter diese Liebe ziehen muss. Im nächsten Brief erzählt sie Nelson, sie habe sich nun, da sie keine Liebe mehr habe, ein Auto gekauft, und schreibt im November: »Ich werde also versuchen, all meine Liebe meinem schönen schwarzen Auto zu schenken. Und Ihnen eine Freundin zu sein, die beste Freundin, die Sie hatten: keine andere ist Ihnen so verbunden wie ich.« (*Transatlantische Liebe* 666)

Von dem Geld, das ihr Gallimard für *Die Mandarins von Paris* vorgeschossen hat, kauft sich Beauvoir einen Simca. Sie ist eine begeisterte, wenn auch ziemlich schlechte Autofahrerin. Immer wieder erzählt sie in den nun folgenden Briefen Nelson Algren von der einzigen Liebe, die ihr geblieben ist, ihrem Auto. Dass Nelson beabsichtigt, seine frühere Frau wieder zu heiraten, weiß sie inzwischen. »Es blieb nichts übrig, als einen Strich unter alles zu machen. Ich machte ihn.« (*Lauf* 244)

In Paris allerdings hat Beauvoir anderes zu tun, als an ihr Auto zu denken. Jeden Sonntag treffen sich die Mitarbeiter von *Les Temps Modernes* bei Sartre, um die politische Lage zu diskutieren. Ein paar Neue sind dabei, unter ihnen einer, der Beauvoir besonders interessant erscheint: Claude Lanzmann, 27 Jahre alt, Journalist. Beauvoir sehnt sich nach neuen Kontakten. Die Beziehung zu Sartre hat sich verändert, seitdem er so stark in der Öffentlichkeit präsent ist. Er interessiert sich für andere Bücher als Beauvoir, geht nicht mehr in die alten Cafés, hat keine Lust aufs Kino. So wie Sartre in seiner Arbeit stärker denn je auf die Analyse gesellschaftlicher und politischer Vorgänge bezogen ist, so stark richtet Beauvoir ihr Augenmerk auf die Menschen in ihrem Alltagsleben, ihre Privatheit. Phänomene wie Geschlecht, Lebensphasen, Gesundheit und Krankheit, Tod und Sterben sind ihre Themen. Gerade hat sie den qualvollen Krebstod ihrer langjährigen Schreibkraft miterlebt. Nun entdeckt sie bei sich selbst einen Knoten in der Brust, der sich zwar als gutartig erweist, aber entfernt werden muss. Es ist Beauvoir bewusster denn je, dass der Mensch nicht unverwundbar ist, dass er einen Körper besitzt, der krank werden kann, der altert und schließlich stirbt: »Die Wandlungen, die Reifeprozesse, den unaufhaltsamen Verfall meiner selbst und der anderen zu zeigen – nichts scheint mir wichtiger.« (*Lauf* 268)

Die schriftstellerische Arbeit wird immer zentraler in ihrem Leben und sie verfolgt damit selbstständige, von Sartre unabhängige Ziele. Sartres Anliegen ist es, seine Zeit so umfassend wie möglich zu verstehen. Dabei interessiert ihn das unmittelbare Existieren der Menschen nicht so sehr, sondern weit mehr der politische Horizont, vor dem sich das Leben abspielt. »Ich hatte zwar auch das Verlangen, mein Jahrhundert und meinen Standort besser zu begreifen, aber es war mir nicht so unerlässlich wie ihm.« (*Lauf* 248) Zwar weiß Beauvoir natürlich, dass Privates und Politisches nie getrennt voneinander bestehen, aber sie beschäftigt sich stärker mit der privaten Seite der menschlichen Existenz, ohne das Politische aus den Augen zu verlieren.

Die Mandarins von Paris kommen zügig voran. Sechs bis sieben Stunden verbringt Beauvoir täglich am Schreibtisch. »Man macht sich oft eine romantischere Vorstellung von der Literatur. Aber sie erzwingt diese Disziplin gerade deshalb, weil sie etwas anderes ist als ein Beruf: nämlich eine Leidenschaft oder, sagen wir, eine Manie. Kaum wache ich auf, habe ich das Verlangen, sogleich nach der Füllfeder zu greifen.« (*Lauf* 266) Dabei braucht Beauvoir das Urteil Sartres. Aber was sie schreibt, ist ganz und gar ihre Sache. »Er schlägt mir Striche und Änderungen vor. Vor allem aber spornt er mich an, den Hindernissen zu

trotzen und ihnen die Stirn zu bieten, statt ihnen auszuweichen.«
(*Lauf* 267)

Neben dem Roman schreibt Beauvoir an einem Essay mit
dem Titel *Soll man de Sade verbrennen?* Marquis de Sade (1740–
1814) wurde wegen seines sexuell ausschweifenden Lebens für
27 Jahre hinter Gitter gebracht. Ab 1803 lebte er in einer Ner-
venheilanstalt. Er verfasste Romane, in denen er den Sieg des
Lasters über die Tugend schilderte.

Für Beauvoir waren de Sades Leben und seine Literatur eine
Auflehnung gegen die starren Moralvorstellungen seiner Zeit. In
seinen Büchern erschuf er sich eine eigene Welt aus Zügellosig-
keit und Gewalt. In den Fantasien des Marquis ist der Mensch
ein hoffnungslos vereinzeltes Wesen. Umso drängender aber,
sagt Beauvoir, stellt sich die Frage, ob uns Menschen nicht etwas
eint, nämlich dass wir uns auf den anderen hin entwerfen können? De Sade »verwehrte dem Menschen seine Transzendenz
und überantwortete ihn der Bedeutungslosigkeit, die erlaubt,
ihm Gewalt anzutun«. (*Soll man* 75) Transzendenz meint hier,
dass der Einzelne niemals in sich abgekapselt lebt, sondern dass
da immer die Welt, die anderen Menschen sind, die man im Blick
hat. Beauvoir ist der Meinung, dass de Sade diese Tatsache vergessen oder verdrängt hat. Im eigenen Lebensentwurf muss man
die Würde des anderen anerkennen, sonst bleibt sinnlos, was man
tut. Beauvoirs Essay ist die Auseinandersetzung mit einer ganz
und gar extremen Person, die erschreckt, aber in diesem Schockierenden gerade auch lehrreich wirkt. Beauvoir ist überzeugt
davon, dass diese Welt eine des Miteinanders sein muss. »Sade
hat das Moment des Egoismus, der Ungerechtigkeit und des
Unglücks in seinem Leben mit letzter Konsequenz verwirklicht. Der eigentliche Wert seines Beispiels besteht darin, dass es
uns beunruhigt. Er zwingt uns, erneut das wesentliche Problem
infrage zu stellen, das in anderer Gestalt auch unsere Zeit be-
drängt: die wahre Beziehung von Mensch zu Mensch.« (*Soll
man* 76)

Mehr denn je weiß Beauvoir, dass sie beides braucht, das Schreiben und das Sammeln von Erfahrungen. Noch immer sind es vor allem auch die Reisen, die sie begeistern. Im Sommer 1952 geht es wieder einmal nach Italien, diesmal nicht mit Bus oder Bahn, sondern mit dem eigenen Auto. Beauvoir ist voller Schwung und in Hochstimmung, weil sich kurz vorher etwas zwischen Claude Lanzmann und ihr angebahnt hat, das ganz nach neuer Liebe aussieht.

Sartre lässt sich durch die Gegend kutschieren, ohne etwas an Beauvoirs waghalsigem Fahrstil auszusetzen. So kommen die beiden bis Sizilien. An ihren unterschiedlichen Vorlieben hat sich nichts geändert: »Er muss arbeiten, ich spazierengehen. Es gelang uns, wenn auch nicht ohne Schwierigkeiten, diese beiden Manien miteinander zu verbinden.« (*Lauf* 273)

Als das Paar zurück in Paris ist, trifft Beauvoir sich wieder mit Lanzmann und die Beziehung intensiviert sich. Zum ersten Mal in ihrem Leben wohnt sie nun mit einem Mann zusammen. Lanzmann zieht in die Rue de la Bûcherie. Bewohnbar ist allerdings eigentlich nur ein einziger Raum. Beauvoir steht früh auf, setzt sich an ihren Schreibtisch und arbeitet, wobei sie alles um sich herum vergisst. Lanzmann »darf« sich das Bett als Arbeitsmöglichkeit nehmen. Nachmittags trifft sich Beauvoir mit Sartre zum Essen und arbeitet dann bei ihm in der Wohnung für etwa vier Stunden. Abends dann gibt es Treffen mit Freunden und schließlich gehen Lanzmann und sie nach Hause. Es ist ein Leben am Rande der Bürgerlichkeit, aber dennoch ein streng geregeltes Leben. Die Regeln stellen diese drei Menschen auf und niemand redet ihnen hinein. Es handelt sich um ein Aufeinanderbezogensein in Freiheit. Im Mittelpunkt steht jeweils die Arbeit. Noch nie hat Beauvoir derart konzentriert und konsequent gearbeitet wie jetzt. Lanzmann gibt ihr das Gefühl zurück, leistungsfähig zu sein und noch immer mitten im Leben zu stehen. »Die Gegenwart Lanzmanns ließ mich mein Alter vergessen. ... Ihm verdankte ich es, wenn mir tausenderlei Sachen wieder zuteil wurden: Freude, Staunen, Besorgnis, Lachen und die Frische der Welt.« (*Lauf* 277) Mit Sartre hat Lanzmann keinerlei Probleme, sie verstehen sich auf einer hohen intellektuellen Ebene hervorragend und achten einander auf der menschlichen. Für Beauvoir gestaltet sich der Alltag stressfrei: keine Dramen, kein Streit, keine Eifersucht, keine Besitzansprüche. Neue Bekanntschaften kommen hinzu. Beauvoir freundet sich mit Monique Lange an, die bei Gallimard Öffentlichkeitsarbeit macht. Flüchtige Begegnungen hat sie völlig aufgegeben und konzentriert sich auf Beziehungen, die Dauer versprechen.

Der Briefwechsel mit Nelson Algren bricht nicht ab, auch wenn dieser nun auf jeden Fall seine frühere Frau wieder heiraten wird. Er beschließt sogar, im Frühjahr 1953 mit ihr für ein halbes Jahr nach Paris zu kommen, was aber nicht in die Tat umgesetzt werden kann, weil ihm die Ausreise verweigert wird, da er kommunistischer Umtriebe verdächtigt wird.

Ebenfalls im Frühjahr 1953 kommt *Das andere Geschlecht* in Amerika heraus und feiert Triumphe. Es steht bereits zwei Wochen nach Erscheinen auf den Bestsellerlisten. Die Kritik ist sich uneins, aber weitgehend ratlos ob des gewaltigen Werkes, das viele als genial, aber gleichzeitig verwirrend einstufen, nicht wirklich streng wissenschaftlich, aber frech und abenteuerlich verwegen. Am wichtigsten für Beauvoir: Ihr Buch wird gelesen und sie scheint damit eine Leerstelle gefüllt zu haben, dem uneingestandenen Wunsch vieler Frauen nachgekommen zu sein. Ihr schriftstellerisches Anliegen, sich nämlich Alltagsphänomenen zuzuwenden, findet dadurch neuen Auftrieb. Das ist auch mit ein Grund, weshalb sie Sartres enormen politischen Bemühungen kritisch gegenübersteht. Er nähert sich zu dieser Zeit wieder stärker der Kommunistischen Partei und fordert Beauvoir auf, ihren »moralischen Idealismus« aufzugeben, sich politisch aktiver zu beteiligen, nicht nur auf die Worte zu zählen, sondern sich aktiver einzumischen. Aber sie pocht darauf, dass vor allem *Die Mandarins von Paris* zu beenden seien.

Unterbrochen wird die Arbeit nur durch eine Reise mit Lanzmann. »Eine Zerstreuung hatte für mich ihren ganzen Reiz beibehalten: das Reisen. ... Ich glaube, ich werde nie aufhören, die Bäume, die Steine, den Himmel, die Farben und die murmelnden Stimmen der Landschaften zu lieben.« (*Lauf* 282) Sie fahren bis Jugoslawien. Beauvoir genießt wieder den Blick von einem Berghang aus ins Meer, beobachtet interessiert die Gegensätze von Stadt und Land, nimmt die Armut der Menschen wahr und freut sich über eine ihr ins Auge stechende »Brüderlichkeit« unter den Einheimischen. Zurück geht es durch die Schweiz, wo sich Gelegenheit bietet, mit Lanzmann der großen Wanderleidenschaft zu frönen. Sieben bis acht Stunden reine Gehzeit in Sandalen, aber er hält tapfer mit. Beauvoirs Energie scheint unerschöpflich. Beim Reisen ist sie nicht drauf aus, faul zu sein, sondern sie sucht geistige Anregungen und die größtmögliche körperliche Herausforderung. Kein Nachlassen der Kräfte, im Gegenteil. Und so besuchen sie und Sartre im Anschluss an diese Reise mit Lanzmann Amsterdam. Das Ende des Jahres wird aber dann wieder von der Arbeit am Roman bestimmt. Im Januar 1954 übergibt Beauvoir dem Verlag Gallimard das Manuskript.

Vier Jahre lang hat sie mit ihren Figuren gelebt, hat ihnen zugemutet zu existieren, »verdammt« zu der Freiheit, die in ihren Augen das Wesen des Menschen ausmacht, hat diese Frauen und Männer sich entwerfen lassen aufeinander zu und in eine ungewisse Zukunft. Die letzten Sätze legt sie Anne, die ihre Liebe verloren hat, in den Mund: »Entweder versinkst du in Gleichgültigkeit oder die Erde bevölkert sich neu; ich bin nicht versunken. Da mein Herz weiterschlägt, muss es wohl für etwas, für jemanden schlagen. Da ich nicht taub bin, werde ich neue Anrufe vernehmen. Wer weiß? Vielleicht werde ich eines Tages von Neuem glücklich. Wer weiß?« (*Mandarins* 795)

Beauvoir ist kaum fertig mit dem Buch, schon überlegt sie, was als Nächstes kommen könnte. Ihre Art zu leben bietet in der Tat das beste Anschauungsmaterial für ihre Philosophie. Sie ist ein wunderbares Beispiel für einen Menschen, der sich permanent »transzendiert«, also neue Entwürfe schafft, nicht reglos in sich selbst verharrt. Für sie ist die Vollendung eines Entwurfs Aufruf zum Anfangen von etwas Neuem. Kaum hat Beauvoir etwas erreicht, strebt sie nach etwas anderem, sucht sie sich ein neues Ziel. Ihr Leben hat nur dann einen Sinn, wenn sie ihn immer wieder neu schafft. Das betrifft sowohl das Schreiben wie auch die Beziehungen zu anderen Menschen. Dazu passt, dass sie nach dem Ende der Liebesbeziehung zu Nelson Algren nur ein paar Atemzüge später eine neue Liebe entdeckt hat, die zu Claude Lanzmann, ohne jedoch die Brücken nach Chicago abzubrechen. Damit entspricht sie ihrem Denken vollständig, hat sie doch selbst formuliert, dass der Mensch sich aus der Gegenwart heraus auf die Zukunft hin entwirft, ohne die Vergangenheit einfach abzuspalten von sich. Das Vergangene wird mitgenommen auf dem Weg in eine neue Aufgabe hinein.

Sartre begibt sich auf eine Reise in die Sowjetunion, um sich einen Eindruck davon zu verschaffen, ob und wie das Land sich nach dem Ende der stalinistischen Diktatur verändert. Er wird begeistert empfangen, zu Banketten eingeladen und trefflich abgefüllt mit Wodka. Er lernt viele Organisationen kennen, besucht Betriebe, informiert sich über neu erschienene Bücher, führt Gespräche, hält Vorträge. An Nelson schreibt Beauvoir, dass die Zeitungen in Frankreich täglich von Sartres Reise berichten. Seine Stationen sind Leningrad, Moskau, Taschkent. Irgendwann bricht er zusammen, muss ins Krankenhaus: Zu viel Flugzeug, Zug, Öffentlichkeit, Alkohol. Beauvoir erfährt in Spanien davon, wo sie mit Lanzmann eine Rundtour macht. Während Sartre also in politischer Mission unterwegs ist, genießt Beauvoir die spanische Landschaft und blendet die Abneigung gegen das herrschende Franco-Regime aus. Deutlicher könnten sich die Unterschiede in beider momentaner Lebenseinstellung nicht offenbaren. Als Sartre zurückkommt nach Paris, hat er viel zu berichten, und er tut es begeistert. »Er hatte den Eindruck, dass die Sowjetgesellschaft zu einem großen Teil die Vereinsamung besiegt hatte, die unsere Gesellschaft zerstört.« (*Lauf* 297) Die Nachteile, die das Leben im Kollektiv mit sich bringt, scheinen Sartre weit weniger gravierend als die Einsamkeit, die die Menschen in einer Gesellschaft wie der französischen erleben, die den Sieg des Individuums über die Masse predigt.

Im Herbst 1954 korrigiert Beauvoir die Fahnen des Romans, das Buch erscheint im Oktober und wird Anfang Dezember mit dem Prix Goncourt, dem renommiertesten französischen Literaturpreis, ausgezeichnet. Sie ist nicht überrascht, man hatte es ihr bereits angekündigt. Trotzdem ist die Freude natürlich überwältigend. Nun aber gilt es erst einmal, dem Ansturm der Journalisten zu entkommen. Beauvoir ist 46 Jahre alt und hat, wie sie sagt, nicht mehr die Naivität, sich über den Rummel zu freuen. Sie möchte in Ruhe und mit den Freunden ihren Erfolg genießen, einfach nur feiern. Warum der Preis eine Verpflichtung sei, sich permanent in der Öffentlichkeit zu zeigen, alle Schränke zu öffnen, um den Menschen Einblick in die geheimsten Winkel zu gestatten, bleibt ihr rätselhaft und sie ist schlichtweg nicht bereit dazu. Anders ist es mit den unendlich vielen Briefen, den begeisterten und kritischen, die nun ins Haus flattern. Die Reaktionen der Leserinnen und Leser interessieren sie brennend. Und plötzlich ist auch die Jugendzeit wieder lebendig: Ehemalige Mitschülerinnen, Lehrerinnen und Lehrer melden sich. Erinnerungen erfüllen die Gedanken, alte Bilder steigen aus dem Unterbewussten auf. Nun, da sie ihr Hauptziel erreicht hat, nämlich wegen ihrer Bücher geliebt zu werden von Leserinnen und Lesern, erwacht der Wunsch, sich klar zu werden über den Weg, den sie gegangen ist, über Stationen dieses Weges, über die Anfänge im Paris der Vorkriegs- und Kriegszeit vor allem. »Leute, mit denen ich vor längerer oder kürzerer Zeit in Verbindung gestanden hatte, beglückwünschten mich wie zu einer Promotion. Das wunderte mich, aber es freute mich, aus den Tiefen der Zeit gewisse Gespenster auftauchen zu sehen.«

(*Lauf* 305) Was allerdings störend wirkt, sind manche Unterstellungen in der Presse, die darauf basieren, im Roman ein getreues, detailgenaues Abbild der Wirklichkeit sehen zu wollen. Dagegen wehrt sich Beauvoir entschieden: Keine der Personen entspräche einer eins zu eins Abbildung. Aber insgesamt ist sie hochzufrieden und lässt sich die große Freude durch nichts verderben. Bestimmt gibt es Menschen, die verstehen, warum sie dieses Buch geschrieben hat, dass Romanfiguren Züge real existierender Personen haben können, ohne mit diesen identisch zu sein. Das Spannende am Schreiben ist ja gerade das Spiel der Möglichkeiten, der Wunsch, Wirklichkeit und Fantasie zu mischen. Personen erscheinen uns normalerweise als unverwechselbare Wesen. In der Fiktion eines Romans bietet sich die Gelegenheit, das Festumrissene aufzubrechen, Menschen zu zei-

Rue Schœlcher

gen, die sich in den unterschiedlichen Entwürfen so oder so präsentieren. Natürlich kommt Beauvoir vor in diesem Roman, wie auch Sartre und andere Personen aus ihrem Umkreis, aber sie erscheinen nicht als festgelegte Charaktere, sondern entwerfen sich in der Fiktionalität des Romans immer wieder neu. Die Kritiker machen es sich also ein wenig zu einfach. Beauvoir ist inzwischen so präsent in der Öffentlichkeit, dass vor allem von der Presse ihre Texte immer vor dem Hintergrund ihres Lebens und ihrer Person gelesen werden. Man giert geradezu danach, womöglich pikante Einzelheiten aus dem Alltag der Simone de Beauvoir zu erfahren. Alles, nur nicht allzu viel Fantasie.

Der Prix Goncourt hat außer der ideellen noch eine andere, nicht zu vernachlässigende Bedeutung: Er bringt der Gewinnerin einen schönen Batzen Geld. Beauvoir kauft sich davon eine Studiowohnung in der Rue Schœlcher Nr. 11. Der zweite Stock, zu dem eine Innentreppe hinaufführt, bietet einen Ausblick auf den Friedhof Montparnasse. Beauvoir überlegt, dass sie in dieser Wohnung wahrscheinlich die letzten Jahre ihres Lebens verbringen wird. Andere werden all das, was sich hier an Möbeln, Kleidern, Papieren, Büchern, Schallplatten ansammelt, ordnen müssen. Aber Beauvoir denkt nicht nur an die Zukunft und an den Tod, wenn sie aus dem Fenster hinüber zum Friedhof schaut: »Die Bäume, die sich unter den Grabsteinen ausbreiten, der Efeu, der sich an der Mauer hochrankt, strömen einen herben und dumpfen Geruch aus, der sich mit dem Duft der auf einem benachbarten Platz blühenden Linden und mit dem Gesang der Vögel vermischt. Ich bin zehn Jahre alt und es ist der Tag von Meyrignac. Ich bin dreißig Jahre alt und werde jetzt zu Fuß über Land wandern. Das ist vorbei: aber dieser Geruch hat mir wenigstens das flüsternde Echo der Vergangenheit als auch eine verworrene Hoffnung beschert.« (*Lauf* 332) Die Farben und vor allem die Düfte rufen die Erinnerungen wach an Ferien als Kind auf dem Land, an Wanderungen während der Lehrerinnenzeit.

Mit Claude Lanzmann zusammen richtet Beauvoir die Wohnung ein. Vor allem die vielen Reisesouvenirs aus fernen Ländern schmücken die Räume: Bilder, Teppiche, Figuren, Masken, Stoffe. Um das Schreibpult herum hängen Fotos von Sartre, von ihr selbst, Lanzmann, Nelson Algren und anderen Freunden. In einem Zwischengeschoss gibt es ein Bett und eine Kommode, außerdem findet sich hier eine Collage aus Zeitungsausschnitten über Sartre. Beauvoir versammelt ihre über die Jahre angewachsene Familie um sich, sie holt sich mit den Reiseandenken die Ferne in ihre vier Wände, sie riecht die blühende Natur, wenn sie das Fenster öffnet, und sie sieht die Gräber, wenn sie sich hinauslehnt. Zum ersten Mal in ihrem Leben wohnt Beauvoir im wahren Sinn des Wortes. Es ist, als habe sie in den Jahren zuvor draußen Material gesammelt, Dinge, Länder, Landschaften, Städte, als habe sie Menschen getroffen, ihre Nähe gesucht, um nun in diesen neu erworbenen Räumen im Stillen mit ihnen zu korrespondieren. Diese Wohnung ist so etwas wie ein großer Erinnerungsraum, ein äußeres Bild für das weite Bewusstsein dieser Schriftstellerin und Denkerin. Sie hat in den eigenen Räumen nicht mehr das Gefühl der Enge, sie muss nicht mehr nach draußen gehen, in die Cafés flüchten, Stimmen um sich haben, um arbeiten zu können. Sie ist jetzt so weit, sich ein Zuhause zu schaffen und es zu bewohnen, mit Leben zu füllen. Auch Bücher aus dem Nachlass ihres Vaters, die ihr Françoise schenkt, finden ihren Platz. Es ist, als könnte Beauvoir sich der Vergangenheit nun stellen, als habe sie das Bedürfnis, auch die Jahre der Kindheit und Jugend neu zu überdenken.

Äußerst hilfreich bei dieser neuen Aufgabe ist es, dass Beauvoir praktisch nichts wegwirft. Was in der Wohnung keinen Platz mehr findet, wird im Keller aufbewahrt. Vor allem Briefe, Manuskripte, Zeitungen und Zeitschriften bewahrt sie auf. So lebt sie wortwörtlich in der »Fülle«. Die einzige Leere, die sich in dieser Wohnung auftut, ist die Leere im Kühlschrank. Verschrumpelte, liegen gelassene Lebensmittel, Wurstreste und Vertrocknetes gammeln vor sich hin, meistens neben mehreren Flaschen Scotch. Nicht gerade gesund, aber so ist sie es gewohnt: Das Essen wird im Restaurant eingenommen und ohne Scotch kann sie schwer auskommen. Sie serviert ihn in großen mexikanischen Gläsern, eine fast rituelle Handlung. Von einer gewissen Abhängigkeit kann durchaus ausgegangen werden. Beauvoirs Bauch ist bereits jetzt ziemlich aufgedunsen und das ist neben dem oft zu reichhaltigen Essen auf einen erhöhten Alkoholgenuss zurückzuführen.

Kaum ist Beauvoir eingezogen, brechen Sartre und sie auf zu einer zweimonatigen China-Reise. Die Kommunistische Regierung hat Sartre eingeladen. Beauvoir kann als Begleitperson mitreisen, was sie freudig annimmt.

Einen ganzen Monat verbringen sie in Peking. Danach geht es in die Industriegebiete in der Nähe Koreas und schließlich noch nach Shanghai und Kanton im Süden. An Nelson Algren schreibt Beauvoir: »Das große Wunder ist, wie arm diese Leute sind und wie sie sich über diese Armut ein besseres und würdevolleres Leben erkämpft haben, wie hart sie arbeiten, um in Zukunft etwas zu besitzen.« (*Transatlantische Liebe* 781) Beauvoir ist restlos fasziniert von der Energie der Chinesen, ihrer Geduld und Hartnäckigkeit. 1953 hatte man in China mit dem ersten Fünfjahresplan nach russischem Vorbild begonnen. Alle Lehrbücher im technischen und naturwissenschaftlichen Bereich sind Übersetzungen aus dem Russischen. Russische Spezialisten helfen bei der Hebung der Bodenschätze und beim Bau von Fabriken. Beauvoir liest Bücher über China, sie lernt die chinesische Geschichte kennen und macht sich ihre Vorstellungen über das Land, in das sie kommt, aber sie wäre nicht sie selbst, ließe sie sich nicht überraschen von den Eindrücken vor Ort. »Die Volksrepublik ist nicht eines schönen Morgens wie neugeboren dem Meerschaum entstiegen, die Vergangenheit lebt in ihr fort. Wir begegnen Handkarren, von Mauleseln gezogenen Wagen, Fahrrädern, einigen Lastautos – die Schichten der Zeit lagern übereinander, und ich versinke darin.« (*China* 11) Dem interessierten Schauen bietet sich ein ungeahnter Reichtum. Die Vergangenheit ist nicht einfach überwunden, die Zukunft noch nicht wirklich fassbar. Alles ist im Übergang und das hinterlässt bei Beauvoir einen sehr lebendigen, spannenden Eindruck. »Jedenfalls habe ich bereits erfasst, dass dieses Land keine politische Einheit und auch kein analysierbarer Begriff ist: es hat sein Klima, seine Flora, seine Sitten und Gebräuche, es ist eine Realität aus Fleisch und Blut, die zu ergründen einige Mühe erfordern wird.« (*China* 12)

Beauvoir beweist auch auf dieser Reise wieder ihre große Begabung für eine intensive, selbstständige, vorurteilslose Beobachtung. Niemals lässt sie sich von bestimmten Vorstellungen oder rein theoretischen Betrachtungen leiten. Trotzdem kommt das, was sie in China wahrnimmt, auch ihrem Denken nahe: Dass nämlich Entwicklungen nicht einfach abrupt enden, neue Entwicklungen nicht wie aus dem Nichts heraus anfangen, gehört zu Beauvoirs Grundwahrheiten. Diese Einsicht erneuert sich immer wieder, vor allem auf ihren vielen Reisen. Ihre Art, sich auf Städte und Länder einzulassen, beweist sich jedes Mal wieder als bereichernd. Was für New York oder Chicago galt, für Madrid oder Rom oder Stockholm, gilt nun auch für Peking und Shanghai: »In einer Straße spazierenzugehen, ist ein unersetzliches und durchaus kein verwerfliches Erlebnis, bei dem man über eine Stadt weit mehr erfährt als durch die raffiniertesten Hypothesen.« (*China* 13)

Den Bericht über ihre China-Reise beginnt Beauvoir Ende 1955 und sie schließt diese Arbeit im Juli 1956 ab. Sie schreibt aber nicht nur in Paris daran, sondern vor allem im Urlaub in Italien, wo sie und Sartre mittlerweile jedes Jahr ein paar Wochen verbringen. Am liebsten halten sie sich in Rom auf. Die Gespräche beleben sich, sind wieder intensiver geworden und kreisen um Grundfragen der Philosophie. »In unseren Gesprächen bemühten wir uns, der Wahrheit in ihrer verschiedenartigen Gestalt auf den Grund zu gehen. Vorbehaltlos geben wir uns dem Vergnügen des Zanks, der Überspitzung, des Sakrilegs hin. Es ist eine Stellungnahme und auch eine Entspannung, ein Spiel und eine Reinigung.« (*Lauf* 342) Sobald Sartre nicht völlig in Anspruch genommen ist durch öffentliche Auftritte und politische Debatten, öffnet sich der Freiraum wieder, innerhalb dessen er und Beauvoir an ihre alten Gespräche anknüpfen können.

Nelson Algren hat inzwischen die *Mandarins von Paris* gelesen und zeigt sich entsetzt darüber, als Figur in diesem Roman aufzutauchen. Er macht Beauvoir in der amerikanischen Presse nieder, bekommt sogleich ein schlechtes Gewissen und entschuldigt sich wieder und verstrickt sich so in seinen widersprüchlichen Aussagen. Seine private und berufliche Situation ist zur Zeit völlig desolat. Er will sich erneut scheiden lassen, muss seiner Frau den Lebensunterhalt bezahlen, hat aber kein Geld und strebt zudem einen Prozess an gegen den Filmproduzenten, der seinen Roman *The Man with the Golden Arm* verfilmt hat, weil er der Meinung ist, es gehe nicht ganz mit rechten Dingen dabei zu, der Mann habe den Stoff gestohlen. Im Juli 1956 versucht Nelson, Beauvoir in Paris anzurufen, was ein ziemlich schwieriges Unterfangen ist, denn es ist schier unmöglich, Telefonverbindungen über eine solch riesige Entfernung zustande zu bringen. Als es endlich doch klappt, ist Lanzmann am Apparat und Nelson legt auf. Beauvoir schreibt ihm daraufhin, sie sei froh, dass es mit dem Telefonat nicht geklappt habe, weil sie es nicht ausgehalten hätte, nach so langer Zeit seine Stimme zu hören und ihn dabei nicht anschauen zu können. Dann geht sie auf Nelsons Vorwurf ein: »In Wirklichkeit unterscheidet sich die Geschichte in *Les Mandarins* sehr stark von der wahren Wahrheit, ich habe nur versucht, ein kleines Echo davon aufzuschreiben. Niemand hat begriffen, dass sich der Mann und die Frau, als sie sich für immer trennen, immer noch lieben und diese Liebe vielleicht niemals sterben wird. Wenn ich mit klarem Kopf an die Vergangenheit denke, wird mir wieder bewusst, dass ich niemals in den USA hätte leben können, und dieses Hin und Her hätte uns auch nicht glücklich gemacht.« (*Transatlantische Liebe* 791) Von Neuem betont Beauvoir dem früheren Geliebten gegenüber, wie sehr sie auch jetzt noch an ihm hänge, dass sie sich nie von ihm würde völlig entfremden können. Auf den Brief vom Juli reagiert Nelson jedoch nicht.

Sartre und Beauvoir bemühen sich weiterhin um eine positive Haltung den Kommunisten gegenüber. Der marxistische Revolutionär legt in ihren Augen Zeugnis ab für die Freiheit des Menschen, indem er aus eigener Entscheidung heraus und mit Blick auf einen Fortschritt für alle Menschen handelt. Völlig schockiert sind sie über das Verhalten der Sowjetunion beim nationalen Aufstand in Ungarn im Oktober 1956. Arbeiter, Studenten und ungarische Truppen fordern den Abzug der Russen. Die Kämpfe mit sowjetischen Panzerverbänden sind hart, etwa 200 000 Menschen ergreifen die Flucht. Beauvoir und Sartre sind in Rom, als sie davon erfahren. Mit ihren italienischen Freunden diskutieren sie heftig. »Warum hatte die UdSSR ein Verbrechen begangen, das sie vor der Welt als ein imperialistisches Land erscheinen ließ, das andere Länder unterdrückt?« (*Lauf* 344) Warum scheinen die Russen so überhaupt kein Interesse daran zu haben, in der Welt als freiheitsliebendes Volk dazustehen? Dies ist vor allem die Meinung Sartres und Beauvoir schließt sich ihr an. Um politisch ein starkes Interesse zu entwickeln, braucht sie seine Nähe, muss sie hören, was er denkt. »Zusammen mit ihm und anderen Schriftstellern unterzeichnete ich einen Protest gegen die russische Intervention in Ungarn, der im *Observateur* erschien.« (*Lauf* 346) Auch Sartre möchte nichts mehr zu tun haben mit jenen Franzosen, die sich großspurig als »Freunde der Sowjetunion« bezeichnen.

Mehr noch und persönlicher als durch die Ungarische Revolution fühlt sich Beauvoir vom Unabhängigkeitskampf der Algerier betroffen. Da ist Frankreich ausschlaggebend beteiligt und ein Abstand ist nicht möglich. »Weder aus freiem Willen noch aus einer Laune heraus ließ ich es zu, dass der algerische Krieg mein Denken, meinen Schlaf, meine Stimmung beherrschte.« (*Lauf* 351) Beauvoir unterstützt die Nationale Freiheitsbewegung Algeriens und nimmt in Paris an verbotenen Demonstrationen teil. Eine junge französische Rechtsanwältin, Gisèle Halimi, erzählt Beauvoir, dass algerische Frauen, die man der Mitgliedschaft in der FLN (Front de Libération Nationale) verdächtige, gefoltert würden. Halimi hat eine algerische Freiheitskämpferin, Djamilla Boupacha, die von französischen Soldaten gefoltert wurde, verteidigt. Beauvoir schreibt darüber einen Artikel in *Le Monde*. Grausame Einzelheiten werden geschildert. Beauvoir übernimmt den Vorsitz eines Komitees für Djamilla Boupacha. »Niederschmetternd fand ich, dass dem Chauvinismus die überwiegende Mehrheit der Franzosen anheimgefallen war und die Tiefe des Rassenhasses offenbart hatte.« (*Lauf* 352) Algerier, die in Paris leben, werden drangsaliert, es gibt Hausdurchsuchungen und Razzien. In Algerien selbst sind Folterungen und Massenerschießungen an der Tagesordnung. Immer mehr schreckliche Informationen erreichen die französische Öffentlichkeit. Beauvoir hat diesen Ereignissen gegenüber die Antennen weit ausgestreckt. Sie setzt sich der Wahrheit aus und leidet ungeschützt, hat keine Erklärungen parat, sondern ist entsetzt über das, wozu Menschen fähig sind, über das Maß an Schuld, das sie auf sich laden. Noch immer wird sie geplagt von Gewissensbissen, die ihr mangelndes Engagement während der deutschen Besatzung betreffen. Es ist keine formale Verpflichtung für sie, sich zu kümmern um die Verbrechen, die in französischem Namen begangen werden, sondern ein ernstes persönliches Anliegen. Dabei hat sie, stärker als Sartre, die einzelnen Menschen im Blick und weniger das Politische als solches. Sie setzt sich ein für Djamilla Boupacha, eine individuelle Person, der Unrecht geschieht. Natürlich hat eine solche Haltung auch politische Konsequenzen, aber zunächst einmal geht es um das Schicksal dieser Frau. Indem Beauvoir sich um einzelne Menschen kümmert, versucht sie einzuwirken auf gesellschaftliche Prozesse und die Öffentlichkeit aufmerksam zu machen.

Beauvoir hat aber über dieser Präsenz in der politischen Öffentlichkeit den Gedanken an ihre Schriftstellerei natürlich nicht aufgegeben und beginnt im Herbst 1956 mit einem lange gehegten Projekt: Sie wird ihre Lebensgeschichte aufschreiben. An Nelson Algren schreibt sie im November darüber: »Ich fange jetzt mit etwas ganz anderem an: Kindheits- und Jugenderinnerungen, wobei ich versuche, nicht nur zu erzählen, sondern zu erklären, wie ich war, wie ich die geworden bin, die ich bin, im Zusammenhang mit der Lage, in der sich die Welt, in der ich lebte, befand und befindet. Es ist interessant, die Sache zu versuchen, selbst wenn es mir nicht gelingen sollte, sie zu vollenden.« (*Transatlantische Liebe* 796)

Lanzmann wohnt inzwischen nicht mehr bei Beauvoir, sie ist wieder allein in ihren vier Wänden. Vor dem Haus laufen Mädchen vorbei, die auf dem Weg zur Schule sind. Die eigene Kindheit liegt weit zurück, das Alter nähert sich mit unheimlicher Schnelligkeit. Beauvoir ist sich nicht sicher, ob sie das Mädchen, das sie war, noch in sich trägt oder ob sie es von den Toten auferwecken muss. Wird ihr das Gedächtnis beistehen und wird sie genügend Fantasie haben, um für fast Vergessenes glaubwürdige Bilder zu finden? Manche Szenen sind nah, als wären sie nie Vergangenheit geworden, und andere Begebenheiten bleiben nebelhaft undeutlich. Beauvoir ist der festen Überzeugung, dass die Herkunft in erheblichem Maß über den Lebensweg eines Menschen bestimmt, dass es eine große Rolle spielt, in welcher gesellschaftlichen Schicht man aufgewachsen ist und welche Wertvorstellungen die Erziehung geprägt haben. Beauvoir wird sich also in ihrer Vorstellungskraft noch einmal in die Fallstricke der Bourgeoisie begeben müssen, in deren rigide Moralvorstellungen, den strengen Katholizismus, die strikten Rollenverteilungen zwischen Mann und Frau, dieses Leben auf einer scheinbar heilen Insel, dem sie so gern entflohen war, um die Freiheit der Suche nach einem unabhängigen Leben zu kosten. Noch einmal die alten Fesseln spüren und die Sehnsucht nach der weiten Welt eines freien geistigen Austauschs. »Achtzehn Monate lang, mit Höhen und Tiefen, unter großen Schwierigkeiten und Freuden, widmete ich mich dieser Auferweckung von den Toten; es war ein Schöpfungsakt, weil er an die Phantasie und die Überlegung genauso große Ansprüche stellte wie an das Gedächtnis.« (*Lauf* 357)

Die eigene Biografie zu schreiben heißt für Beauvoir also auch, dieses alte Leben noch einmal hervorbringen. Das Erinnern als eine kreative Tätigkeit und nicht lediglich eine reproduzierende. Das Wiedererwecken der Kindheit hat nichts Starres, rein rational Analysierendes, sondern ist eine lebendige, aktive Angelegenheit. Während Sartre sich theoretisch mit der Beziehung zwischen Existentialismus und Marxismus auseinandersetzt, stürzt sich Beauvoir in den Strudel ihrer eigenen Kindheit und Jugend. Gleichzeitig ist sie aber auch nach wie vor eine manische Leserin und verschlingt zu dieser Zeit vor allem amerikanische Sachbücher, um die gesellschaftlichen Vorgänge in den USA im Auge zu behalten. Sie kommt zu dem Schluss, dass die Mehrzahl der Amerikaner stupide in einer Herdenmentalität vor sich hin vegetiert und dass es von wenigen Ausnahmen abgesehen keine kritisch denkenden Individuen mehr gibt: »Dieses Volk, das früher einmal vom Individualismus besessen gewesen war und noch heute voller Verachtung auf die Chinesen als ein ›Ameisenvolk‹ herabsieht, war zu einer Hammelherde geworden.« (*Lauf* 358)

Trotzdem denkt Beauvoir gern und dankbar an ihre amerikanischen Freunde, ihre Herzlichkeit und Offenheit.

Auch 1957 ist ein Jahr voller Reisen. Die konzentrierte Arbeit an der Autobiografie kann Beauvoir nicht davon abhalten, mit

Lanzmann im Winter nach Davos und im Sommer nach Süditalien zu fahren. Das erste Ziel ist der Golf von Tarent, dann
geht es weiter nach Sizilien. Schließlich bleibt Beauvoir noch
einen Monat in Rom, wo sie sich mit Sartre trifft. Sie wohnen
im Hotel und genießen die Ruhe, die ihrer Arbeit zugute
kommt. Drei Wochen Capri runden die Reisen dieses Som-
mers ab.

Zurück in Paris, werden Beauvoir und Sartre von den politischen Ereignissen in Algerien wieder eingeholt. Im Dezember
beginnt der Prozess gegen einen algerischen Linksintellektuel-
len, der einen wichtigen muslimischen Kollaborateur ermordet
hat. Sartre wird als Entlastungszeuge benannt. »Ich betrachtete
den jungen Mann mit dem offenen Gesicht, der auf der Ankla-
gebank saß. Er hatte eine Tat begangen, die man während der
Résistance als heldenmütig bezeichnet hatte. Die Franzosen aber
würden ihn dafür büßen lassen, vielleicht mit dem Leben.« (*Lauf*
365) Sartre argumentiert, diese Tat sei politisch motiviert gewesen und nicht mit einem terroristischen Akt zu vergleichen.
Während des Prozesses zügelt er seine Emotionen, aber hinterher kommt seine innere Erregung umso deutlicher heraus. Das
Urteil lautet: lebenslängliche Haft.

Beauvoir macht sich Sorgen, weil Sartre schon seit längerer
Zeit nervlich überaus angespannt ist. Um sein exzessives Arbeitspensum aufrechterhalten zu können, schluckt er Aufputschmit-
tel, trinkt dazu große Mengen Kaffee und Tee. Zum Schlafen
braucht er ebenfalls Tabletten, hinzu kommt der übermäßige
Alkoholkonsum. Auch die immer noch zahlreichen verwirrenden Affären rauben ihm Kräfte, was grotesk anmutet. So hat er
Kontakt zu einer russischen Dolmetscherin und zu einer jungen
Studentin algerischer Herkunft namens Arlette Elkaim. Daneben unterhält er ein intimes Verhältnis mit der Schwester Claude
Lanzmanns, einer Schauspielerin mit großem Interesse an der
Politik. Natürlich kann sich Beauvoir gegen ein Einbezogen-
sein in all diese merkwürdigen Verstrickungen ihres Lebensge-

fährten nicht wehren. Sie hat sich damit arrangiert, was auch bedeutet, dass sie für sich selbst einen inneren Abstand gefunden hat.

Ansonsten sitzt Sartre die meiste Zeit am Schreibtisch. Fast immer verbringen er und Beauvoir die Abende gemeinsam in der Rue Schœlcher. Beauvoir versucht, wenigstens abends in den hektischen Alltag ein wenig Ruhe einkehren zu lassen, und legt Platten mit Musik von Bartók, Hindemith und Schönberg auf, alle Lieblingskomponisten der beiden. Aber Sartre lässt sich nicht beruhigen. Er trinkt zu viel, verträgt aber viel weniger als früher, weiß dann nicht, was er sagt, wird in den Bewegungen unsicher. »Einige Male zerschlug ich in meiner Wut ein Glas auf dem Fliesenboden meiner Küche. Aber es war mir zu anstrengend, mit ihm zu streiten.« (*Lauf* 370) Und so versucht sie, wie in ähnlichen Situationen früher schon, sich innerlich ein Stück weit zurückzuziehen von diesem workaholischen Ungetüm, dem ewigen Liebhaber und exzessiven Denker mit dem niemals stillstehenden Schreibtrieb.

Sie vergräbt sich in die Vergangenheit, in ihre Jugend, die eigene Biografie, mit einem Ernst, den niemand um sie herum versteht, den ihre Freunde und auch Sartre höchstens amüsant finden. Den Anschluss nicht verlieren an die vielen Anfänge, Aufbrüche und Niederlagen. Verstehen, wie alles kam, wie sich Ideen entwickelten, Projekte im Kopf entstanden und ausgeführt wurden oder scheiterten. Sich zurückholen aus den Forderungen des Alltags mit dem Meisterdenker Sartre, das Wunder der ersten, eigenen blitzartigen Erkenntnisse noch einmal kosten, die Felder und Wiesen von Meyrignac durchstreifen, dem Großvater bei der Arbeit zuschauen, erwartungsvoll in den Himmel blicken. Dann aber auch das plötzliche Wissen um die Gottesferne, das keiner teilen konnte, die Einsamkeit und Suche nach Freundschaft. Die Lehrerinnen, Lust am Lernen, Ehrgeiz, die strengen Eltern, der aufdringliche Weihrauchduft in der Kirche, Anstand und Sitte und die Freiheit der Gedanken. Ganz wichtig die Freundschaft mit Zaza, dem ungestümen Mädchen, das früh schon eine Persönlichkeit hatte und an den Anforderungen seiner Gesellschaftsschicht zugrunde ging. Der Wunsch, auch eine solche Persönlichkeit sein zu können, und die Einsicht, dass letztlich alles darauf ankommt, zu sein wie keine andere, sein Leben in die Hand zu nehmen und dann unbeirrt die Wege zu finden, die Ziele abzustecken, Schöpferin der individuellen Existenz zu sein.

1958 erscheint Beauvoirs erster Memoirenband bei Gallimard unter dem Titel *Mémoires d'une jeune fille rangée*, was wörtlich übersetzt in etwa heißt: »Memoiren eines jungen, ordentlichen Mädchens«. In der Wahl des Titels liegt eine ironische Spitze, denn das Aufschreiben führt ja gerade heraus aus der von anderen vorgelebten und oftmals aufgezwungenen Ordnung in eine andere, selbst erschaffene Ordnung. Ein im bürgerlichen Sinn »ordentliches« Mädchen schreibt nicht! Das gehört sich nicht. Es wählt niemals den Beruf der Schriftstellerin. Beauvoir ist keine »fille rangée« mehr und sie ist keine »femme rangée« geworden, sondern eine eigenständige, manchmal recht chaotische Person.

Draußen, außerhalb der Schreibkammer, tobt weiter die große Politik. Algerien ist sehr nahe gerückt. Eine Entscheidung in dieser Frage muss dringend gefunden werden. Am 29. Mai 1958 wird de Gaulle zum Regierungschef ernannt und die meisten Franzosen trauen ihm die richtige Entscheidung zu. Was Algerien betrifft, so ist de Gaulle der Meinung, dieses Volk müsse ohne Abstriche französisch sein. In ihrem Tagebuch notiert Beauvoir am 4. Juni: »Trotz unseres Misstrauens sind wir darüber erstaunt, dass er sich gegenüber Algier so radikal engagiert hat und seine Politik weiterverfolgt.« (*Lauf* 390) Beauvoir hat angesichts dieser Entwicklung wieder das Gefühl, sich nicht genügend engagiert zu haben. Aber sie ist sich auch sicherer denn je, dass die direkte politische Agitation nicht ihr ureigenstes Gebiet ist, sondern dass sie sich in der Hauptsache dem Schreiben zu widmen hat.

Mitte Juni beginnt die sommerliche Urlaubsreise mit Sartre, die wieder nach Italien führen wird. Die Stationen sind Padua, Venedig, Ravenna, Urbino, Rom. Das alte Programm, und doch ist es neu wie beim ersten Mal. Italien wird für die beiden niemals langweilig sein. Beauvoir hat die Druckfahnen der Autobiografie zum Korrigieren mitgenommen. »Zum ersten Mal macht es mir Spaß, ein Buch durchzulesen, das ich geschrieben habe. Wenn ich mich nicht täusche, so müsste es bei jungen Mädchen Erfolg haben, die kein Verhältnis zur Familie und zur Religion haben und die sich nicht getrauen, etwas zu sagen.« (*Lauf* 399) Beauvoir denkt also an eine bestimmte Leserinnengruppe, und man erkennt unschwer, dass sie selbst auch ein solches Mädchen war. Vielleicht erinnert sie sich daran, wie wichtig ihr Bücher als Identifikationsmodelle waren. Sie glaubt daran, dass es die Probleme immer noch gibt, mit denen sie in ihrer Jugend zu kämpfen hatte. Die Freude am Wiederlesen stärkt in ihr den Wunsch, an ihrer Autobiografie weiterzuschreiben. Sie merkt, wie wichtig ihr die kontinuierliche Arbeit am Schreibtisch ist. Ein Leben ohne Schreiben erscheint ihr unsinniger denn je. Mit irgendeinem bestimmten Thema muss sie immer beschäftigt sein.

Als Beauvoir 40 Jahre alt war, kam sie sich schon uralt vor. Nun, mit 50, denkt sie verstärkt ans Altwerden und an den Tod. Und gerade jetzt, mitten im Sommer, in Rom, bei herrlicher Sonne, Wärme, inmitten der Farben und Düfte einer südlichen Stadt erinnert sie sich, dass all dies vergänglich ist und nicht ewig dauern wird: »Wenn ich nachmittags eine Stunde schlafe, überfällt mich kurz vor dem Erwachen die Angst: wir werden also siebzig Jahre alt werden und sterben, das ist wahr, das ist sicher, das ist kein Albtraum! Als ob das wache Dasein ein allzu strahlender Traum wäre, aus dem der Tod weggewischt worden ist, und ich im Schlaf dem Kern der Wahrheit näher käme.« (*Lauf* 406) Im

Tagebuch betont Beauvoir, dass sie alt werde, die Reisen in ferne Länder nicht mehr so verlockend seien, dafür aber die Arbeit immer wichtiger würde und die Lebensintensität noch stärker werde. Trennungen und Abschiede machen Angst, und mehr denn je entwickelt sie ein Gefühl dafür, dass man nichts festhalten kann. Beauvoir resigniert aber nicht, sondern setzt sich weiterhin aus, hält alle Sinne wach: »Heute Abend zerfleischt mir das Leben von Neuem mein Herz.« (*Lauf* 408)

Der Herbst beginnt und er steht in Paris vor allem unter dem Zeichen de Gaulles und seines Verfassungsentwurfs, über den am 28. September abgestimmt wird. Er billigt dem Präsidenten große Befugnisse zu: Er entscheidet über die Außenpolitik, ist Oberbefehlshaber über die Streitkräfte, beruft den Premierminister, kann das Parlament auflösen. Unter Sonntag, dem 28. September, notiert Beauvoir: »Volksabstimmung«. De Gaulles Verfassung wird mit großer Mehrheit angenommen. Am Tag darauf schreibt Beauvoir: »Schön, jetzt haben wir den Geschmack der Niederlage kennengelernt, und er war ziemlich bitter.« (*Lauf* 426) Achtzig Prozent hatten mit »Ja« gestimmt. Beauvoir ist der Überzeugung, dass die Menschen den großen Mann brauchen, der über allem zu stehen scheint und ihnen Sicherheit gibt. Vor allem Sartre leidet sehr unter der politischen Entwicklung und unter der Niederlage der Linken. Sein Gesundheitszustand ist labil, die linke Herzkammer geschwächt. Beauvoir macht sich große Sorgen. »Wir tragen den Tod in uns, nicht wie den Kern der Frucht, sondern als den Sinn unseres Lebens. Trotzdem ist er uns fremd, feindselig, beängstigend.« (*Lauf* 429) Der Arzt verbietet Sartre jede Art von Drogen, Zigaretten und Alkohol und verordnet Ruhe. Sartre hält sich mehr oder weniger daran.

Das Jahr endet mit einem weiteren Schock: Lanzmann beendet die Liebesbeziehung mit Beauvoir. Obwohl es ihr natürlich erscheint, dass er eine jüngere Partnerin vorzieht, kommt sie dennoch nur schwer damit zurecht. Ein weiterer Abschied. So verbringt sie die meiste Zeit allein oder mit dem körperlich und seelisch angeschlagenen Sartre, denkt an die Zeit mit Lanzmann zurück und erinnert sich an Nelson, der noch immer zürnt und das ganze Jahr über nur einen einzigen Brief geschickt hat.

Es muss etwas geschehen, ein neues Projekt, eine Reise, neue Menschen, irgendetwas.

*»Diese Geschichte niederzuschreiben
hat es mich unwiderstehlich gedrängt.«*

Der Vorrang des Schreibens
(1959–1971)

◀ *Simone de Beauvoir am Schreibtisch, beim Redigieren der »Memoiren«, 1959*

Beauvoirs Stimmung Anfang des Jahres 1959 wird besonders deutlich in einem Brief, den sie im Januar an Nelson Algren schreibt: »Wir fühlen uns diesem neuen Frankreich nicht zugehörig, wir sind Fremde im eigenen Land. Wenn ich ›wir‹ sage, meine ich mich selbst, Sartre, alle unsere Freunde. Die Araber werden jetzt weiter gefoltert werden, man wird dafür zahlen und aufgeben müssen. Es ist dumm, es ist hassenswert, es ist abscheulich.« (*Transatlantische Liebe* 799)

Algerien beherrscht das Denken und die Diskussion des Kreises um Beauvoir und Sartre. Folter und die Existenz von Lagern sind inzwischen Tatsachen, die nicht mehr zu leugnen sind. »Ganze Bataillone plünderten, sengten, vergewaltigten und massakrierten.« (*Lauf* 353) Man überlegt, die Untergrundorganisation zur Befreiung Algeriens FLN zu unterstützen. Beauvoir sieht darin die einzige Möglichkeit, wirklich aktiv zu werden, und bewundert alle, die diesen Schritt tun. Sich selbst aber traut sie das nicht zu und argumentiert damit, dass sie keine Person der Tat, sondern des schriftstellerischen Engagements sei. Und so macht sie den Sprung mitten in die politische Aktion hinein nicht, sondern setzt sich auf ihre Weise mit den Ereignissen auseinander und erhält sich den Freiraum für die Fragen, die sie bedrängen und denen sie nicht ausweichen kann und es auch nicht will. Trotzdem quälen sie Schuldgefühle: »Ich hätte mich gern von meiner Mitschuld an diesem Krieg befreit, aber wie? Wenn ich in Versammlungen sprechen, Artikel schreiben würde, hätte ich dasselbe gesagt wie Sartre, nur schlechter.« (*Lauf* 355)

Zu viele persönliche Dinge sind im Umbruch. Beauvoir ist auf der Suche, hat den Wunsch nach einer grundsätzlichen Neuorientierung und gleichzeitig nach dem Anknüpfen an Vergangenes.

Nachdem sie im Sommer einen Monat mit Sartre durch Italien getourt ist, macht sie sich mit dem Gedanken vertraut, Nelson wiederzusehen. Er hat vor, im Frühjahr 1960 nach Paris zu kommen. Beauvoir lädt den alten Geliebten sogar ein, für diese Zeit bei ihr einzuziehen. »Sie brauchen nicht viel Geld, wenn Sie bei mir wohnen, in meinem Auto reisen (werden Sie große Angst haben?) und mein Essen essen (ich weiß, das jagt Ihnen einen Schrecken ein). Kommen Sie und in unserer ältlichen Manier werden wir zusammen wunderbar glücklich sein.« (*Transatlantische Liebe* 802) Man glaubt, eine alte Frau zu hören, und doch ist Beauvoir gerade einmal 52 Jahre alt und diese Anfälle von melancholischer Lethargie passen so gar nicht zu ihr, mischten sich doch bisher in alle Abschiedsgedanken die Vorbereitungen neuer Aufbrüche. Das aber ist schwieriger geworden für Beauvoir, denn ihr Alter ist ein Problem für sie und es fehlt der Stachel, der sie trotzdem vorwärtstreiben könnte. Über ihre nun endgültig vergangene Beziehung zu Claude Lanzmann sagt sie: »Als ich ihn kennenlernte, war ich noch nicht reif fürs Alter gewesen: er hatte mich über die Vorzeichen hinweggetäuscht. Jetzt war es bereits zu einem festen Bestandteil meiner selbst geworden. Ich besaß noch die Kraft, es zu verabscheuen, aber nicht mehr die Kraft, darüber zu verzweifeln.« (*Lauf* 446)

Verzweiflung, das bedeutete immer, sich gegen einen immensen Widerstand aufbäumen zu müssen, durch den Zweifel hindurch, hieß, alle Kraft zusammenzunehmen, um einen neuen Anfang zu finden. Diese Kraft fehlt nun, und Beauvoir hält sich an Nelsons Versprechen, sie zu besuchen, wie an einem Strohhalm fest. Doch auch dieser Strohhalm wankt: Beauvoir und Nelson haben sich fast zehn Jahre nicht gesehen. Beauvoir hat Angst, Nelson könnte die Spuren des Alters allzu deutlich an ihr wahrnehmen, und kommt gar nicht auf die Idee, dass ja auch der Geliebte von einst älter geworden sein muss. Sie steigert sich in eine erwartungsvolle Emotionalität hinein, wirkt sehr nervös, aufgeregt, und legt auf diese Weise die tödliche, lähmende Lethargie ab.

Die Arbeit am zweiten Memoirenband kommt gut voran. Beauvoir durchlebt noch einmal die spannenden ersten Jahre ihrer Beziehung zu Sartre, erinnert sich an seine große Energie, sein sprühendes Temperament – und das zu einem Zeitpunkt, an dem genau dieses Temperament im Schwinden begriffen und er physisch und psychisch höchst labil geworden ist. Beauvoir schreibt über die Bedeutung, die das Sehen immer für sie gehabt hat, und beobachtet zur gleichen Zeit, wie Sartres Sehkraft mehr und mehr nachlässt und die Angst vor völliger Erblindung wächst. Bilder steigen auf aus der Zeit ihrer Lehrerinnentätigkeit, als Sartre fern war in einer anderen Stadt und doch so nah. Und jetzt? Der Gefährte in der gleichen Stadt, viele Stunden des Tages im gleichen Raum mit Beauvoir, und doch scheint er sich zu entfernen, fremder, unnahbarer zu werden. In die Gedankenwelt Sartres hat sie sich längst eingelebt, es ist nicht mehr vonnöten, dass er seine Philosophie Schritt für Schritt darlegt. Sie hat trotzdem gedanklich und vor allem schriftstellerisch ihren eigenen Weg gefunden.

Auch dem Krieg und der Besetzung Frankreichs, der Gefangenschaft Sartres, der schier unerträglichen Angst um ihn, all dem setzt sie sich noch einmal aus. Über die Kindheit und Jugend hinaus erforschen, wie sie zu der wurde, die sie nun ist, bleibt ein spannendes Unterfangen. Beauvoir bleibt am Ball, genießt es zu sehen, wie sich ihre Vergangenheit am Schreibtisch noch einmal belebt. »Ich finde diese Zeit herrlich, wenn ich endlich dem schwindelerregenden Tanz der leeren Seiten entronnen bin, ohne dass meine Bewegungsfreiheit bereits durch die vollgeschriebenen Seiten beengt ist.« (*Lauf* 452)

Autobiografisch schreiben, das heißt, sich dem Strom der Jahre, den Zufällen und dem Vorhersehbaren hingeben, heißt akzeptieren, dass alles in einem ständigen Fluss ist und niemals stillsteht und dass jeder neue Lebensentwurf ein Stück weit abhängig ist von dem, was man in der Vergangenheit erlebt hat. Beauvoir wagt den Blick aufs Ganze, verlässt die Gegenwart.

Im Januar 1960 geschieht etwas, was die Arbeit für eine Weile zum Stocken bringt: Albert Camus verunglückt tödlich bei einem Verkehrsunfall. Sein tragischer Tod bringt Beauvoir Camus noch einmal auf besondere Weise nahe, sie spürt, wie der Freund wieder auflebt mit all den Eigenschaften, die sie einst begeistert haben: der Lebenshunger, die große philosophische und schriftstellerische Begabung, die Fröhlichkeit und der tiefe Ernst des Algeriers, der sich in Europa wie neugeboren vorkam, seine Fähigkeit zu Liebe und Freundschaft. »Der Tod ließ ihn wieder auferstehen. Für ihn existierte die Zeit nicht mehr, das Gestern war nicht realer als das Vorgestern. Aus der Nacht tauchte der Camus hervor, den ich geliebt hatte, im gleichen Augenblick zurückgewonnen und schmerzlich verloren.« (*Lauf* 461) Der absurde, gewaltsame Tod erschüttert alle seine Freunde. Dass alles ohne ihn so einfach weitergeht, als wäre nichts geschehen, scheint ihnen unbegreiflich. Beauvoir denkt darüber nach, was es bedeutet, dass sie Dinge wahrnimmt, die Camus nicht mehr sehen kann, und dass auch einmal eine Zeit kommen wird, in der andere entdecken, was ihr selbst verborgen bleiben wird. »Den ganzen Tag über balancierte ich am Rande des unmöglichen Erlebnisses: die Kehrseite meines Verschwindens zu erfassen.« (*Lauf* 461) In den Zeitungen wird vom Tod Camus' berichtet, meist mit Fotos und in einem reißerischen Ton. Auch Michel Gallimard, der Verleger, der bei Camus im Auto saß und schwer verletzt wurde, ist mittlerweile gestorben.

Beauvoir zieht sich in diesem Winter sehr zurück, geht auch abends selten aus. Stundenlang liegt sie auf dem Sofa und hört Musik. Es gibt jetzt Langspielplatten mit wunderbaren Aufnahmen berühmter Werke. Vieles hört Beauvoir zum ersten Mal, alte und ganz neue Musik, Monteverdi und Anton Webern. Sie mag es, einzutauchen in diese Welt ohne Worte, ohne Geschichten.

Auch Sartre hat genug von den vielen öffentlichen Aktivitäten, den Reisen, dem Posieren im Rampenlicht. Mittlerweile ist er so populär, dass er nur seiner Prominenz wegen von Einladungen aller Art überhäuft wird. Auch Beauvoir hat manchmal den Eindruck, bereits zu einer Art öffentlichem Standbild erstarrt zu sein. Dabei stehen sie und Sartre in Frankreich nicht mehr so sehr im Mittelpunkt des intellektuellen Interesses, vor allem was die philosophische Ausrichtung betrifft. Neue denkerische Strömungen sind entstanden; man spricht von Strukturalismus und Dekonstruktion und nennt Namen wie Derrida oder Lacan. Im Ausland aber sieht es ganz anders aus: Vor allem in sozialistischen und revolutionären Ländern benutzt man Sartre gern als Aushängeschild. An erster Stelle ist hier Kuba zu nennen. Sartre lässt sich aus seiner Lethargie herausreißen, um die, wie er sie nennt, »Flitterwochen der Revolution« zu erleben. Mit Beauvoir zusammen verbringt er fast fünf Wochen in Kuba. Das Verhältnis zu Fidel Castro ist ausgesprochen herzlich, man kutschiert gemeinsam in einer Limousine durch die Gegend und Che Guevara ist beim Fototermin ebenfalls zur Stelle.

Beauvoir erlebt die kubanische Landschaft intensiv und beobachtet die Menschen in ihrer Euphorie. »Es war ein erregendes Erlebnis zuzusehen, wie sechs Millionen Menschen gegen die Unterdrückung, den Hunger, die Mängel, die Arbeitslosigkeit, den Analphabetismus kämpfen …« (*Lauf* 465) Sartre hält Vorträge, alle scheinen ihn zu kennen, selbst die Taxifahrer haben ihn im Fernsehen gesehen. Außerdem ist auch noch gerade die Zeit des Karnevals: Beauvoir und Sartre lassen sich berauschen von den Tänzen und Volksbräuchen, dem Theater und den religiösen Riten der Schwarzen.

Als Beauvoir Mitte März nach Paris zurückkehrt und frühmorgens an ihrer Haustür klingelt, öffnet Nelson, der sie zuerst nicht erkennt. Er bräuchte eine neue, stärkere Brille, hat sich aber für Kontaktlinsen entschieden, die er nicht verträgt. Und so nimmt er sein Gegenüber nur reichlich verschwommen wahr. Da steht also ein kurzsichtiger Mann vor Beauvoir, der sich überrascht zeigt, sie so früh am Morgen zu sehen, hatte er doch ge-

Sartre und Beauvoir bei Fidel Castro in Kuba, 1960

dacht, das Flugzeug käme erst am Abend an. Den Schlüssel zu Beauvoirs Wohnung hatte Bost ihm überreicht. Beauvoir registriert lange nicht, dass Nelson älter geworden ist. »Er sagte mir, dass auch er mehrere Tage gebraucht hatte, um zu entdecken, dass die Zeit nicht spurlos an mir vorbeigegangen war. Wir wunderten uns nicht, dass wir einander gleich von Anfang an über alle die Jahre der Trennung und die verwirrenden Sommer von 1950 und 1951 hinweg so nahe waren wie an den schönen Tagen des Jahres 1949.« (*Lauf* 469)

Damit verklärt Beauvoir die Situation ein wenig, denn es tauchen durchaus auch Probleme auf. Nelson ist unzufrieden damit, wie die letzten Jahre für ihn verliefen. Der große Durchbruch als Schriftsteller ist ihm nicht geglückt, seine Ehe ist zum zweiten Mal gescheitert und finanziell steht es auch nicht zum Besten. Beauvoir bekommt seine Verbitterung zu spüren; der lang ersehnte Gast zeigt sich griesgrämig wie nie, und das ist umso ärgerlicher, als sie selbst zu dieser Zeit sehr beschäftigt ist mit den Memoiren und mit der Durchsicht einer Artikelserie über Kuba, die Sartre für *France Soir* schreibt. Auch Beauvoir selbst gibt ein Interview für den *France Observateur* über ihre Erlebnisse in Kuba. All diese Verpflichtungen lassen ihr nicht die Zeit, sich rund um die Uhr um Nelson zu kümmern. Sie heuert Freunde an, die mit ihm durch die Stadt und die Kneipen bummeln. Als er zu einem Schriftstellertreffen nach Spanien eingeladen wird, begleitet ihn Beauvoir, und sie machen zusammen eine Tour durchs Land. Nelson amüsiert sich köstlich und überlegt, bis in den Herbst hinein in Paris zu bleiben. Beauvoir freut sich einerseits, andererseits bangt sie um ihre so kostbare Arbeitsruhe. Sartre ist zu beschäftigt, um sich Nelson zu widmen, und der wiederum reagiert eifersüchtig, wenn er merkt, dass Beauvoir ihren Tagesablauf niemals nach seinem, aber dafür umso häufiger nach Sartres Lebensrhythmus richtet.

Den zweiten Teil ihrer Autobiografie hat Beauvoir nach der Rückkehr aus Spanien an Gallimard übergeben. Das Buch hat allerdings noch keinen Titel. Beauvoir überlegt sich grundsätzlich, wo die Unterschiede zwischen einem Roman und einer Autobiografie liegen. Die Denkerin und die Schriftstellerin treten miteinander in Dialog. »Ich nahm an, dass man den Sinn eines Erlebnisses besser begreift, wenn man alles ins Imaginäre projiziert. Aber ich bedauerte, dass es im Roman doch unmöglich ist, die Rolle des Zufalls zu schildern: Versucht man dieses Spiel nachzuahmen, endet es gewöhnlich in der Folgerichtigkeit der Ereignisse. In der Autobiografie dagegen tritt das Geschehen in seiner Willkür, seinen Zufällen, seinen zuweilen ungereimten Kombinationen so zutage, wie es der Wirklichkeit entspricht. Diese Treue gibt deutlicher als die geschickteste Transponierung zu verstehen, wie die Dinge auf den Menschen zukommen. Die Gefahr besteht darin, dass der Leser in dieser launischen Fülle kein klares Bild mehr, sondern nur noch einen Wortschwall findet.« (*Lauf* 474)

Wirklichkeitstreue bedeutet Beauvoir in ihrem Schreiben sehr viel, aber in gleicher Weise macht sie sich auf die Suche nach dem Sinn dessen, was geschieht. Wie das Leben auf die Menschen zukommt und wie sie versuchen, ihm ihre eigenen Entwürfe entgegenzusetzen, ist Thema der Romane und Thema der Memoiren. Am Beispiel der eigenen Biografie versucht sie zu zeigen, was Existieren für sie bedeutet. Nirgendwo, so meint sie, kann man so nahe am Puls des Lebens sein, als wenn man das eigene Gewordensein betrachtet.

Beauvoir beschäftigt sich aber nicht nur mit der Vergangenheit, sondern registriert sehr wohl, was sich im gegenwärtigen Frankreich politisch tut. Sie unterzeichnet im August 1960 das »Manifest der 121«, das ist eine Erklärung gegen die französische Algerienpolitik, die bekannte Intellektuelle Frankreichs aufgesetzt haben. Die Erklärung findet große Beachtung in der Öffentlichkeit. Beauvoir selbst ist forscher geworden im Auftreten und spricht sich öffentlich vor Studenten für eine Kampagne gegen de Gaulle aus.

Auch in der Frauenfrage mischt sie immer stärker mit und schreibt zum Beispiel Vorworte zu Büchern über Verhütung. »Die Bestrebungen der Ärztin Weil-Hallé, in Frankreich die Anwendung der Verhütungsmittel zu fördern, verfolgte ich schon lange mit großem Interesse; da ich viele vertrauliche Geständnisse erhalten hatte, kannte ich die Tragödien unerwünschter Schwangerschaft und der Abtreibungen.« (*Lauf* 474) Dem Slogan »Die Freiheit der Frauen beginnt im Bauch« stimmt sie zu und macht sich dadurch nicht nur Freunde, sondern wird kräftig angefeindet von allen politischen Parteien. Die Linken sind der Meinung, man dürfe die Arbeiter nicht daran hindern, viele Kinder zu bekommen, weil das Proletariat dadurch schwächer werden würde. Man geht also wie selbstverständlich davon aus, dass die Kinder von Proletariern auch wieder Proletarier werden. Die Rechten hingegen vertreten die Auffassung, durch Verhütung vertreibe man die Romantik in der Liebe. Beauvoir nimmt an einer Pressekonferenz teil, die nach dem Erscheinen eines Buchs von Weil-Hallé gegeben wird: »Das Vokabular, dessen man sich bediente, war höchst erbaulich. Man sprach nicht von Geburtenkontrolle, sondern von Mutterglück, nicht von Empfängnisverhütung, sondern von Orthogenese. Bei dem Wort Abtreibung verhüllte man das Antlitz, über die Sexualität wurde erst gar nicht gesprochen.« (*Lauf* 475) Beauvoir ist von einer nur schreibenden nun zu einer öffentlich sprechenden und agitierenden Frauenrechtlerin geworden.

Mit dieser neuen öffentlichen Rolle verlagern sich auch im Privaten Beauvoirs Schwerpunkte: Sie fühlt sich weder für Algrens Pariser Freizeitangebot und seine Launen noch für Sartres Wohlbefinden in vollem Maß zuständig. Als Sartre an einer Gürtelrose erkrankt, die ihn furchtbar mitnimmt und in tiefe Niedergeschlagenheit stürzt, überlässt Beauvoir ziemlich leichten Herzens die Pflege anderen.

Als es ihm besser geht, machen beide eine zwei Monate dauernde Reise nach Brasilien, Nelson bleibt bis Ende September in Paris zurück. Bei Beauvoirs Rückkehr nach Paris würde er längst abgereist sein in die Staaten. Die Briefe, die sie ihm schreibt, sind allerdings von großer Leidenschaftlichkeit. Es ist, als lebe sie diese Liebe weit eher in ihren Briefen aus als in der Wirklichkeit des Alltags. So endet der Brief vom 16. November: »Vergessen Sie nicht, dass ich Sie wie eh und je liebe und es anscheinend ewig tun werde. Amour, amour, amour, amour, amour, amour von Simone, die ganz die Ihre ist.« (*Transatlantische Liebe* 816) Aus Brasilien schreibt sie über die Leute und die Natur und über Sartres Liebschaften, darunter eine rothaarige Brasilianerin von 25 Jahren: »Sie werden stolz sein auf Sartre. Er beschloss, dass es ihm nicht reiche, eine dunkle Algerierin, eine blonde Russin und zwei unechte Blondinen zu haben. Was fehlte ihm noch? Eine Rothaarige! … Im Norden schlafen die wohlgesitteten Brasilianerinnen nicht mit Männern. Ich mag sie sehr, doch ich habe Angst, was dem verrückten Sartre wieder passieren wird, wenn er zum Zuge kommt.« (*Transatlantische Liebe* 808) Heiraten kommt für Sartre natürlich nicht infrage, und der Weg von Brasilien nach Frankreich ist ja zum Glück weit.

Ob Beauvoir wirklich über diesen Eskapaden Sartres steht? Ob sie nicht vielleicht doch auch ein wenig leidet darunter, dass er diese Abenteuer immer wieder sucht und herausfordert, auch wenn er oft nicht in der Lage ist, die Konsequenzen abzuschätzen, sondern sie verdrängt und die Verantwortung flieht. Auf jeden Fall kennt sie die heilende Kraft der Ironie und schafft Abstand zu diesem manchmal so kindischen Mann an ihrer Seite. Es ist der völlige Verzicht auf Besitz, die Akzeptanz dessen, dass der andere Mensch wirklich anders und manchmal sehr fremd ist und man in keinem Moment des gemeinsamen Lebens über ihn verfügen kann. Trotzdem muss sie diese Geschichten natürlich nicht toll finden. Mit Humor auf Sartres Affären zu reagieren erfüllt eine Schutzfunktion für Beauvoir. Sie kann lachen über die groteske Figur, die der alternde Philosoph mit seinen immer jüngeren Geliebten macht. Sie lässt ihm alle Freiheit der Welt, erlaubt es sich aber, ihre Scherze zu treiben mit den erotischen Verwirrungen des »großen Sartre«. Aus Paris schreibt sie an Nelson: »Die rothaarige junge Frau aus Brasilien hat reizende Briefe geschrieben, aber Sartre denkt nicht mehr daran, sie zu heiraten. Alle seine Frauen scheinen neue Liebhaber zu haben, so dass es für ihn einfacher wird – allerdings nicht allzu leicht.« (*Transatlantische Liebe* 816)

In dieser Zeit in Paris zu leben ist für Beauvoir und vor allem für Sartre nicht ganz ungefährlich. Aufgrund ihrer Haltung in der Algerienfrage und vor allem nach der Unterzeichnung des »Manifests der 121« gibt es anonyme Drohungen. Man kündigt Sartre sogar schriftlich an, er werde ein »Mordpaket« erhalten. Es kommt auch zu Anfeindungen durch die gerade neu gegründete »Organisation de l'armée secrète«, eine ultra-konservative, nationalistische Gruppe. Seit Ende 1960 sind Beauvoir und Sartre aus Sicherheitsgründen in einer geheimen Wohnung untergebracht. Es handelt sich um ein wunderbar ausgestattetes großes Luxusappartement. Damit befinden sie sich in einer Art Exilsituation mitten in ihrer eigenen Stadt, im eigenen Land. Für Beauvoir hat das auch positive Aspekte. Der Blick aus den Fenstern befriedigt ihre Neugierde aufs Schönste. »Man konnte die ›Organisationsmenschen‹, Mann und Frau, bei ihrem täglichen Leben beobachten, das nach dem Vorbild Amerikas zurechtgemodelt worden war: Er fährt zur Arbeit, sie geht vormittags einkaufen, führt den Hund spazieren (abends besorgt es der Gatte) und geht nachmittags mit den Kindern spazieren. Am Sonntag poliert er sein Auto, man geht in die Kirche oder macht einen Ausflug.« (*Lauf* 581) Auch in dieser äußerst angespannten Situation hat Beauvoir Freude daran, das gesellschaftliche Leben zu beobachten. Es sind allerdings immer ein paar Freunde da, die die Augen offenhalten und verdächtige Personen erspähen.

Was die Auftritte in der Öffentlichkeit betrifft, gehen Beauvoir und Sartre inzwischen ihre je eigenen Wege. Beauvoir macht mehrere Reisen nach Belgien, wo sie Vorträge zur politischen Situation in Frankreich hält. Eine Routine hat sich bei Weitem noch nicht eingestellt. Beauvoir hat jedes Mal fürchterliche Angst, wenn sie vor Publikum sprechen soll. Sie wirkt verkrampft und irgendwie hölzern, emotionslos, obwohl es um Themen geht, die sie stark bewegen. »Immer wenn ich vor ein Publikum hintrete, sind meine Nerven gespannt. Ich befürchte, weder auf der Höhe seiner Erwartungen zu sein, noch meinen Absichten gerecht zu werden. Erschreckt durch die lange Stille, die überbrückt werden muss, und durch die Fülle der Dinge, die in so kurzer Frist gesagt werden sollen, spreche ich gewöhnlich zu rasch.« (*Lauf* 550)

Erschöpft von den Vorträgen und genervt von Sartres Aktionismus zieht sich Beauvoir im Frühjahr 1961 für eine Weile allein zurück in ein Schloss am Rand von Paris. »Ich las, hörte Platten, arbeitete, lag in der Sonne, während große weiße Flugzeuge über mir dröhnten. Nachts sangen die Nachtigallen, und mir wurde bewusst, dass ich noch nie eine Nachtigall gehört hatte, ich hatte tatsächlich geglaubt, Shakespeare habe sie erfunden. Doch sie existieren und ihr Gesang ist wundervoll.« (*Transatlantische Liebe* 824) Beauvoir kann sich eine solche Auszeit leisten, denn der zweite Band der Autobiografie mit dem Titel *La force de l'age*, später in deutscher Übersetzung erschienen als *In den besten Jahren* verkauft sich fulminant gut. Eine Nachauflage von etwa 200 000 Exemplaren ist bereits im Druck. Ein echter Bestseller! Auch der erste Memoirenband verkauft sich nach wie vor hervorragend und Beauvoir bekommt immer wieder Post von Frauen aus ganz Frankreich, wobei es nicht vorrangig junge Frauen sind, die sich angesprochen fühlen, sondern solche, die die gleiche Sozialisation erfahren haben wie Beauvoir und das gleiche Alter haben wie sie.

Natürlich erfüllt das Beauvoir mit Stolz und sie genießt den mit dem Erfolg einhergehenden Geldsegen. Den Mai verbringt sie mit Sartre in Antibes. Sie liebt es, Autotouren durch die Gegend zu machen, und hat die langen Fußmärsche fast ganz aufgegeben. Daneben aber arbeitet sie intensiv am dritten Band der Memoiren. Auch in den obligatorischen Sommerferien in Rom schreibt sie konzentriert weiter. Das Buch beginnt mit der Befreiung Frankreichs 1944. In ihrem Vorwort betont Beauvoir, dass es sich auch in diesem autobiografischen Text nicht um ein Kunstwerk handelt. »Denn es ist nicht ein Kunstwerk, sondern mein Leben mit seinen Glanzzeiten, seinen Nöten, seinen Zufälligkeiten, es ist mein Leben, das nach dem ihm gemäßen Ausdruck sucht, aber nicht als Vorwand für zierliche Ornamente geeignet ist.« (*Lauf* 6) Beauvoir betont, dass es ihr nicht darauf ankomme, sich in ein bestimmtes Licht zu rücken, sondern dass sie den bereits zurückgelegten Weg noch einmal geht, um besser zu verstehen, warum ihr Leben bisher so und nicht anders verlief. Die Neugierde, die sie antreibt, die Außenwelt genau zu beobachten, seien dies nun

Menschen, Landschaften oder Städte, bezieht auch die eigene Person mit ein. Beauvoirs autobiografisches Schreiben ist der Versuch, mit sich selbst im Gespräch zu bleiben, sich zu erinnern an Menschen, Orte, Bücher, Freunde, an Kontinuierliches und plötzlich Hervorbrechendes, an geschichtliche Wendepunkte und politische Turbulenzen, und nicht zuletzt ist es eine Vergewisserung der Widersprüche ihres Lebens. Die Tatsache, dass Menschen existieren, dass sie selbst existiert, bleibt für Beauvoir das Spannendste überhaupt, es gibt nichts Erregenderes für sie. Sie flüchtet nicht aus der Welt in die Worte, sondern sie lässt in den Worten die Welt noch einmal lebendig werden.

Auch Sartre versucht in diesen Jahren, sich klar zu werden über seine Entwicklung, auch er schreibt an einer Autobiografie. Sie hat den Titel *Les Mots* (*Die Wörter*). Dort gesteht er sich ein, aus einer Art Lebensunfähigkeit ins Schreiben geflohen zu sein. Bevor er im Leben heimisch werden konnte, richtete er sich in der Sprache ein. Als Beauvoir und Sartre im Frühjahr 1961 in Südfrankreich vom plötzlichen Tod Merleau-Pontys erfahren, zeigt sich der Unterschied zwischen beiden sehr deutlich. Sartre setzt sich sofort an den Schreibtisch, um einen Artikel über den Freund zu verfassen. Beauvoir ist in diesem Augenblick dazu nicht in der Lage. Sie lässt sich unmittelbar erschüttern. »Ohnmächtig wohnte ich dem Spiel fremder Mächte bei: die Geschichte, die Zeit, der Tod. Dieser Fatalismus gestattete mir nicht einmal mehr, bei den Tränen Trost zu suchen. Bedauern, Aufruhr, alles war erschöpft, ich war geschlagen, ich ließ mich fallen.« (*Lauf* 557 f.) Sich solchem persönlichen Betroffensein immer wieder auszusetzen gehört zu Beauvoirs Lebensgefühl.

Im Herbst müssen Beauvoir und Sartre aus der mondänen Wohnung ausziehen, weil der Hausherr zurückkommt. In ihre Wohnungen wollen sie aus Angst vor Anschlägen nicht zurück. Keiner der Freunde will sie zu sich nehmen. Endlich können sie in einer halb fertigen Wohnung am Boulevard St. Germain unterkommen. Tatsächlich geht eines Tages in der Nähe von Sartres alter Wohnung eine Bombe hoch, Fenster zersplittern und das Treppenhaus wird getroffen. Noch zweimal müssen sie umziehen.

In Paris geht es zu wie im Folterhaus. »Man konnte keine hundert Meter weit gehen, ohne Zeuge zu sein, wie Nordafrikaner in die Polizeiwagen verladen wurden.... Eines Sonntags fuhr ich mit Lanzmann durch die Rue de la Chapelle. Dort durchsuchten Polizisten in ihren schusssicheren Westen, Maschinenpistolen in der Hand, einige Männer, die mit hoch erhobenen Armen an der Wand standen: Algerier, sorgfältig rasiert und frisiert, in ihren besten Anzügen.« (*Lauf* 448) Es ist möglich, dass Polizisten einen »Verdächtigen« in der vollbesetzten Metro eigenhändig erwürgen. »In Paris wird es immer heiterer; wir foltern und töten Algerier mitten in der Stadt; wir haben eine hübsche, saubere Methode dafür entwickelt, wir nehmen ein paar algerische Verräter, wir bezahlen sie gut und machen sie zu Flics. Wenn ein Algerier von der französischen Polizei verhaftet wird, übergibt sie ihn jenen ›harkis‹, die ihn in irgendeinem Keller so ›bearbeiten‹, bis er stirbt, sich selbst umbringt oder wahnsinnig wird. Doch die französischen Flics sagen in aller Aufrichtigkeit: ›Wir foltern niemanden.‹ Ist das nicht geschickt?« (*Transatlantische Liebe* 824) Harkis sind die Algerier, die als Polizisten auf der Seite der Franzosen kämpfen, also praktisch algerische Flics, die gegen ihre eigenen Landsleute vorgehen.

Im Juni 1962 werden Beauvoir und Sartre vom sowjetischen Schriftstellerverband nach Moskau eingeladen. Nikita Chruschtschow steht seit 1958 an der Spitze von Staat und Partei. Auf dem Parteikongress von 1961 hatte er Stalin öffentlich verurteilt. Vor allem die jungen Intellektuellen kämpfen gegen die Überreste des Stalinismus an. »Ihrer Meinung nach ist die Freiheit für die revolutionäre Kunst und das revolutionäre Denken notwendig.« (*Lauf* 593) Französische und deutsche Schriftsteller werden ins Russische übersetzt. Im Theater spielt man *Der gute Mensch von Sezuan* von Brecht und in den Kinos laufen italienische Filme.

Der Empfang für die beiden ist weit weniger spektakulär als beim ersten Besuch Sartres 1954. »Keine Bankette, keine pompösen Trinksprüche, keine Propaganda: Die Leute gaben kleine Gesellschaften, zu denen sie uns einluden. Ob wir derselben Meinung waren oder nicht: Wir diskutierten über das, was uns interessierte.« (*Lauf* 599)

Beauvoir und Sartre lernen aber auch die negativen Seiten des Regimes kennen. Ein Schriftsteller will sie mit nach Rostow nehmen, um Kolchosen zu besuchen und mit den Bauern über ihre Lage zu sprechen. Zwei leitende Funktionäre und der Propagandachef vereiteln das Vorhaben, indem sie allpräsent bleiben und trickreich Hindernisse in den Weg legen, so dass es zum Kontakt mit den Bauern überhaupt nicht kommt. Dennoch ist Beauvoir überzeugt, dass Freiheit und Fortschritt in der Sowjetunion siegen werden. »In der UdSSR ist der Mensch dabei, sich selber zu gestalten, und wenn das auch nicht schmerzlos vonstatten geht, wenn es harte Schläge, Rückfälle, Irrtümer gibt, so ist doch alles, was ihn umgibt, alles, was ihm widerfährt, voller Bedeutung.« (*Lauf* 604)

Über Polen treten Beauvoir und Sartre die Heimreise an und erfahren, dass die Algerier ihre Unabhängigkeit erlangt haben. Natürlich ist die Freude groß, aber ein gehöriges Maß Trauer ist doch auch dabei, denn dieser Kampf hat viele Menschen das Leben gekostet. Es ist wie nach der Katastrophe des Zweiten Weltkriegs: Man kann nicht einfach nur Freude empfinden, dass es vorbei ist, und zur Normalität übergehen. Diese Erlebnisse haben sich tief in Beauvoirs Gedächtnis eingebrannt und werden schreibend verarbeitet.

Mit ihrem Buch ist Beauvoir bald fertig. Wie immer fahren sie und Sartre im Sommer nach Rom, das sich wieder als idealer Lebens- und Arbeitsort erweist. In diesem dritten autobiografi-

schen Band ist viel von Sartre die Rede und Beauvoir fühlt sich
aufgerufen, im Epilog etwas zu sagen zu dem Vorwurf, sie for-
dere von den Frauen eine Unabhängigkeit, die sie selbst bei sich
nicht verwirklicht habe. In weiser Voraussicht, dass die Angriffe
nach Erscheinen des Buchs erneut aufflammen könnten, nimmt
sie vorab Stellung dazu: »Ich habe meine Unabhängigkeit behalten, weil ich meine Verantwortung nie auf Sartre abgewälzt habe. Ich habe keine Idee, keinen Entschluss übernommen, ohne
sie zu kritisieren und mir selber Rechenschaft zu geben. Meine
Gemütsregungen entstanden durch den direkten Kontakt mit
der Welt. Mein eigenes Werk hat Studien, Entschlüsse, Ausdau-
er, Kämpfe, Arbeit von mir gefordert. Sartre hat mir geholfen,
wie ich ihm geholfen habe. Ich habe aber nicht nur durch ihn
gelebt.« (*Lauf* 611) Beauvoir geht ein auf all die Gerüchte, die
über sie in Umlauf sind. Da halten manche sie für weltfremd
und rein intellektuell ausgerichtet, für manche wiederum ist sie
lediglich den Genüssen der Sinnlichkeit ausgeliefert, eine unsitt-
liche, obszöne Person. Durch all diese zum Teil unsäglich gemei-
nen Fremdbilder hindurch versucht Beauvoir, sich auf das zu
besinnen, was ihr selbst das Wichtigste ist und bleibt: das Schreiben, die Schriftstellerei: »Manche Tage sind so schön, dass man
leuchten möchte wie die Sonne, dass man die Erde sozusagen
mit Worten besprengen möchte. Es gibt Stunden, so finster, dass
keine andere Hoffnung mehr übrig bleibt als der Schrei, den man
ausstoßen möchte. Ganz gleich, ob man fünfundfünfzig oder
zwanzig ist: woher kommt diese außerordentliche Macht des
Wortes?« (*Lauf* 616)

Dahinter steht weder eine besondere Mission noch das Bewusstsein einer spektakulären Lebensaufgabe. Das Schreiben ist
schlichtweg die einzige Tätigkeit, die Beauvoir für sich selbst mit
Sinnhaftigkeit verbinden kann. Nachdem sie sich in der Jugend
langsam an die Schriftstellerei herangetastet hatte, ist sie nun
ganz und gar zu Hause darin. Intensiver denn je begleitet sie
schreibend alles, was sie besonders intensiv erlebt.

Ein solches Erlebnis ist Ende 1963 das nur wenige Wochen dauernde Sterben ihrer Mutter Françoise. Nachdem Beauvoir Ende Oktober in Rom von der Einlieferung der Mutter ins Krankenhaus unterrichtet wurde, schreibt sie bereits im Dezember an Nelson: »Der November war ein langer, trauriger Monat, denn meine Mutter lag im Sterben, und schließlich kam der Tod.« (*Transatlantische Liebe* 841) In der unmittelbaren Bestürzung und Trauer schreibt sie ein Buch über das Sterben von Françoise. Obwohl das Verhältnis in ihrer Jugend ziemlich schwierig war, ist sie mittlerweile stolz auf diese Frau, die nach dem Tod ihres Mannes mit 54 Jahren noch einmal neu angefangen hatte zu leben. »Begierig darauf, endlich nach ihren eigenen Vorstellungen zu leben, erfand sie für sich vielerlei Tätigkeiten.« (*Sanfter Tod* 19)

Beauvoir rekapituliert das Leben ihrer Mutter, das zwischen Zwang und Auflehnung stand. Sie beschreibt die Ehe der Eltern aus ihrer Sicht: die ersten glücklich verlebten Jahre, dann die Affären des Vaters und die Konzentration von Françoise auf die Erziehung der Töchter. Sie erinnert sich an die mütterliche Allgegenwart, ihre zwanghafte Einmischung in alles, was ihre Töchter Simone und Hélène betraf.

Im Verlauf der wenigen Sterbewochen verändert sich die Beziehung Beauvoirs zur Mutter: »… ich nahm das Zwiegespräch wieder auf, das während meiner Jugend abgebrochen war und das wir aufgrund unserer Gegensätze und unserer Ähnlichkeit nie wieder hatten aufnehmen können. Und die frühere Zärtlichkeit, die ich für immer erloschen geglaubt hatte, erwachte wieder, seit es Mama möglich war, sich in schlichten Worten und Gesten auszudrücken.« (*Sanfter Tod* 85) Beauvoir erzählt von den unterschiedlichen Gefühlen und Gedanken dieser kurzen Zeit, von Mitleid, Trauer, schlechtem Gewissen, Bewunderung. Sie hält die Hand der alten Frau, sie gibt ihr Nähe und erlebt doch auch, wie weit weg sie gleichzeitig ist von der Lebensgeschichte der Mutter, zumal man Françoise nichts von der Ausweg-

Simone de Beauvoir und ihre Mutter, zur Zeit des Prix Goncourt (1954)

losigkeit ihrer Situation gesagt hat. Und so erleben ihre Töchter eine Frau, die an ihre Zukunft glaubt und sich daran klammert. Sie möchte leben und denkt an nichts anderes als an die Jahre, die noch vor ihr liegen. Alles Harte, Strenge, Verbitterte fällt ab. »Ihre Schönheit, ihr Lächeln kehrten zurück und drückten auf diesem Totenlager eine stille Selbstzufriedenheit, eine Art Glück aus.« (*Sanfter Tod* 66) Beauvoir macht in ihrer Schilderung nicht Halt vor dem Zerfall des Körpers, sondern berichtet minutiös von den täglichen Veränderungen. Was hier geschieht, ist in ihren Augen ein Gewaltakt. Umso schockierender wirkt der letzte Satz dieser Bestandsaufnahme eines Sterbens: »Sie hat einen sanften Tod gehabt, den Tod einer Privilegierten.« (*Sanfter Tod* 105)

Man hatte ihr Schmerzmittel gegeben, damit die Qual etwas erleichtert würde, und sie hatte ausreichend Pflege und die besten Ärzte gehabt, im Unterschied zu vielen anderen Menschen. »… wie entsetzlich muss es sein, sich als wehrloses Etwas zu fühlen, ganz der Willkür teilnahmsloser Ärzte und überlasteter Krankenschwestern ausgeliefert. Keine Hand auf der Stirn, wenn das Entsetzen sie packt; kein Beruhigungsmittel, wenn der Schmerz sie peinigt; kein trügerisches Geplapper, mit dem das Schweigen des Nichts übertönt wird.« (*Sanfter Tod* 105) Und trotzdem: Es steckt eine bittere Ironie in diesem Satz. Obwohl Françoise umsorgt und liebevoll gepflegt gestorben ist, war es doch ein schrecklicher Tod, sanft nur in dem, was die äußeren Bedingungen und Erleichterungen ausmachte.

Die Sterbewochen der Mutter haben die beiden Schwestern Simone und Hélène einander wieder ein wenig näher gebracht. Hélène lebt inzwischen im Elsass, weil ihr Mann als Kulturattaché in Straßburg arbeitet. Mit ihm zusammen ist sie in vielen verschiedenen Ländern gewesen, je nachdem, wohin er gerade abgesandt worden war. Hélène hat sich völlig anders entwickelt als Simone. Sie malt noch immer viel und gern, hat aber bisher nicht den großen Durchbruch erlebt, worunter sie nicht leidet. Sie lebt gern auf dem Land und führt ein gepflegtes Haus. Ob sie jemals berühmt wird mit ihren Bildern, spielt für sie keine große Rolle. Sie hat keine Kinder, liebt aber Tiere. All das im Unterschied zu Simone, die sich nicht vorstellen kann, außerhalb der Großstadt zu leben, die eine große Abneigung gegen Tiere hat und noch nie großen Wert auf ein luxuriöses Wohnambiente legte. Mit der Mutter hatte Hélène ein viel unkomplizierteres Verhältnis ohne große Differenzen. »Poupettes Beziehungen zu ihr waren unbeschwerter. Sie übernahm es, Mama zu beschwichtigen, als meine *Erinnerungen einer Tochter aus gutem Hause* erschienen.« (*Sanfter Tod* 76) In ihrer völlig unterschiedlichen Art zu leben, achten die beiden Schwestern sich dennoch gegenseitig.

Beauvoir hat den dritten Memoirenband beendet in dem Bewusstsein, nun nichts mehr vom Leben erwarten zu können und nur noch dem Prozess des Alterns zuzuschauen. »Ich hasse mein Spiegelbild: über den Augen die Mütze, unterhalb der Augen die Säcke, das Gesicht zu voll, und um den Mund der traurige Zug, der Falten macht. Die Menschen, die mir begegnen, sehen vielleicht nur eine Fünfzigjährige, die weder gut noch schlecht erhalten ist. Sie hat eben das Alter, das sie hat. Ich aber sehe meinen früheren Kopf, den eine Seuche befallen hat, von der ich nicht mehr genesen werde.« (*Lauf* 621) Beauvoir denkt an die vielen Anfänge, Aufbrüche, leidenschaftlichen Projekte ihres bisherigen Lebens und hat den Eindruck, dass nichts mehr kommen wird und dass dieses Gefühl des Welkens, des langsamen Absterbens auch die glanzvollen Momente der Vergangenheit verdunkelt. Sie stellt sich der Tatsache, dass ihr Alter sie bedrückt, dass sie nicht so tun kann, als wäre sie noch jung, und dass sie keine Chance hat, diese Wahrheit zu leugnen. Die Welt hat für sie alle Frische, alles Blühende verloren, sie zweifelt sogar an der bereits geleisteten Arbeit. »Wenn ich wenigstens die Erde bereichert, wenn ich etwas geschaffen hätte ... was denn?« (*Lauf* 623) Über eines aber täuscht sie sich. Etwas lebt unausrottbar weiter. Es ist die stärkste Antriebskraft in Beauvoirs Leben: die Neugierde.

Mit der gleichen wachen Lust am Beobachten, die ihr seit der Kindheit zu eigen ist, richtet sie nun den Blick auf das, was diese große Bestürzung in ihr hervorruft: das Alter, das Sterben, der Tod. Im April 1964 schreibt sie an Nelson: »Wie eine Wahnsinnige war ich damit beschäftigt, die Geschichte des Todes meiner Mutter zu schreiben; ich erkläre Ihnen, warum er mich aufgewühlt hat, ich musste darüber schreiben. Noch nie habe ich einen solchen inneren Zwang gefühlt, etwas Bestimmtes zu tun.« (*Transatlantische Liebe* 843) Beauvoir hat also wieder angefangen mit dem Schreiben, dem neugierigen Schauen. Was sich ihrem Blick bietet, ist ungeheuerlich, aber sie scheut sich nicht, so ge-

nau hinzuschauen, wie sie es immer tat. Damit hat sie ihre ur-
eigenste Fähigkeit nicht dem Alter geopfert, sondern hat sich so
etwas wie einen dauerhaften »ersten« Blick bewahrt. Sie betrachtet das, was ihr selbst am meisten zu schaffen macht, und damit
gelingt ihr ein neuer Anfang, sie bricht noch einmal auf. Sie ist
noch nicht fertig mit den Entdeckungsreisen. Beauvoir bleibt
unterwegs, nicht nur zu fremden Städten und Ländern, sondern
auch zu bisher nicht beachteten Themen. Und so sind Beauvoirs Äußerungen zum Reisen durchaus auch auf ihre Schriftstellerei zu übertragen. »Eine Reise ist für mich auch ein privates Abenteuer, ein erlebter Wandel in meinen Beziehungen
zur Welt, zu Raum und Zeit. Es beginnt oft mit Unsicherheit
und Verwirrung: die Neuheit von Orten und Gesichtern hat etwas Bestürzendes für mich, die Fülle der Wünsche, die in mir
aufsteigen und die ich schnell befriedigen möchte, überwältigt
mich. Aber ich liebe diese Verwirrung.« (*Alles* 221) Beauvoir
läuft vor dem Bestürzenden und Verwirrenden nicht davon, sondern wendet ihm ihr Gesicht zu und sucht Worte, es zu beschreiben und zu verstehen.

Das Jahr 1964 hat noch eine besondere Überraschung bereit:
Sartre soll den Nobelpreis für Literatur erhalten. Zur Überraschung Beauvoirs und aller Freunde lehnt er ab. Er begründet
seine Haltung damit, dass noch nie ein engagierter Linker, geschweige denn ein Kommunist den Preis bekommen hätte und
dass man ihm damit zeigen wolle, dass er ins konservative Feld
zu gehören habe.

Niemand aus Sartres Umkreis kann diesen Schritt wirklich
verstehen, zumal er das Preisgeld für viele sinnvolle Projekte
brauchen könnte. Für die Presse ist der Skandal natürlich ein
gefundenes Fressen und sie fällt über Sartre her. Beauvoir nimmt
ihn in Schutz, wo sie nur kann: »Natürlich wurde Sartre von der
Presse beschuldigt, die Sache lediglich aus Lust an der Publizität
inszeniert zu haben. Man unterstellte ihm, er habe den Preis nur

deshalb abgelehnt, weil Camus ihn vor ihm erhalten habe oder weil ich möglicherweise Eifersucht zeigen würde.« (*Alles* 52)

Es scheint also auch die Ansicht in Umlauf zu sein, Beauvoir drangsaliere Sartre mit Eifersuchtsattacken und gönne ihm seinen Erfolg nicht. Dabei hat Beauvoir schon lange gedacht, es sei endlich an der Zeit, Sartre diesen Preis zuzuerkennen. Wirklich offen spricht Sartre mit Beauvoir in diesem Fall nicht, er ist schweigsam und abweisend.

Es ist nicht mehr so, dass alles, was Sartre betrifft, gemeinsam im Gespräch erörtert wird. Das wird Beauvoir auf schockierende Weise bewusst, als sie Anfang 1965 erfährt, dass Sartre plant, Arlette Elkaïm, junge Studentin aus Algerien, zu adoptieren. Mit ihr hatte er 1956 eine Affäre begonnen. Der Antrag ist bereits gestellt und im März erfolgt die letzte Unterschrift. Damit ist klar, wenn Sartre stirbt, wird Arlette seinen Nachlass verwalten. Bei ihr sieht Sartre die Zukunft seines Werks in guten Händen. Und Beauvoir erkennt erneut, was sie längst weiß: dass keine unbegrenzte Anzahl an Jahren mehr vor ihr liegt. Aber dass Sartre einen so gravierenden Schritt tun würde, ohne vorher mit ihr darüber zu sprechen, ist dennoch sehr verletzend, zumal Beauvoir nach Abschluss des Manuskripts von *Ein sanfter Tod* in eine sehr melancholische Stimmung geraten war. »… diese Geschichte niederzuschreiben hatte es mich unwiderstehlich gedrängt; doch danach kam die Literatur mir nur noch eitel vor; ich hatte mich zu weit nach der Seite des Todes und seiner Stille geneigt.« (*Alles* 143)

Beauvoir überwindet diese Phase der Ratlosigkeit. Sie akzeptiert Sartres Entschluss, reißt sich heraus aus Niedergeschlagenheit und Lethargie. Hilfreich und stärkend in dieser schwierigen Situation ist sicherlich die Beziehung Beauvoirs zu einer jungen Frau, die sie 1960 kennengelernt hat. Die Philosophiestudentin bereitete sich damals auf die agrégation vor und bat um ein Gespräch mit Beauvoir. Seither sind fünf Jahre vergangen und Sylvie Le Bon ist in den Rang einer »besten Freundin« aufgestiegen. Der Altersunterschied von 33 Jahren scheint praktisch keine Rolle zu spielen. »Wir lesen die gleichen Bücher, wir gehen zusammen ins Theater, wir unternehmen gemeinsam große Autofahrten. Es besteht zwischen uns ein so natürlicher Austausch, dass ich mein Alter vergesse: sie zieht mich in ihre Zukunft mit hinein, und für Augenblicke erhält die Gegenwart jene Dimension wieder, die sie verloren hatte.« (*Alles* 72) Sylvie Le Bon hatte eine ähnliche Kindheit wie Beauvoir. Sie entstammt einem bourgeoisen Haus, hatte ein sehr problematisches Verhältnis zu den Eltern und befreite sich mit Mühe von den familiären Zwängen. Mittlerweile unterrichtet sie Philosophie an dem gleichen Lycée in Rouen, in dem Beauvoir unterrichtet hatte. Sylvie Le Bon ist also finanziell unabhängig, während Arlette Elkaim völlig abhängt von Sartres Zuwendungen. Insofern ist das Verhältnis Simone-Sylvie nicht zu vergleichen mit dem zwischen Sartre und Arlette. Arlette ist ein zurückgezogener, in sich gekehrter Typ, Sylvie hingegen ist quirlig, enthusiastisch, zu Ausbrüchen jeder Art aufgelegt. Und so treffen sich Beauvoir und Sartre höchstens mit einer von beiden, weit eher aber mit Sylvie, weil Arlette und Beauvoir keinen echten Zugang zueinander finden. Beauvoir und Sylvie Le Bon verbringen sehr viel Zeit miteinander, Sartre ist nicht mehr der Mittelpunkt von Beauvoirs privatem Leben. Die beiden Frauen telefonieren täglich, sie essen mehrmals die Woche gemeinsam und donnerstags und samstags übernachtet Sylvie in Beauvoirs Wohnung. Das gibt natürlich Anlass zu Klatsch, und die Frage, was denn das nun für eine Beziehung sei, erhitzt manche Gemüter der näheren und weiteren Umgebung. Ist es lediglich eine sehr enge Frauenfreundschaft oder eine lebische Liebe? Tatsache ist einfach, dass beide in hohem Maß voneinander profitieren, dass sie eine bereichernde Beziehung haben, in der keine von beiden ihre Selbstständigkeit verliert. Während Arlette für Sartre eine Art »Muse« darstellt, ist Sylvie für Beauvoir die pure existenzielle Herausforderung. Sie kann noch einmal beweisen, wie lebendig sie ist, wie offen für neue Anregungen. Umgekehrt aber gilt das auch. »Niemand hätte besser als sie aus dem, was ich ihr geben konnte, Nutzen zu ziehen vermocht, niemand als ich besser würdigen können, was ich von ihr empfing. Ich liebte ihre Begeisterungs- und Zornausbrüche, ihren Ernst, ihre Heiterkeit, ihr Grauen vor allem Mittelmäßigem, ihre bedenkenlose Großzügigkeit.« (*Alles* 72) Was Beauvoir hier über die Anfangszeit ihrer Freundschaft sagt, gilt noch immer. Beauvoir hat also eine wunderbare Freundin gewonnen.

Zur gleichen Zeit verliert sie den früheren Geliebten und Freund Nelson Algren. Den Briefwechsel hat er vollends eingestellt, will nichts mehr von der einstigen Frau seines Lebens wissen und lässt kein gutes Haar an dieser Liebe. Er macht Beauvoir in der Öffentlichkeit schlecht, wann immer sich die Gelegenheit bietet. Sein Hauptvorwurf ist und bleibt der der Indiskretion. Dass sie ihn in ihrem Werk sozusagen »verarbeitet« hat, kann er niemals verzeihen. Beauvoir legt äußere Gelassenheit an den Tag und zeigt dennoch, wie nah ihr Nelson noch immer steht, indem sie seinen Ring nicht ablegt. Irgendwo in ihrem Inneren hängt sie an dem amerikanischen »Provinz-Jungen«, den sie in so vielen Briefen mit »Mein geliebter Mann« angesprochen hat. Wenn einer jemals ihr »Mann« genannt werden konnte, dann dieser, Nelson, der mit seinem Leben und seiner Schriftstellerei weniger denn je zurechtkommt. Ob es anders gekommen wäre, wenn Beauvoir in die USA übergesiedelt wäre?

Mit Sartre macht Beauvoir in diesen Jahren viele Reisen. Meistens werden sie zu Kongressen eingeladen. Es sind aber auch private Urlaube dabei. »Früher war ich ständig begierig nach Offenbarungen. Heute – und zwar seit vielen Jahren schon – bedeutet Wiedersehen für mich ein Glück.« (*Alles* 223) Jeden Sommer steht Rom auf dem Programm. »Wie andere sich der Sonnenwärme und dem Rauschen des Meeres hingeben, badete ich in Rom.« (*Alles* 224) Beauvoir liebt vor allem die römischen Nächte und geht sehr spät schlafen, um dieses Erlebnis täglich aufs Neue voll auszukosten. Sartre und sie treffen aber auch Freunde, vor allem aus der Kommunistischen Partei Italiens. Aber auch französische Freunde kommen ab und zu vorbei. »Manchmal, wenn wir irgendwo im Freien aßen oder tranken, grüßten uns Leute oder baten uns um ein Autogramm. Sie taten es auf eine sehr nette Art.« (*Alles* 225) Es gäbe wahrscheinlich wenige Orte, an denen Beauvoir und Sartre sich unerkannt aufhalten könnten.

Auf den Reisen hat Beauvoir immer häufiger ihr eigenes Programm, weil sie von Frauen oder Frauengruppen angesprochen und eingeladen wird. Fragen wie die Abtreibung oder die beruflichen Chancen von Frauen stehen im Mittelpunkt. Beauvoirs Meinung ist gefragt, und Sartre muss zum ersten Mal erleben, dass sie nicht nur als seine Begleiterin mitreist. Beauvoir ist längst nicht mehr die Frau an der Seite eines berühmten Philosophen, sondern sie ist selbst nicht weniger berühmt. Als unzertrennliche Einheit treten sie und Sartre nur auf, wenn es um ihr politisches Engagement geht. Hier vertraut Beauvoir nach wie vor auf Sartres theoretische Führungsposition, auch wenn sie sich emotional sehr betroffen zeigen kann. Nachdem der Algerienkrieg beendet ist, nimmt sie großen Anteil am Schicksal Vietnams, das seit 1954 ein geteiltes Land ist. Im Norden gibt es eine sozialistische, im Süden eine vor allem von den USA und Frankreich unterstützte Regierung. Gegen den von den USA in Südvietnam eingesetzten Herrscher Ngo Dinh-Diem formiert sich eine nationale Befreiungsfront, die vom Großteil der Bevölkerung unterstützt wird. Im Februar 1965 beginnen die USA mit der Bombardierung Nordvietnams und Marinesoldaten marschieren ein. »Im Juli 1966 besuchte mich ein junger Amerikaner, der in England lebte und einer der maßgebenden Sekretäre der Russel Foundation war: er hieß Schoenmann. Er unterrichtete mich über ein Projekt Lord Russels: die Organisation eines Tribunals, das nach dem Vorbild des Nürnberger Gerichtshofes

über die von den Amerikanern in Vietnam begangenen Straf-
taten urteilen sollte.« (*Alles* 345) Beauvoir und Sartre treten dem
Tribunal bei, besuchen die Sitzungen, marschieren bei unzähligen Demonstrationen mit. Inzwischen ist bekannt geworden,
dass die Amerikaner zivile Gebäude angreifen, darunter Kran-
kenhäuser und Schulen. Es gibt Filme und Fotos, die den Beweis
liefern.»Sie zeigen Zivilpersonen: verbrannte, verstümmelte Lei-
chen und schrecklich verwundete Männer und Frauen. Das
Unerträglichste waren die gezeigten Kinder: Kinder mit weg-
gerissenen Armen, gestaltlosen Gesichtern, von Napalm ver-
brannten Körpern, die irre die Augen rollten.« (*Alles* 353) Informationen werden gesammelt und Zeugen gehört. Es ist vor allem
die menschliche Katastrophe, die Beauvoir zum Engagement
zwingt.

Politisch rückt Beauvoir immer stärker von der Linie der
UdSSR ab. Der Traum von einer sozialistischen Zukunft Europas hat gewaltige Risse bekommen. »Nichts von dem, was sich
in den europäischen sozialistischen Ländern zuträgt, kommt mir
sehr tröstlich vor.« (*Alles* 412) Die erhoffte Freiheit hat sich für
die Menschen nicht eingestellt. Diktaturen bestimmen das Bild
des sozialistischen Europas.

»Zwischen 1962 und 1968 habe ich mich kaum darum geküm-
mert, was in Frankreich vorging.« (*Alles* 427) 1968 ist das Jahr, in
dem sich die innenpolitische Situation so sehr verändert, dass
Beauvoir gezwungen wird, wieder näher hinzuschauen. Die Studenten beginnen, sich aufzulehnen gegen verkrustete, autoritäre
Strukturen an den Universitäten. Sie fordern mehr Freiheit und
Mitbestimmung. Der Protest geht aber über den reinen Hoch-
schulbereich hinaus, bezieht den Vietnamkrieg sowie eine allgemeine Kritik an der kapitalistischen Gesellschaft mit ein. Weil
die Polizei angehalten ist, hart durchzugreifen, eskaliert die Situation. Tränengas und Wasserwerfer werden eingesetzt, die De-
monstranten errichten Barrikaden und reißen Steine aus dem

Beauvoir und Sartre verteilen die verbotene Zeitung La Cause du Peuple

Pflaster. »In einem Manifest, das am 9. Mai veröffentlicht wurde, haben wir unsere Solidarität mit den Kämpfern bekundet und sie zu ihrer Entschlossenheit beglückwünscht, sich mit allen Mitteln einer entfremdeten Ordnung zu entziehen.« (*Alles* 431) Der Protest der Studenten greift über auf die Klasse der Arbeiter. Fabriken werden bestreikt. Auch hier geht es vor allem um mehr Mitbestimmung neben der Forderung nach angemessener Entlohnung.

Sartre dient den Studenten in gewisser Weise als Aushängeschild. Die Stimmen berühmter Leute machen sich immer gut, wenn es darum geht, gehört zu werden. Am 20. Mai sind verschiedene Schriftstellerinnen und Schriftsteller eingeladen, in der Universität zu sprechen, darunter Sartre. »Meine Freunde und ich warteten im ›Balzar‹ auf Sartre. Nach einer Stunde erschien er – eine ganze Kohorte von Studenten, Journalisten und Fotografen folgte ihm. Er erzählte, bei seinem Auftritt im Hörsaal seien die Studenten zuerst sehr unruhig gewesen, aber nach ein paar Sätzen habe er erreicht, dass Stille eintrat.« (*Alles* 433)

Dennoch gibt es auch Kritik an Sartre. Die Studenten finden, er trete nicht radikal genug auf, und fordern, er solle sich mit Haut und Haar ihrer Sache verschreiben. Beauvoir bekommt Angst um ihn, denn eigentlich dürfte er sich nach Ansicht der Ärzte solchen Massenveranstaltungen gar nicht aussetzen. Er leidet an exorbitant hohem Blutdruck. Und so bestellt Beauvoir ein Taxi und packt Sartre hinein, was man ihr natürlich verübelt. Der Ruf, sie bestimme über ihn, bekommt neue Nahrung. Sie fühlt sich eingekesselt, unfrei, so sehr in aller Munde, dass sie den unbedingten Wunsch hat, sich stärker zurückzuziehen, sich anderen Projekten zuzuwenden. Diese Sechzigerjahre sind für Beauvoir nämlich nicht nur eine Phase des politischen Engagements und der mehr oder weniger offiziellen Reisen mit Sartre. Drei Bücher erscheinen in diesem Jahrzehnt. Gerade jetzt, wo die Präsenz in der Öffentlichkeit manchmal schier unerträglich groß ist, braucht Beauvoir das Schreiben mehr denn je. Die Aktion, das öffentliche Sprechen, die Auftritte an der Seite Sartres, das alles ereignet sich ›draußen‹, ist nicht wirklich greifbar zu machen, hat einen flüchtigen Charakter, verschleißt die Person und verwässert das Denken. Die einsame Tätigkeit des Schreibens hingegen erlaubt den Rückzug und gibt Beauvoir die Möglichkeit, im Stillen ihren Themen nachzugehen, zu sich zu finden.

1966 kommt *Die Welt der schönen Bilder* heraus, verkauft sich bestens, wird aber von den Kritikern verrissen. »… ich wollte die technokratische Gesellschaft schildern, von der ich mich so viel wie möglich fernhalte, in der ich aber gleichwohl lebe; in Gestalt von Zeitungen, Magazinen, Reklame, Radio umgibt sie mich von allen Seiten.« (*Alles* 131) Die Hauptfigur des Romans, Laurence, ist Mutter zweier Töchter und arbeitet in der Werbebranche. Sie hat einen Mann und einen Geliebten und lebt mehr oder weniger zufrieden, bis eines Tages ihre Tochter Catherine einen kleinen Skandal heraufbeschwört, indem sie die in diesen Gesellschaftskreisen als schier unsittlich angesehene Frage stellt: »Mama, warum ist man auf der Welt?« (*Bilder* 18) Laurence beginnt zu zweifeln an ihrem Lebensstil, an ihrer Arbeit, die darin besteht, den Menschen zu suggerieren, auf welche Weise und mit welchen Waren sie glücklich sein können. Sie erkennt, dass all die Bilder, die sie anderen aufdrängt und in denen sie auch selbst lebt, lügen und die Wirklichkeit verstellen. In den Fragen und Sorgen der Tochter nimmt sie das Abenteuer des Lebens wahr. Sie hatte beinahe vergessen, dass man wie tot ist, wenn man sich einsperren lässt in einem schönen Bild aus Ruhe und Sicherheit. Auch Catherine soll nach Ansicht des Vaters »geheilt« werden von der Frage nach einem sinnvollen Leben. Man will sie zurechtstutzen und gesellschaftstauglich machen. Laurence aber widersetzt sich diesen Plänen vehement. »Ein Kind erziehen heißt nicht, ein schönes Bild aus ihm zu machen …« (*Bilder* 124) Ihre Kinder sollen die Möglichkeit haben, ein eigenes Leben zu leben, Fragen zu stellen, auch wenn sie unbequem sind. Dafür kämpft sie.

1968 erscheint dann *Eine gebrochene Frau*, ein Buch mit drei Erzählungen. Die drei weiblichen Hauptfiguren betrügen sich selbst, sind gefangen in Lebenslügen, unter denen sie leiden. Die Grundstimmung ist düster. Die erste Geschichte erzählt von einer sich dem Alter nähernden Schriftstellerin, deren neuestes Buch bei der Kritik durchgefallen ist, deren Mann sich ihr entfremdet hat und deren Sohn ein Leben gewählt hat, das ihren Vorstellungen diametral entgegengesetzt ist. Sie wird sich arrangieren müssen, etwas anderes bleibt ihr nicht. Sie hat keine Kraft zum Aufruhr. In der zweiten Geschichte spricht eine etwa vierzig Jahre alte Frau in sehr dramatischen Sätzen von den Kränkungen ihres Lebens. Die dritte Erzählung schließlich handelt von einer ebenfalls älter werdenden nicht berufstätigen Frau; deren Kinder aus dem Haus sind und die sich konfrontiert sieht mit der Tatsache, dass ihr Mann eine Geliebte hat. »Mein Gott, wie klar, wie leicht, wie flüssig ist das Leben, wenn alles gutgeht. Und wie undurchsichtig wird es, sobald man auf ein Hindernis stößt.

Plötzlich entdeckt man, dass man nichts weiß, weder über sich selbst noch über die anderen: wie sie sind, was sie denken, was sie tun und wie sie einen sehen.« (*Frau* 182) Nachdem ihr Mann sich endgültig für die andere Frau entschieden hat, steht sie vor dem Nichts und hat Angst vor der ungewissen Zukunft.

In allen drei Erzählungen gibt es keine wirkliche Zukunftsperspektive. Diese Frauen kranken daran, dass sie sich nicht entschließen können, sich neu zu entwerfen. Sie kreisen um sich selbst, und so zeigt sich kein Ausweg aus dem Gefängnis, in dem sie eingesperrt sind. Es herrscht eine Atmosphäre der Lähmung. Es ist schwer, damit zurechtzukommen, wenn das Alter naht und man spürt, wie sich alles verändert, die Vergangenheit immer größer wird und die Zukunft immer kleiner, wenn die Umgebung sich verändert, bekannte Gesichter verschwinden und unbekannte auftauchen.

Vielleicht geht es Beauvoir ähnlich wie diesen drei Figuren, die sie erschaffen hat. Kreist auch sie nur noch in sich, perspektivlos, enttäuscht, resigniert? Ist das das Alter und muss man es sich als erschreckend traurig und als eine Zeit der Ängste vorstellen? Beauvoir fängt an, die Frage anders zu formulieren, und sagt: Was ist das Alter? Wie ging und geht die Gesellschaft mit den alten Menschen um? Was bedeutet das Altwerden für das Ganze der Zivilisation? Beauvoir hat plötzlich das Thema für einen neuen großen Essay gefunden. Statt sich zufriedenzugeben mit dem Gefühl, nun eben einfach nichts mehr zustande zu bringen, macht sie sich an die Arbeit, forscht, sitzt in der Bibliothek. Die »alte«, vor Neugier brennende Beauvoir ist wieder erwacht.

»Für die Gesellschaft ist das Alter eine Art Geheimnis, dessen man sich schämt und über das zu sprechen sich nicht schickt. Über die Frau, das Kind, den Jugendlichen gibt es auf allen Gebieten eine reiche Literatur; doch Hinweise auf das Alter sind, außer in Spezialwerken, sehr selten.« (*Alter* 5)

Methodisch geht Beauvoir vor wie in *Das andere Geschlecht*. Zunächst betrachtet sie das Alter von außen, wirft den Blick auf die Biologie, die Ethnologie, die Gesellschaft in Vergangenheit und Gegenwart. Im zweiten Teil wendet sie sich der persönlichen Erfahrung des Alterns zu. »Vorzeitig sterben oder altern – eine andere Wahl haben wir nicht.« (*Alter* 240) Wann aber sind wir alt? Sind es die anderen, die es feststellen, oder wir selbst? »… das Alter ist ein dialektischer Bezug zwischen meinem Sein in den Augen anderer, so wie es sich objektiv darstellt, und dem Bewusstsein meiner selbst, das ich durch das Alter gewinne.« (*Alter* 240) Wenn ich die sechzig überschritten habe, bin ich für die anderen ein Sechziger, für mich selbst aber zeigt sich dieses Alter weit differenzierter. Es hängt damit zusammen, was ich wahrnehme und wie ich es deute. Beauvoir führt Beispiele aus der Geistesgeschichte an, Menschen, die geschrieben haben über die Empfindungen, mit denen sie das Altern an sich beobachteten.

In einem weiteren Kapitel untersucht sie den Bezug des Menschen zur Zeitlichkeit, der sich im Alter verändert. »… das Alter verändert unser Verhältnis zur Zeit; im Laufe der Jahre verkürzt sich unsere Zukunft, während unsere Vergangenheit gewichtiger wird. Man kann den alten Menschen als ein Individuum definieren, das ein langes Leben hinter sich hat und vor sich eine sehr begrenzte Hoffnung, noch weiterzuleben.« (*Alter* 309)

Im Alter kommt die Kindheit besonders stark in unser Gedächtnis zurück, weil wir nicht mehr so mit der Gestaltung des gegenwärtigen Alltags beschäftigt sind und weil unsere Zukunftspläne weniger werden. »Wenn die gefühlsbestimmten Erinnerungen, welche die Kindheit wachrufen, so kostbar sind, dann deshalb, weil sie uns für einen kurzen Augenblick wieder in den Besitz einer grenzenlosen Zukunft bringen.« (*Alter* 322) Dem alten Menschen wird seine Endlichkeit bewusster denn je.

In der Wahrnehmung dieser Veränderungen sind wir aber sehr verschieden: »Geistig arbeitende Menschen werden weniger als alle anderen durch physiologischen Abbau in ihrer Tätigkeit behindert.« (*Alter* 331) Vor allem den kreativen Menschen legt das Alter keine großen Schwierigkeiten in den Weg.

Künstler, Schriftsteller, Wissenschaftler und Philosophen erleben das Alter als bereichernd. Kant zum Beispiel hat mit 57 Jahren die *Kritik der reinen Vernunft* veröffentlicht und war damit noch lange nicht am Ende seines Schaffens. Bei den Schriftstellern ist es ganz unterschiedlich. Sophokles hat noch mit 89 Jahren ein Theaterstück zur Aufführung gebracht. »Glücklich ist ein alter Schriftsteller, wenn er ganz am Anfang so fest verwurzelte Entwürfe gehabt hat, dass er für immer seine Originalität behält, und so weitgespannte Entwürfe, dass sie offen bleiben bis zu seinem Tod. Hat er seine Beziehungen zur Welt stets lebendig erhalten, so wird er in ihr immer wieder auf Herausforderungen und Aufrufe stoßen.« (*Alter* 347)

Beauvoir untermauert all ihre Thesen durch Beispiele. Ihre Wissbegier und die Offenheit des Blicks führen sie in die abgelegenen Winkel eines Themenbereichs, dem sich die wenigsten derart schonungslos ausliefern. Die Wirklichkeit des Lebens in all seinen Facetten bleibt das Interessanteste, und auch jetzt, wo das Alter ins Visier genommen wird, drängt es Beauvoir, nichts auszulassen, jeden Aspekt des Phänomens zu befragen. Und sie fordert die Gesellschaft auf, die alten Menschen zu integrieren, ihnen optimale äußere Bedingungen zu schaffen.

Dieses Buch zu schreiben hat Beauvoir große Anstrengungen abverlangt. Aber es war wichtig, um sich selbst klar zu werden über die Lebensphase, in die sie und Sartre nun eingetreten sind. Im Januar 1970 erscheint *Das Alter*. Es wird fast von allen Kritikern sehr gut aufgenommen. Schon einen Monat nach Erscheinen berichtet die ausländische Presse darüber. Einmal mehr hat Beauvoir sich als großartige Essayistin bewiesen. Ohne Angst vor dem, was sich ihrer Neugierde zeigen könnte, hat sie sich dem Phänomen »Alter« gestellt, es erforscht, analysiert und dargestellt. Wieder ist eine Arbeit abgeschlossen und die Frage stellt sich: Was kommt als Nächstes? Welches Buchprojekt kann Beauvoir von Neuem an den Schreibtisch bannen? Oder sind ihre Ideen erschöpft?

»Schön ist, dass unsere Leben so lange harmonisch vereint sein konnten.«

Die Zeremonie des Abschieds
(1970–1986)

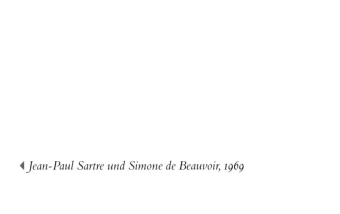

◀ *Jean-Paul Sartre und Simone de Beauvoir, 1969*

Im Mai 1970 in Sartres Wohnung am Boulevard Raspail: »Kurz vor Ende des konzentrierten Gesprächs dreht jemand den Schlüssel im Schloss und betritt die Wohnung: Simone de Beauvoir. Sie wirft einen kurzen, irritierten Blick auf mich, erinnert Sartre knapp, fast schroff daran, dass sie beide gleich eine Pressekonferenz hätten, und setzt sich wartend an Sartres Schreibtisch im Hintergrund des Zimmers. Ich spüre ihre Verärgerung über die Verzögerung und werde verlegen. Erstmals lerne ich Beauvoirs ›tete de chameau‹ (wörtlich übersetzt: Kamel-Kopf) kennen, das heißt ihre berüchtigte abweisende Miene, wenn ihr Situationen nicht passen.« (*Schwarzer: Beauvoir heute* 8).

Es ist die 1942 geborene Journalistin Alice Schwarzer, die hier von ihrer ersten Begegnung mit Beauvoir berichtet. Eigentlich ist der Anlass ihres Besuchs ein Interview mit Sartre. Aber natürlich hat sie *Das andere Geschlecht* gelesen und freut sich über die Gelegenheit, die bewunderte Schriftstellerin kennenzulernen. Alice Schwarzer gehört zur Gruppe »MLF«, der »Bewegung zur Befreiung der Frauen«. Obwohl Beauvoir von vielen Feministinnen angefeindet wird, wünschen sich andere sehr, sie als Mitstreiterin zu gewinnen. Und tatsächlich: Beauvoir zeigt sich bereit, beim MLF mitzuarbeiten. Ihr ist klar geworden, dass es in absehbarer Zeit keine politische Lösung für die ungerechte Behandlung der Frauen geben wird. Selbst in linken und revolutionären Kreisen hat sich in dieser Hinsicht noch nichts geändert. »Wir müssen also für die konkrete Situation der Frau kämpfen, bevor der erträumte Sozialismus kommt. Außerdem habe ich eingesehen, dass selbst in den sozialistischen Ländern die Gleichberechtigung zwischen Mann und Frau nicht eingetreten ist. Darum bin ich heute in der Bewegung zur Befreiung der Frauen aktiv.« (*Beauvoir in: Schwarzer: Beauvoir heute* 29)

Das Extrembeispiel für Ausbeutung und Abhängigkeit ist für Beauvoir die Hausfrau. Immer wieder betont sie, dass die Erwerbstätigkeit unabdingbar ist für die Befreiung der Frau. »Was aber vor allem zählt, wenn man wirklich unabhängig sein will, das ist der Beruf, das ist die Arbeit. Den Rat gebe ich allen Frauen, die mich fragen.« (*Beauvoir in: Schwarzer* 39) Ein zweiter zentraler Aspekt ist der Mut zum Kollektiv, unabhängig von jeder Ideologie. Die Befreiung der Frau ist keine individuelle Aufgabe, sondern eine gemeinsame Anstrengung. Es kann also nicht darum gehen, dass Frauen allein im privaten Rahmen versuchen, ein Stück Gleichberechtigung zu verwirklichen. Sie werden nach Beauvoirs Meinung nur dann eine dauerhafte Veränderung herbeiführen können, wenn sie sich solidarisieren und zusammen für das gleiche Ziel kämpfen.

Im April 1971 unterzeichnet Beauvoir das »Manifest der 343«, in dem 343 zum Teil sehr bekannte Frauen bekennen, abgetrieben zu haben. Abtreibung ist unter Strafe gestellt. Aufgrund ihrer Popularität jedoch hat Beauvoir keine Angst, verhaftet zu werden. Ob sie wirklich selbst abgetrieben hat, ist höchst zweifelhaft. Darüber hinaus setzt sie sich gegen die Diskriminierung von Frauen am Arbeitsplatz ein, schreibt regelmäßig in *Les Temps Modernes* über den alltäglichen Sexismus und kämpft öffentlich gegen alle Formen der Unterdrückung, die ihr zu Ohren kommen.

Es ist erstaunlich, wie viel physische und psychische Kraft sie hat, wie sie diese doch nicht unerheblichen Anstrengungen durchhält. Hier ist offenbar noch einmal etwas, was ihre Energie anfeuert, ihren Ehrgeiz anstachelt, etwas, das sie den Blick in die Zukunft richten lässt. Beauvoir ist und bleibt eine kämpferische Natur. Neben dem Schreiben braucht sie die öffentliche Aktion, das Echo anderer Menschen.

Dass man als Frau Ehe und Mutterschaft nach Möglichkeit meiden sollte, gehört zu Beauvoirs tiefsten Überzeugungen. Vor allem in der Heirat sieht sie ein perfektes Unterdrückungsin-

Simone de Beauvoir, Präsidentin des MLF, beim Fest der Frauen 1973, begleitet von ihrer späteren Adoptivtochter Sylvie Le Bon.

strument. »Mit 18, 20 heiratet man aus Liebe, und dann wacht man mit 30 auf – und da wieder rauszukommen, das ist sehr, sehr schwierig. Das hätte mir selbst passieren können, darum bin ich dafür so empfänglich.« (*Beauvoir in: Schwarzer* 71) Heirat und Mutterschaft bezeichnet Beauvoir als »Falle«, weil Frauen meist die ganze Verantwortung zu tragen haben. »Die Frauen sind es, die aussetzen, wenn ein Kleinkind da ist. Frauen nehmen Urlaub, wenn das Kind die Masern hat. Frauen müssen hetzen, weil es nicht genug Krippen gibt.« (*Beauvoir in: Schwarzer* 71) Es ist nicht die Hausarbeit als solche, die Beauvoir verurteilt. Es ist auch nicht die Mutterschaft überhaupt, die sie verneint. Es sind die Umstände, unter denen Frauen Hausarbeit verrichten und unter denen sie Mütter sind. Beauvoir wehrt sich wie bereits in *Das andere Geschlecht* dagegen, der Frau eine bestimmte »Natur« zuzuschreiben. Also von wegen Erdverbundenheit, Nähe zum Mondrhythmus und Ähnliches. »Das wäre finsterster Biologismus und steht in krassem Gegensatz zu allem, was ich denke.«

(*Beauvoir in: Schwarzer* 77) Beauvoir pocht auf etwas anderes, nicht auf das sogenannte Natürliche. Sie richtet ihr Interesse auf das Soziale. »Das Ewig-Weibliche ist eine Lüge, denn die Natur spielt bei der Entwicklung eines Menschen eine sehr geringe Rolle, wir sind soziale Wesen.« (*Beauvoir in: Schwarzer* 77) Wir sind, was wir aus uns machen oder was wir aus uns machen lassen. Damit bleibt Beauvoir auch in ihrem Feminismus bei dem, was den Kern ihres Lebens und Denkens immer schon ausgemacht hat, nämlich die Neugierde sozialen Phänomenen gegenüber. Sie findet es skandalös, wenn Frauen vom Recht des Menschen auf freie Entfaltung seiner Menschlichkeit ausgeschlossen bleiben und es ihnen verwehrt wird, ihre eigenen Möglichkeiten zu ergreifen. Nur so ist ihre rigorose Haltung gegenüber Ehe und Mutterschaft zu verstehen. Alle Menschen, Männer und Frauen, müssen darum kämpfen, als soziale Wesen in ihrer Freiheit ernst genommen zu werden. Das Soziale und die Freiheit gehören zusammen.

Beauvoir hat diese Einsicht durch langjährige Beobachtung gewonnen; ihrer Meinung nach trifft sie auch auf die Frauenbewegung zu. Dass sie manchen Frauen damit zu wenig eindeutig auf die Frau und nur auf sie hin argumentiert, leuchtet ein. Beauvoir ist weit eher Menschenrechtlerin als Frauenrechtlerin. Innerhalb der feministischen Bewegung engagiert sie sich dafür, den Frauen alle Rechte zu geben, die Menschen zu ihrem vollen Menschsein brauchen. Beauvoir bleibt auch hier Existentialistin.

Frauen schaffen sich wie Männer ihr Sein, sie sind frei geboren und aufgerufen, diese Freiheit zu leben. Genau das hat Beauvoir in ihrem bisherigen Leben versucht. Auch die Entscheidung, sich innerhalb der feministischen Bewegung zu engagieren, ist ein freier Entschluss. Sie tut diesen Schritt auch für sich, denn sie hat die Ahnung, dass die nächsten Jahre an Sartres Seite anstrengend sein könnten, weil sein Gesundheitszustand stark schwankt. Beauvoir befürchtet, dass er zum Pflegefall werden könnte.

Sartre hält sich nicht an die Verbote der Ärzte. Er trinkt abends mehr als einen halben Liter Whiskey und raucht nach wie vor seine zwei Schachteln Zigaretten am Tag. Solange es ihm einigermaßen gutgeht, hat er nicht vor, etwas an seinen extremen Gewohnheiten zu ändern. Er nimmt nicht einmal die verordneten Medikamente. Als er im Mai einen kleinen Schlaganfall hat, sind die Freunde sehr beunruhigt. Sartre aber bleibt nicht einmal im Bett. Im Juni feiert er fröhlich seinen 66. Geburtstag. Trotzdem ist Beauvoir voller Sorge:»Ich bin mit Sylvie nach Italien gefahren. Am nächsten Abend haben wir in Bologna übernachtet. Am Morgen sind wir über die Autobahn in Richtung Ostküste gefahren. Die Landschaft war in milden Nebel getaucht. In meinem ganzen Leben habe ich kein solches Gefühl von Absurdität und Verlassenheit gehabt: Was machte ich hier? Warum war ich hier? Meine Liebe zu Italien hat mich schnell wieder eingefangen. Aber jede Nacht vor dem Einschlafen habe ich lange geweint.« (*Abschied* 32)

Beauvoir hilft sich, indem sie Tagebuch schreibt, minutiös notiert, wie es Sartre geht. Wie in den Sterbetagen der Mutter beschreibt sie auch jetzt Zustände und Veränderungen, schildert Stimmungen und Gedanken.

Noch ein zweites Projekt hat sie begonnen: Ein weiterer Band der Memoiren soll entstehen. Anders als in der ersten Bänden geht sie dabei nun nicht mehr chronologisch, sondern thematisch vor. So widmet sie ein Kapitel dem Reisen, ein anderes dem Lesen und den Filmen und wieder ein anderes speziell den Reisen und politischen Aktionen mit Sartre. Obwohl sie oft mit Sylvie unterwegs ist, haben die Ausflüge mit Sartre kein Ende. Auch nach der akuten gesundheitlichen Krise vom Frühjahr 1971 besucht er Sylvie und Beauvoir in Rom. Es bekommt ihm gut. Beängstigend allerdings sind die Alkoholexzesse, denen er neuerdings frönt. Der Whiskey am Abend reicht nicht, er betrinkt sich am helllichten Tag und versteckt sogar Wein, damit ihn niemand hindert. Sartre nutzt jede Gelegenheit zu trinken und ist manchmal abends so betrunken, dass er den Weg ins Bett allein nicht findet. Eine Kontrolle von außen scheint notwendig zu werden, auch wenn es Sartre schwerfällt, das zu akzeptieren. Nicht nur Beauvoir, auch Arlette und andere Freunde versuchen, Sartres Alkoholismus zu beschränken, so gut es geht. Hinzu kommt, dass seine Sehkraft, die noch nie die beste war, bedenklich nachlässt. Er kann nur noch Großbuchstaben lesen, und das auch nur mit der Lupe.

Im Sommer 1973 fahren Sylvie, Beauvoir und Sartre wieder nach Italien. Auch Wanda ist mit von der Partie, und Beauvoir nutzt die Gelegenheit, um mit Sylvie ein wenig allein durch die Gegend zu fahren. Sie kann der jungen Frau nicht zumuten, permanent in der Nähe des anstrengenden alten Mannes zu sein. Manchmal steht Sartre in der frühen Dunkelheit auf, weil er die Zeiger der Uhr nicht lesen kann, und verlangt nach dem Frühstück. Immerhin ist Sylvie Beauvoirs und nicht Sartres Freundin und kann nicht einsehen, wieso sie so wenig Zeit allein mit Beauvoir verbringen kann und Sartre die Ferien dominiert. Beauvoir möchte alles tun, diese ihr so wichtige Freundschaft nicht zu gefährden. Andererseits fühlt sie sich Sartre gegenüber verpflichtet und hat ein schlechtes Gewissen, wenn sie ihn anderen überlässt. Hinzu kommt die Eifersucht auf die vielen Frauen um Sartre, die nichts dagegen haben, ihn zu umkreisen und zu bemuttern. Beauvoir ist nach wie vor der Meinung, ihr gebühre der erste Platz an Sartres Seite. Aber sie fühlt sich körperlich und geistig so fit, dass sie die Zeit nutzen möchte für all die Arbeiten, die Reisen, Begegnungen und Freundschaften, die sich bieten. Sie birst geradezu vor Energie.

Auch in Paris zehren die vielen Stunden, ja Tage und Nächte, die sie bei Sartre verbringt, an ihren Kräften. Da kommt ihr ein junger Mann gerade recht, den Sartre schon längere Zeit kennt. Er ist ein revolutionärer Geist, der aus Angst vor polizeilicher Überwachung seinen Namen geändert hat. Eigentlich heißt er Pierre Victor, nennt sich aber Benny Lévy, ein intelligenter Bursche, der sich allerdings durch seine Verkleidung ein wenig lächerlich macht. Zur Tarnung trägt er eine Perücke, die aber so ungeschickt gewählt ist, dass er damit nur umso mehr auffällt. Eine große Begabung hat Lévy allerdings: Er ist ein brillanter Redner und Erzähler, und das gefällt Sartre, nun, da er fast nichts mehr lesen kann. Lévy ist staatenloser Ausländer, und es wäre seine Rettung, wenn Sartre ihn als persönlichen Sekretär mit einem festen Monatsgehalt einstellen könnte. Sartre ist begeistert, Arlette fürchtet allerdings, dass Lévy zu viel Macht über ihn gewinnen könnte. Beauvoir willigt ein. »Aber Sartre freute sich darauf, mit Victor zu arbeiten. Und mir war es recht, dass ich ihm nicht jeden Morgen vorlesen musste und wieder etwas freie Zeit für mich hatte.« (*Abschied* 85) Mit dem alternden Sartre ist es auch so anstrengend genug, denn er will noch immer nicht wahrhaben, dass sich seine Augen nicht mehr bessern werden. Er verdrängt seine schwindende Sehkraft beharrlich, für Beauvoir eine Reaktion, die sie nicht verstehen kann. Deshalb auch leidet sie besonders unter seiner Leugnung dieser offensichtlichen Tatsache. Sie, die den Fakten jederzeit ohne Scheu ins Auge sieht, kann es fast nicht aushalten, dass Sartre derart blind ist der eigenen offensichtlichen Blindheit gegenüber. Sartres Kampf gegen den Tod hat begonnen. Er redet sich ein, weiterhin arbeiten zu können, spricht davon, wie es sein würde, wenn er mit einem neuen Buch begänne. Auch für Lévy ist es eine erschütternde Erfahrung, diesen Mann zu erleben, der einst Tag und Nacht wach zu sein schien und den man nun immer wieder aus einer merkwürdigen Apathie reißen muss. Sartre war nie abhängig von anderen, aber er war auch nie gern allein. Und so hasst er, sich helfen zu lassen, und hat gleichzeitig Angst, ein paar Stunden ohne einen Menschen in seiner Wohnung zu verbringen. Wenn Beauvoir einmal nicht da ist und auch niemand sonst, lässt sie das Radio laufen, damit er die Stille nicht ertragen muss.

Beauvoir arbeitet verstärkt in der feministischen Bewegung. Sie übernimmt Redaktionsarbeiten bei feministischen Zeitschriften, hält Vorträge und gibt Interviews. Als in Frankreich 1975 die Abtreibung während den ersten zehn Schwangerschaftswochen legalisiert wird, sagt Beauvoir in einem Gespräch mit Alice Schwarzer darüber: »Das ist also eine Maßnahme, die einerseits überhaupt nichts Grundsätzliches verändert. Sie verträgt sich durchaus mit einer kapitalistischen und patriarchalischen Welt (der beste Beweis dafür ist, dass die freie Abtreibung auch in Japan und in den USA existiert). Aber dennoch ist eine solche Reform nicht zu unterschätzen. Sie erleichtert Frauen viele akute Probleme und ist auch ein Anfang. So wie die Pille es war. Aber ebenso wie die Pille, die die Gesundheit der Frauen gefährdet und Frauen verstärkt zur alleinigen Verantwortung für die Verhütung drängt, kann auch die freie Abtreibung zum Bumerang werden. Mit einer Gegenattacke der Männer muss in einer männerbeherrschten Welt grundsätzlich gerechnet werden. Sie werden es benutzen, um eine zusätzliche Unterdrückung daraus zu machen.« (*Beauvoir in: Schwarzer* 64) Beauvoir sieht sich nicht als militante Feministin, sondern als Beobachterin der aktuellen Frauenbewegung und als Unterstützerin von Projekten, die Frauen in Not helfen sollen. So ist sie Präsidentin der *Liga für Frauenrechte* und hilft dabei, Häuser für Frauen zu gründen, die misshandelt wurden. Der alltäglichen Unterdrückung von Frauen muss mit geeigneten Mitteln begegnet werden. Trotzdem regt sich der Verdacht, dass Beauvoir die feministischen Aktivitäten auch dazu benutzt, ein wenig zu vergessen, wie schlecht es Sartre geht. Sie berichtet in ihrem Tagebuch davon, dass Sartre der Meinung sei, immer wieder denselben Tag zu erleben, ohne dass etwas Neues passiere. »Ich habe ihm gesagt, dass es mir mit den Feministinnen ähnlich erginge.« (*Abschied* 94) In einer solchen Äußerung wird klar, dass ihr die feministische Bewegung nicht genügt, dass ihre Gedanken sich auch noch um andere Dinge drehen, dass zum Beispiel die Themen Alter und Tod diejenigen sind, die sie wirklich beschäftigen. Aber gleichzeitig genießt sie die Bewunderung, die ihr von Frauen aus aller

Welt zuteil wird. Fast ist sie so etwas wie eine »heilige Simone der Frauenbewegung« geworden, beängstigend und doch auch erhebend. Beauvoir wollte ja immer berühmt werden, nun ist kein Zweifel mehr möglich: Sie ist eine der berühmtesten Frauen ihrer Zeit.

Gemeinsam mit Sartre und anderen engagiert sich Beauvoir auch weiterhin außerhalb der feministischen Bewegung politisch. So wehren sie sich gegen die Haftbedingungen für politische Gefangene, auch in Deutschland. Sartre erreicht sogar, dass er im Dezember 1974 nach Stuttgart in das Gefängnis Stammheim fahren darf, um Andreas Baader, den Kopf der RAF (Rote Armee Fraktion) zu besuchen. »Sein Entschluss wurde bestärkt durch die Nachricht vom Tod von Holger Meins, der an den Folgen eines Hungerstreiks im Gefängnis gestorben war.« (*Abschied* 101) Sartre missbilligt zwar die gewalttätigen Aktionen der RAF, protestiert aber gegen unmenschliche Haftbedingungen. In dieser Sache steht Beauvoir an der Seite Sartres und unterstützt seine Forderungen. Sie freut sich, dass er diese Anteilnahme und kritische Auseinandersetzung mit politischen Zeitproblemen aufbringt. Es ist ein Zeichen dafür, dass er noch lebendig ist und sein Geist die Arbeit nicht aufgegeben hat, auch wenn er nicht mehr lesen und schreiben kann.

Die Zusammenarbeit Sartres mit Lévy wird immer intensiver. Lévy hat ein großes Talent, Menschen an sich zu binden, und es gelingt ihm bei Sartre auf Anhieb. Auch der Raum, den Arlette an der Seite Sartres einnimmt, wird immer größer, so dass für Beauvoir die Möglichkeit, Einfluss zu nehmen, zunehmend geringer wird. Im Sommer 1974 hatte Sartre in einem Gespräch mit Beauvoir noch betont: »Die Welt erlebte ich mit Ihnen.« (*Abschied* 393) Die anderen Beziehungen seien für ihn immer »Welten innerhalb dieser Welt« gewesen und daher unwesentlicher als die Beziehung zu Beauvoir. Die eigentliche Welt scheint im Schrumpfen begriffen, die kleinen Welten nehmen an Raum zu, und es erscheint Beauvoir immer weniger glaubhaft, dass sie die erste Rolle in Sartres Leben zu spielen habe. Sartre ist offensichtlich im Begriff, sich aus der mit Beauvoir gemeinsam bewohnten Welt nach und nach zurückzuziehen. Lévy, der Freund und Sekretär, und Arlette, die Adoptivtochter, regeln seinen Alltag und nehmen teil an der geistigen Produktion. Beauvoir ist nicht mehr die erste Leserin von Sartres Texten, was sie sehr schmerzt. Sie reagiert zunehmend gereizt und aggressiv auf Lévy, dessen Machteinfluss ihr zutiefst missfällt. So macht der Sekretär mit Sartre Tonbandaufnahmen zu den Themen Politik und Moral. Die Abschrift wird von einer Bekannten Lévys erledigt. Beauvoir hat also überhaupt keine Möglichkeit mehr zu prüfen, inwieweit die Texte mit dem identisch sind, was Sartre aufs Band gesprochen hat.

Einst hatten Beauvoir und Sartre eine weite Zukunft vor Augen, die Vergangenheit erdrückte nicht alles und die Gegenwart wurde erhellt von Plänen und gemeinsamen Projekten. Nun wird die Zukunft immer enger, die gemeinsame Zeit ist eine vor allem vergangene Epoche. Sartre verdrängt sein Alter, so gut er kann. Er genießt es, wenn jüngere Menschen Beauvoir den angestammten Platz streitig machen. Er umgibt sich auch mit jungen Frauen, die ihn anhimmeln und ihm den verbotenen Alkohol in die Wohnung schmuggeln. Die jungen Menschen im Haus geben ihm das Gefühl, noch mitwirken zu können an der Zukunft.

Für das Paar Beauvoir und Sartre heißt das: Es gibt kein gemeinsames Altern. Es scheint, als würde allein Beauvoir der nicht zu leugnenden Tatsache ihres Alters und dessen Konsequenzen wirklich ins Auge sehen. Mag sein, dass Sartre sich durch Beauvoirs Anwesenheit doppelt erinnert fühlt an seine Gebrechlichkeit, die für ein Arbeitstier wie ihn immer von Neuem ein Schock sein muss. Seine Sucht nach jungen Frauen war schon immer ein wenig lächerlich, so auch jetzt. Aber bemerkt hatte er das nie, warum also sollte es ihm nun auffallen? »Es waren viele Frauen um ihn: seine alten Freundinnen, neu dazugekom-

mene. Er sagte freudig zu mir: ›Nie bin ich so von Frauen umgeben gewesen.‹« (*Abschied* 139) Beauvoir lässt ihn, vermeidet
Streit, aber in ihr sieht es nicht so windstill aus, im Gegenteil: Sie
kämpft permanent gegen den inneren Sturm aus Entrüstung,
Wut und Enttäuschung. In der Konfrontation mit den Tatsachen
von Alter und Tod ist sie Sartre voraus, verhält sich offener, ehr-
licher, mutiger. Mit 50 Jahren hatte sie begonnen, sich persönlich und wissenschaftlich damit auseinanderzusetzen. Längst hat
sie sich im Alter eingerichtet, während Sartre den Traum ewiger
Jugend träumt. Beauvoir hat erreicht, was sie wollte, und das gibt
ihr ein Gefühl von innerer Befriedigung. »Was mir in den Sinn
kam und was mich lockte, habe ich getan, statt es zu unterdrü-
cken. Darum habe ich auch heute nichts nachzuholen.« (*Beauvoir in: Schwarzer* 82) Im selben Interview mit Alice Schwarzer
äußert sich Beauvoir sehr dezidiert zu einzelnen Lebensphasen.
»Meiner Meinung nach ist die strahlendste Phase in einem Leben, wenn man zwischen 30 und 50 oder 30 und 60 ist, sein Leben aufgebaut und nicht mehr die Schranken der Jugend hat –
Familiengeschichten, Karrieredruck –, das ist der Moment, wo
man frei ist und viel vor sich hat. Aber das Alter, das ist der
Schritt vom Unendlichen ins Endliche. Man hat keine Zukunft
mehr – das ist das Schlimmste.« (*Beauvoir in: Schwarzer* 85)

Beauvoir schreibt noch immer Tagebuch, Artikel, aber keine
Bücher mehr. Es entsteht kein neuer Roman und sie denkt nicht
über das »klassische Spätwerk« nach, der letzte Memoirenband
ist bereits 1972 erschienen. »Ich sage mir, gut, ich könnte vielleicht noch ein, zwei Bücher schreiben, aber das verändert nichts
Entscheidendes am Kern meines Werkes: dem *Anderen Geschlecht*, den *Mandarins*, der Autobiografie. Das Wesentliche ist
getan, liegt hinter mir.« (*Beauvoir in: Schwarzer* 85)

Beauvoirs Abenteuer- und Entdeckerlust scheint erlahmt zu
sein. Die Neugierde ist nicht mehr so groß, dass sie Antrieb sein
könnte, Neues zu suchen, Projekte zu beginnen. Beauvoir ist
hin- und hergerissen zwischen der Sorge um Sartre und dem

Versuch, sich dennoch einen freien Kopf zu bewahren. Sie weiß, dass der Abschied von der gemeinsam bewohnten Welt, dem gemeinsam entworfenen Existenzhorizont, längst begonnen hat, und sie hat Angst vor dem, was sie auf sich zukommen sieht: Sartre wird wahrscheinlich früher sterben als sie selbst.

Sein Befinden wechselt, er interessiert sich noch immer für viele Dinge, begrüßt morgens freudig die Sonne, plant Ferienreisen.

Am 19. März 1980 ändert sich die Situation aber schlagartig: »Gewöhnlich schlief er noch, wenn ich in sein Zimmer kam. An diesem Tag saß er auf der Bettkante, nach Luft ringend, fast unfähig zu sprechen. Schon einmal hatte er in Arlettes Beisein so eine ›Luftschluckerkrise‹, wie er es nannte, gehabt, aber sie war ziemlich kurz gewesen. Diese hielt bereits seit fünf Uhr morgens an, ohne dass er die Kraft gehabt hatte, sich bis zur Tür zu schleppen und zu klopfen.« (*Abschied* 156) Das Telefon wurde abgestellt, weil Sartre die Gebühr nicht bezahlen konnte, so dass Beauvoir zur Concierge gehen muss, um einen Arzt anzurufen. Der kommt, Sartre wird an einen Beatmungsschlauch gehängt und ins Krankenhaus eingeliefert. Merkwürdigerweise scheint sich Beauvoirs Furcht in Grenzen zu halten, denn sie sagt eine Mittagessensverabredung für diesen Tag nicht ab. Oder verdrängt sie in diesem Moment einfach nur die düsteren Vorahnungen? In den nächsten Tagen klären die Ärzte Beauvoir über Sartres wahren Gesundheitszustand auf: »Es gab keine andere Lösung, als ihn friedlich sterben zu lassen.« (*Abschied* 159)

Sartre stirbt am 15. April 1980. Arlette ist bei ihm. Noch am gleichen Abend kommen Beauvoir und ein paar Freunde und erhalten die Erlaubnis, die Nacht am Bett des Toten zu verbringen. »Ich habe Sylvie gebeten, Whiskey zu holen, wir haben ihn getrunken und haben über Sartres letzte Tage, über vergangene Tage und über die notwendigen Maßnahmen gesprochen. (*Abschied* 161) Beauvoir ist die ganze Zeit über betäubt und nicht wirklich bei Sinnen. Sie hatte bereits zu Hause Alkohol zu sich genommen und nun, nach der Nacht am Totenbett Sartres, ist sie völlig betrunken und zusätzlich mit Valium vollgepumpt. Die Freunde sind der Überzeugung, dass man sie unmöglich allein lassen könne. Bis zu Sartres Beerdigung lebt Beauvoir in einem andauernden Dämmerzustand. Sie ist praktisch nie ohne Einfluss von Alkohol und Valium. Ihr völlig geschwächter Körper reagiert mit einer heftigen Lungenentzündung, die sie für einen Monat ins Krankenhaus zwingt.

Arlette räumt inzwischen Sartres Wohnung aus. Beauvoir erhält nichts als ein paar Bücher, die aus dem Nachlass ihres eigenen Vaters stammen. Die Möbel aus Sartres Arbeitszimmer gehen in Lévys Besitz über, der bei sich eine Kopie von Sartres Zimmer erstellt und damit sozusagen in Sartres Arbeitsumgebung Platz genommen hat. Beauvoir empfindet eine große Bitterkeit. Sie ist sich bewusster denn je, dass sie nicht nur den geliebten Sartre verloren hat, sondern dass man ihr auch jegliche Einflussnahme auf das, was an Büchern, Schriften, Möbeln an ihn erinnert und weiterleben wird, entzogen hat. Es scheint fast, als wolle Beauvoir selbst dem Leben den Rücken kehren, nun da ihr nichts bleibt von dem, was Jahrzehnte das Zentrum ihrer Existenz ausmachte. Diese Apathie hält einige Wochen an.

Nach Verlassen der Klinik ist Beauvoir so schwach, dass sie kaum gehen kann. Erst ein Kuraufenthalt in der Bretagne mit Heilbädern und Massagen bringt sie wieder einigermaßen auf die Beine. Sylvie tut, was sie kann, um ihre Freundin aus der tiefen Trauer wenigstens ein Stück herauszuholen. Bereits im Krankenhaus hat Beauvoir den Entschluss gefasst, Sylvie zu adoptieren. Da ihre Schwester Hélène rein rechtlich als Einzige infrage käme für die eventuelle Pflege Beauvoirs, hätte dies wahrscheinlich zur Folge, dass sie aus Paris weg ins Elsass ziehen müsste: ein schauerlicher Gedanke. Sylvie wehrt sich zuerst gegen den Vorschlag, denn sie liebt ihre Unabhängigkeit. Schließlich lässt sie sich überzeugen durch das Argument, dass sich an der Art des Zusammenlebens nichts ändern würde. Und was die

Klatschmäuler sich erzählen, spielt für die beiden ohnehin keine Rolle.

Langsam taucht Beauvoir aus dem Strudel verwirrender, tieftrauriger Gefühle auf. Aber wirklich nur sehr langsam, denn auch 1981 wechseln die wenigen Lichtblicke mit Phasen abgrundtiefer Niedergeschlagenheit, in denen sie immer wieder von Weinkrämpfen geschüttelt wird. Auf Sylvies liebevolles Zureden hin nimmt sie sich schließlich vor, noch mindestens zehn Jahre zu leben. Aber auch dieser Vorsatz reicht nicht aus, um sie dem Leben wirklich zurückzugeben. Und so fasst die Schriftstellerin noch einmal den Entschluss, das zu tun, was ihr am besten geholfen hat, mit Schicksalsschlägen fertigzuwerden: Sie setzt sich an den Schreibtisch und beschreibt, was sie erlebte, was sie beobachtete, was ihr geschah. Denn auch der Tod Sartres war kein »natürlicher« Tod, auch Sartre starb an etwas Bestimmtem, an einer Krankheit.

Im Schreiben ordnet sie das Chaos, stellt einen Abstand her zu dem, was sie fast zerstört hätte. Anhand der Tagebuchnotizen schaut Beauvoir zurück auf die letzten zehn Jahre, beschreibt genau die einzelnen Krankheitsphasen von Sartre. Sie erzählt von den körperlichen und seelischen Veränderungen, von Nähe und Ferne im Umgang mit Sartre, von der Angst, ihn zu verlieren, und der Freude über Momente regen geistigen Austauschs und angeregter Gespräche. Im Vorwort zum Buch spricht sie Sartre direkt an: »Das ist das erste – und wahrscheinlich das einzige – meiner Bücher, das Sie nicht gelesen haben werden, bevor es gedruckt wird. Es ist gänzlich Ihnen gewidmet und erreicht Sie nicht.« (Abschied 9) Beauvoir hat das Buch vorrangig für sich selbst und Sartre geschrieben. Sie hat darin noch einmal und endgültig Abschied genommen. Darüber hinaus richtet es sich aber auch an all diejenigen Menschen, die etwas über die letzten Lebensjahre Sartres erfahren wollen. Als Schriftstellerin hat Beauvoir auch ihre Leserinnen und Leser mit einbezogen.

Eine Frage nagt bei der Niederschrift des Textes noch immer

an ihr: »Hätte ich Sartre nicht über seinen bevorstehenden Tod aufklären müssen?« (*Abschied* 164) Sie entschuldigt sich damit, dass es bei Sartre fast bis zu seinem Ende nicht klar war, wie lange er noch leben würde. Als zusätzliches Argument führt sie an, dass er ohnehin mit seinen Gebrechen schwer zurechtkam. »Hätte er die Bedrohung, in der er schwebte, genauer gekannt, so hätte sie seine letzten Lebensjahre nur unnötig verdunkelt. Auf jeden Fall schwankte ich wie er zwischen Angst und Hoffnung. Mein Schweigen hat uns nicht getrennt. Sein Tod trennt uns. Mein Tod wird uns nicht wiedervereinen. Schön ist, dass unsere Leben so lange harmonisch vereint sein konnten.« (*Abschied* 164 f.)

Rigoros im Aussprechen dessen, was sie als wahr erkennt, bleibt Beauvoir auch jetzt bei der Erkenntnis, dass es für die Menschen nach dem Tod kein Wiedersehen gibt. Sterben heißt, sich für immer trennen. Es bedeutet die letzte, endgültige Einsamkeit.

Das Buch mit dem Titel *Die Zeremonie des Abschieds* erscheint 1981. Es besteht aus der Beschreibung der Krankheitsjahre Sartres und aus dem Abdruck eines Interviews, das Beauvoir im Sommer 1974 mit Sartre gemacht hatte. Sie sprechen darin neben anderen Themen über Literatur, Philosophie und über Sartres geistige Entwicklung. Schließlich stellt sie ihm eine Frage, die sie brennend interessiert: »Sprechen wir über Ihre Beziehung zu Frauen. Was können Sie darüber sagen?« (*Abschied* 375) Beauvoir geht es dabei weniger um eine Erörterung von Sartres Beziehung zu ihr selbst, sondern darum, herauszufinden, was ihn lebenslang an Frauen angezogen hat, was ihm wichtig war im Umgang mit ihnen. Es stellt sich heraus, dass es eine bestimmte Mischung aus Sensibilität und Intelligenz war, was ihn faszinierte und die er bei Frauen eher fand als bei Männern. Beauvoir stellt ihre Fragen sehr geschickt und Sartre gibt aufschlussreiche Antworten, die sehr viel von seinem Denken und seiner Lebensart preisgeben. »Wie meine Beziehungen zu Frauen in intellektueller Hinsicht waren? Ich sagte ihnen Dinge, die ich dachte, ich wurde oft missverstanden, aber gleichzeitig wurde ich durch eine Sensibilität verstanden, die meine Idee bereicherte.« (*Abschied* 387)

Beauvoir spricht auch das Problem des Alterns an und dass sie das Gefühl habe, Sartre würde sein Altwerden nicht fühlen. »Aber was ich sagen will, ist, dass Sie ein Bewusstsein haben, das im großen Ganzen auf die Welt gerichtet ist und nicht auf Ihre Situation, Ihre Position in der Welt, auf ein Bild Ihrer selbst.« (*Abschied* 536) Sartre bejaht diese Ansicht. Sein Schauen nach draußen, auf das, was in der Welt geschieht, war immer viel stärker ausgeprägt als der Blick auf sich selbst. Bei Beauvoir ist das Gegenteil der Fall. Lebend und schreibend hat sie ein Bild von sich geschaffen. Sartre dachte von sich weg, Beauvoir dachte und denkt auf sich zu. Das wird sehr deutlich in diesen Interviews. Der Ton ist freundlich, aber von Beauvoirs Seite bestimmt. Manchmal hat man den Eindruck, sie lege Sartre die Wörter in den Mund. Auf jeden Fall ist sie hier die dominante Person.

Nach Erscheinen des Buchs hagelt es Kritik. Wieder wirft man der Autorin Indiskretion vor. Es scheint, als gelte die Beschreibung des körperlichen Verfalls als die größte Obszönität, die überhaupt denkbar ist. Einige Kritiker unterstellen ihr Rachemotive, als wollte sie Sartre noch nach dem Tod eins auswischen, weil sie ihm die vielen Seitensprünge nicht verzeihen konnte.

Dabei beleuchtet das Nebeneinander von Bericht und Interview sehr eindrücklich die beiden Seiten von Sartres Leben in seinen letzten zehn Jahren: Einerseits das langsame Sterben des Körpers und andererseits den wachen Geist, der nicht aufhört zu analysieren, zu problematisieren, nach Lösungen zu suchen. Beauvoir hat den Text so gestaltet, dass ein Bewusstsein für diese beiden Seiten entsteht, die dennoch nicht verhindern können, dass sich die kritischen Geier aus den Feuilletons der großen Zeitungen auf sie stürzen. Ihr selbst hat die Arbeit an *Die Zeremonie des Abschieds* geholfen, wieder ein Stück Freiheit und

Freude am Leben zurückzugewinnen. Außerdem fühlt sie sich besser gewappnet, den Kleinkrieg mit Arlette zu bestehen. Die muss bei jeder Gelegenheit betonen, dass sie als alleinige Nachlassverwalterin das Erbe Sartres betreut. Beauvoir ordnet trotzdem die Briefe, die sich in ihrem Besitz befinden, und heuert Robert Gallimard an, ihr zu helfen, wenigstens in diesem Fall die Oberhand zu behalten. Beauvoir attackiert Arlette verbal sehr heftig, denn sie ist der Meinung, dass diese ihr die Rolle streitig machen will, die sie – und nur sie, ihrer Meinung nach – an der Seite Sartres spielte. Arlette wiederum ist gnadenlos in ihrem Anspruch zu entscheiden, was aus dem nachgelassenen Werk Sartres wann veröffentlicht werden soll.

Neben diesen unerfreulichen Dingen widmet sich Beauvoir weiterhin mit aller Kraft dem Feminismus. Sie hält noch immer unzählige Vorträge vor Frauengruppen. Der Sozialist Mitterand war 1981 zum ersten Mal als Sieger aus den Wahlen zum französischen Staatspräsidenten hervorgegangen und hatte ein Ministerium für die Rechte der Frau geschaffen mit Yvette Roudy an der Spitze. Diese Frau gefällt Beauvoir außerordentlich. Und sie ist überzeugt davon, dass Mitterand verstanden habe, welch wichtige Funktion Frauen bei den Wahlen ausüben und dass man sie umfassend fördern sollte. Roudy bekommt die Macht und das Geld, wirklich etwas bewirken zu können in der französischen Gesellschaft. So bringt sie ein Gesetz auf den Weg, das den Medien die Ausbeutung des weiblichen Körpers verbietet. Roudy gründet auch die Kommission *Femme et Culture*, der Frauen aus den verschiedenen gesellschaftlichen Schichten angehören und die sich zur Aufgabe setzt, konkrete Pläne für eine Veränderung der Situation der Frau auszuarbeiten. Beauvoir übernimmt sogar den Ehrenvorsitz der Gruppe. Auch privat ist sie stets zur Stelle, wenn es darum geht, Empfehlungen zu schreiben, Frauen finanziell zu unterstützen, für Frauenprojekte mündlich und schriftlich zu werben. Beauvoirs Solidaritätskundgebungen beschränken sich nicht nur auf Frankreich. Sie bestärkt die Frauen in Mexiko, an ihrer Befreiung zu arbeiten, und schreibt an die Regierung Irlands, um sie zur Freigabe von Verhütungsmitteln zu bewegen. Dabei ist es ihr wie immer wichtig, nicht ins Blaue hinein zu agieren, sondern sich speziellen Projekten zuzuwenden, mit denen sie sich innerlich verbinden kann. Sie genießt es, für ihr Engagement geehrt zu werden und eine besondere Position innerhalb der feministischen Bewegung einzunehmen. Die Leere, die durch Sartres Tod entstanden war, ist längst nicht mehr so gähnend, sondern füllt sich mit Aktivitäten, die Beauvoir mit ihrer ganzen Person bejahen kann.

1983 erfährt sie eine für sie große Ehrung: Die dänische Regierung verleiht ihr den Sonning-Preis für Verdienste um die europäische Kultur. Sie freut sich auch deshalb so sehr, weil sie diese Auszeichnung als Beweis sieht, als Schriftstellerin, nicht nur als Feministin wahrgenommen zu werden. Das Preisgeld kommt gerade richtig: Beauvoir und Sylvie benutzen die 23 000 Dollar, um in die USA zu fliegen. Nachdem 1981 Nelson Algren gestorben war, hatte sich Beauvoir vorgenommen, noch einmal dieses Amerika zu besuchen, in dem sie so viele glückliche Wochen verbracht hat.

Im Juli 1983 ist es so weit. Nicht nur New York steht auf dem Programm, sondern auch Neuengland, das die beiden sechs Wochen lang mit einem Mietwagen durchqueren. Beauvoir wirkt zwar zerbrechlich neben der jungen Freundin, aber wenn es darum geht, herumzulaufen, sich die Gegend genau anzuschauen, durch die Kneipen zu ziehen, zeigt sich der alte Enthusiasmus, während Sylvie weit schneller ermüdet. In den letzten Tagen ihrer Reise, die sie noch einmal in New York verbringen, kann man eine alte Dame beobachten, die Museen besucht und in den Buchhandlungen Ausschau hält nach den neuesten Veröffentlichungen amerikanischer Autorinnen, während ihre jugendliche Begleiterin im Hotelzimmer faulenzt.

Das Wiedersehen mit Amerika hat Beauvoir ausgesprochen gutgetan. Sie fühlt sich auch körperlich auf der Höhe. Ganz wunderbar findet sie die Idee der französischen Regisseurin Josée Dayan, über *Das andere Geschlecht* einen Fernsehfilm zu machen. Um Geld zu bekommen, soll er dem amerikanischen Verleih angeboten werden. Das jedoch klappt nicht, weil moralische Bedenken auftauchen. Wie zum Beispiel soll man eine Klitorisbeschneidung zeigen? Was überhaupt soll gezeigt werden und was nicht? So wird der Film schließlich in sechs Folgen zu je 55 Minuten im französischen Fernsehen gezeigt. Der Ausstrahlungstermin ist der November 1984. Beauvoir hat nichts einzuwenden und steht auch für Interviews zur Verfügung.

Was selbst ihre engsten Freunde, Sylvie miteingeschlossen, nicht wirklich registrieren, ist der fortdauernde hohe Alkoholkonsum Beauvoirs. Das mag mit daran liegen, dass ihr Geist funktionsfähig und wach ist wie eh und kein bisschen beeinträchtigt erscheint. Sie gehört noch immer zur Redaktion von *Les Temps Modernes* und das keineswegs bloß pro forma, nein, sie korrigiert Fahnen und entscheidet mit, welche der eingesandten Manuskripte zur Veröffentlichung kommen. An der Spitze des Redaktionsteams steht inzwischen Claude Lanzmann, und so gibt es mit ihm immer wieder kleine Streitereien, denn auch er hat einen Dickschädel. Aber all diese Entscheidungskämpfe halten Beauvoir fit, und so entgeht ihrer Umgebung lange, dass der Alkohol nun doch langsam, aber sicher seine Spuren hinterlässt. Es ist wie bei Sartre: Die Leber hat schwer gelitten, und es ist nicht mehr zu übersehen, dass Beauvoir bleibende Schäden davongetragen hat. Ihr Bauch ist derart aufgequollen, dass bereits kleine Wege eine schier unerträgliche Anstrengung für sie bedeuten. Das Weiß der Augen ist gelb geworden, was ebenfalls auf ein Nachlassen der Leberfunktionen hindeutet. Sylvie tut alles, um sie vom Whiskey wegzubringen, aber dafür ist es nun zu spät: Die Abhängigkeit ist zu groß.

Eines Morgens findet Sylvie die Freundin schlafend neben dem Bett, was Beauvoir damit begründet, sie sei auf dem Weg zur Toilette gestürzt. Das erinnert sehr an Sartres Verdrängungsstrategien. Beauvoir scheint nicht mehr die Kraft zu haben, sich selbst auch jetzt mit der gleichen Schonungslosigkeit zu betrachten, wie man das bei ihr gewohnt ist. Auch sie tut so, als wäre im Grunde alles in Ordnung und man müsse sie nur ein wenig stützen, weil sie eben alt und gebrechlich geworden sei. In Wirklichkeit läuft sie keine zehn Schritte mehr allein, und mit dem einfachen Stützen ist es auch nicht getan. Wenn sie mit den Freunden ins Restaurant geht, tragen die sie praktisch bis zu ihrem Stuhl. Diese bittere Wahrheit erkennt die in ihrem ganzen Leben so rigoros wahrheitsliebende Beauvoir nun nicht an. Sylvie versucht sie auszutricksen, indem sie ihr Wasser in den Whiskey gießt, wie man es einst bei Sartre getan hat. Aber Beauvoir erkennt den Trick und benutzt fortan einfach ein größeres Glas. Besonders gern trinkt sie mit dem alten Freund Bost, der, selbst dauerhaft melancholisch gestimmt, mit ihr zusammen über vergangene schöne Zeiten nachsinnt. Gemeinsam ertränken sie den Kummer über die vielen Verluste im Alkohol. Sylvie ist machtlos dagegen.

Letztlich siegt bei Beauvoir das Gefühl, tödlich verletzt und getäuscht worden zu sein, von Sartre, vielleicht vom Leben, wer weiß, es ist schwer zu entschlüsseln. Verstand und Gefühl scheinen in dieser letzten Lebenszeit voneinander isoliert und im Streit miteinander zu existieren.

Ihr Verstand arbeitet perfekt. Beauvoir liest täglich mehrere Zeitungen, ist auf dem neuesten Stand, hört Nachrichten aus aller Welt, engagiert sich in der feministischen Bewegung, liest Frauenliteratur aus vielen Ländern, tut ihre Meinung zu politischen und gesellschaftlichen Fragen kund und ist jederzeit zu hitzigen Diskussionen bereit. Damit beweist sie noch immer, welch blitzgescheite Frau sie ist. Daneben das Gefühlschaos, der Schmerz über Sartres Verrat, der Hass auf Arlette, die Erinnerung an ihre große Liebe zu Nelson. Damit wird sie rational nicht fertig und es bleibt ihr nur die Betäubung.

Das Haus verlässt Beauvoir ab Anfang 1986 nur noch selten, Besuche empfängt sie meistens in ihrem verschlissenen roten Hausmantel und rotem Turban, körperlich schwerfällig, aber dennoch geistig vollkommen wach: ein skurriles Bild. An einen baldigen Tod denkt keiner der vielen Menschen, die sie besuchen.

Am 20. März 1986 fühlt sich Beauvoir jedoch sehr unwohl und klagt über Bauchschmerzen. Sylvie besteht darauf, sie ins Krankenhaus zu bringen. Dort wird ein Lungenödem festgestellt. Es ist genau der gleiche Befund wie bei Sartre. Die Lage verkompliziert sich, als noch eine Lungenentzündung dazukommt. Sylvie tut alles, was sie kann, und das ist schwierig, denn sie unterrichtet nebenher, und es kostet sie zusätzliche Kraft, um

Das Grab von Beauvoir und Sartre auf dem Pariser Friedhof Montparnasse.

zu verhindern, dass etwas über Beauvoirs Zustand an die Öffentlichkeit gelangt: Sie möchte auf jeden Fall vermeiden, dass die Klinik von Journalisten gestürmt wird. Beauvoir zeigt sich weiterhin sehr lebendig und bemüht sich sogar, ihre Masseurin zum Sozialismus zu bekehren: Propaganda noch vom Krankenbett aus.

Mitte April jedoch verschlechtert sich die Lage dramatisch. Die Medikamente schlagen nicht mehr an. Am 14. April stirbt Beauvoir, fast auf die Stunde genau sechs Jahre nach Sartre. Als Todesursache wird wie bei ihm angegeben: Lungenödem. Am Finger trägt sie den Ring Nelson Algrens.

Die Tote bleibt bis zum 19. April im Krankenhaus aufgebahrt und viele Freunde und Verwandte besuchen sie zum letzten Mal. Auf dem Weg zum Friedhof säumen zwischen drei- und fünftausend Menschen den Trauerzug. Beauvoir wird neben Sartre auf dem Friedhof Montparnasse beerdigt. Die Grabrede hält Claude Lanzmann. Er liest aus dem Memoirenband *Der Lauf der Dinge*. Darin findet sich ein Absatz, der Beauvoirs Leben in seinem entscheidendsten Punkt festhält:

»Immerhin hat der Schriftsteller die Chance, in dem Augenblick, da er schreibt, der Versteinerung zu entgehen. Mit jedem neuen Buch setze ich einen neuen Anfang. Ich zweifle, ich verliere den Mut, die Arbeit vergangener Jahre weggewischt, meine Skizzen sind so unbrauchbar, dass es mir unmöglich erscheint, das Vorhaben zu Ende zu führen: bis zu dem Moment, der ungreifbar ist (auch hier haben wir wieder eine Zäsur) – da es unmöglich wird, es nicht zu Ende zu führen. Jede Seite, jede Wendung erfordert einen neuen Einfall, einen beispiellosen Entschluss. Die schöpferische Tätigkeit ist Abenteuer, ist Jugend, ist Freiheit.« (*Lauf* 620)

*»Solange ich lese, lebe ich
in der Haut eines anderen.«*

Simone de Beauvoir lesen

◀ *Simone de Beauvoir*

Seit Simone de Beauvoirs Tod sind mehr als 20 Jahre vergangen. Wie steht es mit ihrem Werk: Ist es noch in irgendeiner Weise präsent? Gibt es eine öffentliche Diskussion, eine lebendige Lektüre ihrer Bücher? Oder ist sie der »Versteinerung« anheimgefallen, gegen die sie ihr Leben lang schreibend angekämpft hat?

Wenn heute von Simone de Beauvoir die Rede ist, hört man meistens die beiden gängigsten Klischees: Die einen bemerken sofort, dass das doch die Freundin von Sartre gewesen sei, die anderen bringen sie auf der Stelle in Zusammenhang mit ihrem Buch *Das andere Geschlecht* und dem Feminismus: allerdings, so hört man dann häufig, sei Beauvoirs Feminismus heute doch ziemlich überholt.

Als Philosophin konnte sich Beauvoir nie frei machen von der Ansicht, sie habe keine eigenen Gedanken entwickelt, sondern sich immer angelehnt an das, was Sartre dachte. Bis heute ist sie vor allem bei den männlichen Kollegen als eigenständige Denkerin nicht anerkannt. Sie kommt an den philosophischen Fakultäten der Hochschulen praktisch nicht vor, es sei denn in der feministischen Diskussion. Diese rein wissenschaftliche Auseinandersetzung mit Beauvoir ist allerdings hoch kompliziert und erfordert sehr viel Vorwissen. Ihre Grundlage bildet *Das andere Geschlecht*. Dass heute eine auf hohem Niveau angesiedelte akademische Beschäftigung mit diesem Standardwerk zur Rolle der Frau stattfindet und dass die Meinungen, wie es denn nun zu deuten sei, auch heute noch auseinandergehen, zeigt, dass *Das andere Geschlecht* nichts an Sprengkraft verloren hat.

Kontroverse Interpretationsansätze ziehen sich durch die gesamte Rezeptionsgeschichte seit Erscheinen des Buches 1949. Das betrifft keineswegs nur akademische Kreise, sondern eine ganz breite weibliche Öffentlichkeit. Wenn man mit Französinnen über Beauvoir spricht, die jung waren, als *Das andere Geschlecht* erschien, so kommt man aus dem Staunen nicht heraus: Die begeisterten Äußerungen überwiegen und immer wieder wird betont, wie wichtig dieses Buch für die Frauen damals war. Immerhin verkaufte sich *Das andere Geschlecht* nach Erscheinen in Frankreich fulminant gut, was zeigt, wie groß das Interesse der lesenden Öffentlichkeit an einer solchen Auseinandersetzung war. Die Ablehnung war allerdings heftig bei all denen, die sich für Moral zuständig fühlten, und bei Kritikern, die sich um das Ansehen der Männerwelt Sorgen machten.

Auch außerhalb Frankreichs war die Entrüstung groß und in Diktaturen wie in Spanien unter Franco oder der Sowjetunion wurde das Buch sogar verboten. Genauso erging es Beauvoirs Werk 1984 im Iran. Fünf Jahre nach der islamischen Revolution haben religiöse Amtsträger das Sagen. Der geistliche Führer allein entscheidet, was erlaubt ist oder nicht und welche moralischen Grundsätze gelten. Es ist einleuchtend, dass Beauvoirs Ansichten dem Frauenbild innerhalb des strengen Islams diametral entgegenstehen.

In der DDR konnte man das Werk erst im Dezember 1989 nach dem Fall der Mauer im Buchhandel kaufen. Dort herrschten lange Zeit Vorbehalte gegen Beauvoirs Buch, weil man der Meinung war, es sei für den sozialistischen Alltag nicht zu gebrauchen und richte sich nur an ein »bürgerliches« Publikum. Auch herrschte dem Existentialismus überhaupt gegenüber ein großes Misstrauen und er wurde als irrational und vom klassenkämpferischen Standpunkt aus als völlig irrelevant eingestuft. Dennoch waren auch in der DDR einige Exemplare von *Das andere Geschlecht* in Umlauf. Es gab sogar Vorträge und Diskussionen bei einzelnen Frauengruppen, die jedoch im Geheimen und oft unter dem Dach der evangelischen Kirche stattfanden, um die Staatssicherheit nicht hellhörig werden zu lassen. Eine zweiundzwanzigjährige angehende Wissenschaftlerin schrieb 1966 in ihr Tagebuch: »Ich habe *Das andere Geschlecht* von der klugen Simone de Beauvoir gelesen. Das letzte Kapitel, *Unabhängigkeit* betitelt, hat mir wirklich geholfen. In vielem habe ich mich wiedergefunden, hätte es mir ohne das Buch nie so klar eingestanden und nicht so prägnant zu formulieren gewusst. Inwieweit ich mich schon aufgegeben hatte, nur noch ein Klumpen willenlosen Fleisches war, trat mir mit erschreckender Deutlichkeit vor Augen.« (aus: *Die Philosophin*, Bd. 20, Oktober 1999)

In all den Ländern, in denen den Menschen ihre Lektüre nicht von oben verordnet wird, stürmte *Das andere Geschlecht* in den ersten zwei Jahren nach Erscheinen die Bestsellerlisten, so in Japan und vor allem in den eher prüden USA, wo die Gier nach Skandalösem grenzenlos zu sein schien. Auf dem Buchcover wurde sogar mit einer nackten Frau geworben. Trotzdem fand aber auch hier bald eine ernsthafte akademische Diskussion statt. Die amerikanische Literaturwissenschaftlerin Elizabeth Harwick bezeichnete das Buch als wunderbares, aber auch sehr anspruchsvolles Leseerlebnis. Andere Wissenschaftlerinnen und Wissenschaftler bemängelten das »Chaotische«, nicht wirklich gut Gegliederte. Auch hier also eine Polarisierung von Anfang an.

In der BRD ist die Reaktion auf *Das andere Geschlecht* zunächst sehr verhalten gewesen. Erst Ende der 60er Jahre fing das Buch an, in der öffentlichen Debatte eine merkliche Rolle zu spielen. In den Jahren davor waren andere Schwerpunkte an der Tagesordnung. 1947 war der Demokratische Frauenbund Deutschlands gegründet worden. Sein Hauptanliegen galt der Erhaltung des Friedens und dem Kampf gegen eine Wiederbewaffnung in Deutschland. Darüber hinaus setzte sich die Organisation auch für die Gleichberechtigung der Frauen ein. Krieg und Faschismus wirkten jedoch so stark nach, dass der Großteil der Frauen noch nicht in der Lage war, sich Gedanken über ihre Aufgaben in einer demokratischen Gesellschaft zu machen. Sie waren zu sehr daran gewöhnt, zu gehorchen und still zu sein. Außerdem waren sie vollauf mit der Organisation des Alltags beschäftigt in einem Land, das nach den gewaltigen Zerstörungen des Krieges wieder aufgebaut werden musste.

Im Verlauf der Studentenbewegung von 1968 erstarkte die Frauenbewegung. Im Mittelpunkt stand der Unmut darüber, als Frau allzeit bereit sein zu müssen, vor allem wenn es um Fragen der Mutterschaft und der Erziehung geht. Vor allem akademisch gebildete Frauen schlossen sich zunächst der organisierten Studentenschaft an, merkten aber bald, dass sie auch hier nur eine Rolle am Rande spielten und es an der Zeit war, sich selbst um die Belange der Frauen zu kümmern. Im Mittelpunkt stand der Kampf um die Abschaffung des § 218, der die Abtreibung unter Strafe stellt, und die Errichtung von selbst organisierten Kinderbetreuungseinrichtungen, sogenannten »Kinderläden«. Überall entstanden Frauenbuchläden, in deren Regalen nun auch *Das andere Geschlecht* vertreten war. Simone de Beauvoirs Buch über die Frauen war endlich in der BRD angekommen.

Nicht nur *Das andere Geschlecht*, auch alle anderen Bücher Beauvoirs haben kontroverse Reaktionen hervorgerufen, und immer gab es viele empörte Stimmen. Mit ihren Büchern über das Alter, das Sterben, die Krankheit sorgte sie für Aufruhr. Ihre Ausführungen waren offen, persönlich und dabei von größter gedanklicher Schärfe. In dieser Weise hatte bisher niemand aus dem Kreis der Intellektuellen über solche Themen gesprochen oder geschrieben.

Die Empörung, die viele Bücher Beauvoirs nach ihrem Erscheinen auslösten, ist heute einem breiten Desinteresse gewichen. Wenn man von *Das andere Geschlecht* absieht, gibt es kaum noch eine intensive Beschäftigung mit ihrem Werk.

Das ist sehr schade, aber auch eine große Chance. Es ist ein Abenteuer, Simone de Beauvoir so zu lesen, als wüsste man nichts von den Skandalen, von den Verrissen, von der Gleichgültigkeit gegenüber vielen ihrer Arbeiten. Man kann eine Frau kennenlernen, deren gesamtes Werk nur in Verbindung mit ihrem Leben verstanden werden kann und deren Leben ohne ihr Werk ebenfalls unverständlich bleibt. Was ihr begegnete, musste sie aufschreiben, was sie beobachtete, erhielt in ihren Augen erst einen Sinn, wenn es zu Papier gebracht wurde. Egal, ob es um Beziehungen ging, um Reisen oder das Sterben ihrer Mutter: Am intensivsten erlebte und am tiefsten verstand Beauvoir immer dann, wenn sie schrieb.

Simone de Beauvoir ist eine Schriftstellerin, der man zuschauen kann beim Schreiben. Sie ist aber auch eine Philosophin, der man zuschauen kann beim Denken. Wenn wir heute ihre Texte lesen, können wir sie lebendig vor uns sehen, weil sie besessen war davon, das Leben selbst in ihren Büchern sprechen zu lassen. Denken, Leben und Schreiben sind in ihrem Fall eine untrenn-

Unvergessene Denker: Schild an der Place Sartre-Beauvoir in Paris

bare Einheit. Deshalb ist es so schwer zu sagen, was sie gewesen ist: Philosophin, Schriftstellerin, Gesprächspartnerin Sartres?

Simone de Beauvoir war alles zugleich, und gerade deshalb ist es so spannend, sich mit ihr zu beschäftigen. In ihren Romanen stecken ihre philosophischen Ideen und aus den philosophischen Essays spricht die Schriftstellerin. Simone de Beauvoir war immer in Bewegung, immer auf der Suche, auf Beobachtungsreise, ohne Angst vor vielleicht auch schockierenden Entdeckungen. Sie hat die Unwägbarkeiten einer philosophierenden und schreibenden Existenz gewählt und sie den Sicherheiten vorgezogen, die ein bürgerliches Leben zu bieten hat. In ihren Entscheidungen hat sie in einem hohen Maße auf die eigene Urteilsfähigkeit vertraut und ihre Texte geschrieben im Wissen darum, dass sie längst nicht überall auf positive Resonanz stoßen würden.

Eine echte Entdeckung Simone de Beauvoirs steht noch aus. Ihre Essays, die Reiseberichte, die autobiografischen Schriften und die Briefe harren der vorurteilslosen Lektüre. Sie warten vor allem auf junge Leserinnen und Leser, die den Staub der Jahre von den Buchdeckeln wegpusten und eine neue, frische, lebendige Simone de Beauvoir hervorzaubern.

Abkürzungen

Tochter: Memoiren einer Tochter aus gutem Hause
Wörter: Sartre: Die Wörter
beste Jahre: In den besten Jahren
Marcelle, Chantal …: Marcelle, Chantal, Lisa …
Kriegstagebuch: Sartre: Tagebücher. Les carnets de la drôle de guerre.
   September 1939 – März 1940
Tagebuch: Kiegstagebuch
Sie kam: Sie kam und blieb
Soll man: Soll man de Sade verbrennen
Blut: Das Blut der anderen
Lauf: Der Lauf der Dinge
Auge: Auge um Auge
Amerika: Amerika – Tag und Nacht
Transatlantische Liebe: Eine Transatlantische Liebe. Briefe an Nelson
   Algren
Geschlecht: Das andere Geschlecht
Mandarins: Die Mandarins von Paris
China: China – das weitgesteckte Ziel
Sanfter Tod: Ein sanfter Tod
Alles: Alles in allem
Bilder: Die Welt der schönen Bilder
Frau: Eine gebrochene Frau
Alter: Das Alter
Abschied: Die Zeremonie des Abschieds

Falls nicht anders angegeben, beziehen sich die Abkürzungen auf Werke
Simone de Beauvoirs.

Zeittafel

1908	Simone de Beauvoir wird am 9. Januar in Paris, 103, Boulevard du Montparnasse geboren.
1909	Hélène de Beauvoir, genannt Poupette, wird geboren.
1913	Einschulung Simone de Beauvoirs im Cours Désir, Rue Jacob.
1914	Simone de Beauvoir trifft zum ersten Mal Elizabeth Mabille, genannt Zaza.
1914–1918	Erster Weltkrieg.
1919	Die Familie zieht um in die Rue de Rennes.
1924	Beauvoir legt das premier baccalauréat ab.
1925	Simone de Beauvoir macht ihr baccalauréat und setzt ihre Schulbildung fort am Institut Sainte-Marie in Neuilly.
1926	Beginn des Philosophiestudiums an der Sorbonne.
1928	Im Juni Licence. Begegnung mit Merleau-Ponty. Vorbereitung auf die agrégation.
1929	Erste Begegnung mit Sartre und bald darauf gemeinsame Vorbereitung auf die agrégation. Zaza stirbt. Beauvoir zieht zur Großmutter Brasseur.
1930	Sartre arbeitet als Lehrer in Le Havre, Beauvoir bekommt eine Stelle als Philosophielehrerin in Marseille.
1931	Beauvoir wechselt ans Lycée Jeanne d'Arc in Rouen und arbeitet dort bis 1936.
1936	Beauvoir beginnt am Lycée Molière in Paris. Ein Jahr später bekommt auch Sartre eine Stelle in Neuilly. Beide wohnen in Paris im gleichen Hotel.
1939	September: Angriff Hitlers auf Polen. Mobilmachung, Sartre wird eingezogen und kommt zum Wetterdienst nach Nancy.
1940	Sartre kommt in deutsche Kriegsgefangenschaft. Der Widerstand gegen das Vichy-Regime organisiert sich.
1941	Sartre wird aus der Kriegsgefangenschaft entlassen und gründet eine Widerstandsgruppe.
1942	Der Roman *Sie kam und blieb* erscheint. Beauvoir arbeitet bei der Radiodiffusion Nationale.

1944	Begnung mit Albert Camus. Am 25. August wird Paris befreit. *Pyrrhus und Cinéas* erscheint. Gründung von *Les Temps Modernes*.
1945	*Das Blut der anderen* erscheint. Sartre reist in die USA.
1946	Beauvoir reist allein nach Tunesien und hält Vorträge über Literatur. *Alle Menschen sind sterblich* erscheint. Einladung in die USA.
1947	Erste Reise in die USA. Beauvoir lernt Nelson Algren kennen. *Für eine Moral der Doppelsinnigkeit* erscheint. Im September zweite Reise in die USA.
1948	Beauvoir verbringt das Frühjahr bei Nelson. *Amerika – Tag und Nacht* erscheint.
1949	Ende Mai erscheint der erste Teil von *Das andere Geschlecht*. Nelson besucht Beauvoir in Paris. Im Oktober erscheint der zweite Teil von *Das andere Geschlecht*.
1950	Beauvoir reist mit Sartre nach Afrika und verbringt zwei Monate bei Nelson in den USA.
1951	Ende der Beziehung zu Nelson.
1952	Beauvoir lernt Claude Lanzmann kennen. Er zieht zu ihr in die Rue de la Bûcherie.
1953	*Das andere Geschlecht* erscheint in Amerika und wird dort zu einem Bestseller. Reise nach Jugoslawien mit Lanzmann.
1954	*Die Mandarins von Paris* erscheint und Beauvoir bekommt den »Prix Goncourt« dafür. Sartre reist in die Sowjetunion. Beauvoir kauft eine Wohnung in der Rue Schœlcher und zieht dort ein.
1955	Reise nach China mit Sartre. *Auge um Auge* erscheint.
1956/1957	Der Aufstand in Ungarn und der Unabhängigkeitskampf Algeriens beschäftigen Beauvoir und Sartre. Lanzmann zieht aus. *China – das weitgesteckte Ziel* erscheint.
1958	*Memoiren einer Tochter aus gutem Hause* erscheint. Ende der Beziehung zu Lanzmann.
1960	Tod Albert Camus'. Beauvoir reist mit Sartre nach Kuba. Nelson in Paris. *In den besten Jahren* erscheint. Reise mit Sartre nach Brasilien.
1961	Tod Merleau-Pontys. Anschlag auf Sartres Wohnung.
1962	Einladung in die Sowjetunion. Bis 1966 jedes Jahr eine

	Einladung in die Sowjetunion. Unabhängigkeit Algeriens.
1963	Beauvoirs Mutter stirbt. *Der Lauf der Dinge* erscheint.
1964	*Ein sanfter Tod* erscheint. Sartre soll den Nobelpreis für Literatur erhalten und lehnt ab.
1965	Sartre adoptiert Arlette Elaim. Beauvoir beginnt eine intensive Freundschaft mit Sylvie Le Bon. Beginn des Vietnamkrieges.
1966	*Die Welt der schönen Bilder* erscheint.
1967	Beauvoir und Sartre treten dem Russel-Tribunal bei.
1968	Studentenunruhen in Paris.
1970	*Das Alter* erscheint. Erste Begegnung mit Alice Schwarzer, die eine Reihe von Gesprächen mit Beauvoir beginnt.
1971	Unterzeichnung des »Manifests der 343«.
1972	*Alles in allem* erscheint.
1973	Benny Lévy wird persönlicher Sekretär Sartres.
1974	Beauvoir wird Präsidentin der »Liga für Frauenrechte«. Sartre besucht Andreas Baader in Stammheim. Beauvoir führt Interviews mit Sartre.
1979	*Marcelle, Chantal, Lisa …* erscheint.
1980	Sartre stirbt am 15. April. Beauvoir adoptiert Sylvie Le Bon.
1981	*Die Zeremonie des Abschieds* erscheint. Nelson Algren stirbt.
1983	Beauvoir erhält den Sonning-Preis für Verdienste um die europäische Kultur. Sie reist mit Sylvie in die USA.
1986	Beauvoir stirbt am 14. April.

Literaturliste

Werke und Briefe von Simone de Beauvoir

L'invitée (Paris 1943). *Sie kam und blieb.* Deutsche Übersetzung von Eva Rechel-Mertens. Copyright © 1953 by Rowohlt Verlag GmbH, Reinbek bei Hamburg.

Pyrrhus et Cinéas (Paris 1944). *Pyrrhus und Cinéas,* in: *Soll man de Sade verbrennen? Drei Essays zur Moral des Existenzialismus.* Deutsche Übersetzung von Alfred Zeller. Copyright © 1964, 1983 by Rowohlt Taschenbuch Verlag GmbH, Reinbek bei Hamburg.

Le sang des autres (Paris 1945). *Das Blut der anderen.* Deutsche Übersetzung von Klaudia Rheinhold. Copyright © 1963 by Rowohlt Taschenbuch Verlag GmbH, Reinbek bei Hamburg.

Pour une morale de l'ambiguité (Paris 1947). *Für eine Moral der Doppelsinnigkeit,* in: *Soll man de Sade verbrennen? Drei Essays zur Moral des Existenzialismus.* Deutsche Übersetzung von Alfred Zeller. Copyright © 1964, 1983 by Rowohlt Taschenbuch Verlag GmbH, Reinbek bei Hamburg.

L'existentialisme est la sagesse des nations (Paris 1948). *Auge um Auge. Artikel zu Politik, Moral und Literatur 1945 – 1955.* Deutsche Übersetzung von Eva Groepler. Copyright © 1987 by Rowohlt Verlag GmbH, Reinbek bei Hamburg.

L'Amérique au jour le jour (Paris 1948). *Amerika Tag und Nacht. Reisetagebuch 1947.* Deutsche Übersetzung von Heinrich Wallfisch. Copyright © 1949 by Rowohlt Verlag GmbH, Stuttgart.

Le deuxième Sexe (Paris 1949). *Das andere Geschlecht. Sitte und Sexus der Frau.* Deutsche Übersetzung (Neuübersetzung) von Uli Aumüller und Grete Osterwald. Copyright © 1951 Rowohlt Verlag GmbH, Reinbek bei Hamburg; 1992 Rowohlt Taschenbuch Verlag GmbH, Reinbek bei Hamburg (für die Neuübersetzung).

Les mandarins (Paris 1954). *Die Mandarins von Paris.* Deutsche Übersetzung von Ruth Ücker-Lutz, Fritz Montfort. Copyright © 1955 by Rowohlt Verlag GmbH, Hamburg.

La longue Marche (Paris 1958). *China – das weitgesteckte Ziel. Jahrtausende-Jahrzehnte.* Deutsche Übersetzung von Karin von Schab und

Hanns Studniczka. Copyright © 1960 by Rowohlt Verlag GmbH, Reinbek bei Hamburg.

Mémoires d'une jeune fille rangée (Paris 1958). *Memoiren einer Tochter aus gutem Hause.* Deutsche Übersetzung von Eva Rechel-Mertens. Copyright © 1960 by Rowohlt Verlag GmbH, Reinbek bei Hamburg.

La force de l'âge (Paris 1960). *In den besten Jahren.* Deutsche Übersetzung von Rolf Söllner. Copyright © 1961 by Rowohlt Verlag GmbH, Reinbek bei Hamburg.

La force des choses (Paris 1963). *Der Lauf der Dinge. Memoiren.* Deutsche Übersetzung von Paul Baudisch. Copyright © 1966 by Rowohlt Verlag GmbH, Reinbek bei Hamburg.

Une mort très douce (Paris 1964). *Ein sanfter Tod.* Deutsche Übersetzung von Paul Mayer. Copyright © 1965 by Rowohlt Verlag GmbH, Reinbek bei Hamburg.

Les belles images (Paris 1966). *Die Welt der schönen Bilder.* Deutsche Übersetzung von Hermann Stiehl. Copyright © 1968 by Rowohlt Verlag GmbH, Reinbek bei Hamburg.

La femme rompue (Paris 1967). *Eine gebrochene Frau.* Deutsche Übersetzung von Ulla Hengst. Copyright © 1969 by Rowohlt Verlag GmbH, Reinbek bei Hamburg.

La vieillesse (Paris 1970). *Das Alter.* Deutsche Übersetzung von Anjuta Aigner-Dünnwald und Ruth Henry. Copyright © 1972 by Rowohlt Verlag GmbH, Reinbek bei Hamburg.

Tout compte fait (Paris 1967). *Alles in allem.* Deutsche Übersetzung von Eva Rechel-Mertens. Copyright © 1974 by Rowohlt Verlag GmbH, Reinbek bei Hamburg.

Quand prime le spirituel (Paris 1979). *Marcelle, Chantal, Lisa … Ein Roman in Erzählungen.* Deutsche Übersetzung von Uli Aumüller. Copyright © 1981 by Rowohlt Taschenbuch Verlag GmbH, Reinbek bei Hamburg.

La cérémonie des adieux (Paris 1981). *Die Zeremonie des Abschieds und Gespräche mit Jean-Paul Sartre. August-September 1974.* Deutsche Übersetzung von Uli Aumüller und Eva Moldenhauer. Copyright © 1983 by Rowohlt Verlag GmbH, Reinbek bei Hamburg.

Journal de Guerre (septembre 1939 – janvier 1941) (Paris 1990). *Kriegstagebuch. September 1939 – Januar 1941.* Herausgegeben von Sylvie Le Bon de Beauvoir. Deutsche Übersetzung von Judith Klein.

Copyright © 1994 by Rowohlt Verlag GmbH, Reinbek bei Hamburg.

Lettres à Sartre 1 (Paris 1990). *Briefe an Sartre. Band 1: 1930–1939.* Herausgegeben von Sylvie Le Bon de Beauvoir. Deutsche Übersetzung von Judith Klein. Copyright © 1997 by Rowohlt Verlag GmbH, Reinbek bei Hamburg.

Lettres à Sartre 2 (Paris 1990). *Briefe an Sartre. Band 2: 1940–1963.* Herausgegeben von Sylvie Le Bon de Beauvoir. Deutsche Übersetzung von Judith Klein. Copyright © 1997 by Rowohlt Verlag GmbH, Reinbek bei Hamburg.

Lettres à Nelson Algren (Paris 1997). *Eine transatlantische Liebe. Briefe an Nelson Algren 1947–1964.* Herausgegeben von Sylvie Le Bon de Beauvoir. Deutsche Übersetzung von Judith Klein. Copyright © 1999 by Rowohlt Verlag GmbH, Reinbek bei Hamburg.

Bücher über Simone de Beauvoir (Auswahl)

Alice Schwarzer: *Simone de Beauvoir heute. Gespräche aus 10 Jahren.* Reinbek bei Hamburg 1986.

Alice Schwarzer: *Simone de Beauvoir. Rebellin und Wegbereiterin.* Köln 1999.

Inga Westerteicher: *Das Paris der Simone de Beauvoir.* Dortmund 1999.

Florence Hervé und Rainer Höltschel (Hg.): *Simone de Beauvoir.* Freiburg 2003.

Werke aus dem Umkreis Simone de Beauvoirs (Auswahl)

Jean-Paul Sartre: *Briefe an Simone de Beauvoir. Band 1. 1926–1939.* Deutsche Übersetzung von Andrea Spingler. Copyright © 1984 by Rowohlt Taschenbuch Verlag GmbH, Reinbek bei Hamburg.

Jean-Paul Sartre: *Briefe an Simone de Beauvoir. Band 2. 1940–1963.* Deutsche Übersetzung von Andrea Spingler. Copyright © 1985 by Rowohlt Taschenbuch Verlag GmbH, Reinbek bei Hamburg.

Jean-Paul Sartre: *Tagebücher. Les carnets de la drole de guerre; September 1939-März 1940.* Neue, um ein bisher unveröffentlichtes Heft erweiterte Ausgabe. Deutsche Übersetzung von Eva Moldenhauer und Vincent von Wroblewsky. Copyright © 1984, 1996 by Rowohlt Verlag GmbH, Reinbek bei Hamburg.

Jean-Paul Sartre: *Der Ekel*. Reinbek bei Hamburg 1997.

Jean-Paul Sartre: *Der Existentialismus ist ein Humanismus.* Reinbek bei Hamburg 2005.

Jean-Paul Sartre: *Die Wörter.* Deutsche Übersetzung von Hans Mayer. Copyright © 1965 by Rowohlt Verlag GmbH, Reinbek bei Hamburg

Traugott König (Hg.): *Sartre Lesebuch.* Reinbek bei Hamburg 1992.

Albert Camus: *Der Fremde.* Reinbek bei Hamburg 2004.

Albert Camus: *Der erste Mensch.* Deutsche Übersetzung von Uli Aumüller. Copyright © 1955 by Rowohlt Verlag GmbH, Reinbek bei Hamburg.

Albert Camus: *Die Pest.* Reinbek bei Hamburg 2000.

Martin Heidegger: *Sein und Zeit.* Tübingen 2001.

Personen- und Sachregister

Alain-Fournier, Henri 36
Alcott, Louisa May 27
Algren, Nelson 169f., 186,
    191 ff., 204 ff., 210, 217,
    221 ff., 240, 244, 276
Alter 188, 197, 210, 222, 240 ff.,
    250 ff., 282
Arendt, Hannah 131
Audry, Colette 98
Autobiografie 211, 215, 223, 227,
    232 f., 265, 284
Awdycowicz, Estephania 62 ff.

Beauvoir, Ernest-Narcisse
    10 ff.
Beauvoir, Françoise 12 ff., 23 ff.,
    30 ff., 42 f., 86, 134, 157, 204,
    237 ff.
Beauvoir, Georges 9 ff., 25, 42,
    86, 131
Beauvoir, Hélène, gen. Poupette
    16, 52, 67, 72, 237 ff., 267
Bewusstsein 88, 103, 105, 165,
    236, 240, 270
Bibliothèque Nationale 63, 70,
    130
Bienenfeld, Bianca 121, 125 f.
Bost, Jacques Laurent 98, 116,
    119 f., 126, 147, 226, 274
Boupacha, Djamilla 209
Bourgeoisie 10, 28, 121, 145
Brasseur, Gustave 12, 14
Brasseur, Lucie 12

Camus, Albert 145 f., 152, 155,
    181, 185 f., 191, 224, 242
Castro, Fidel 225
Cazalis, Anne-Marie 181
Champigneulle, Jacques 33 ff.,
    41, 49 ff., 58 ff.
Chruschtschow, Nikita 234
Colette 39 f.
Cooper, Fenimore 21 f.

De Gaulle, Charles 174, 214,
    216, 228
Derrida, Jacques 225,
Descartes, René 48, 53
Duras, Marguerite 181

Ehrenreich, Dolores 152 f., 155,
    158, 165, 171
Elkaim, Arlette 212, 242, 260 ff.
Engagement 131, 162, 174, 189,
    209, 221, 245, 271 f.
Entwurf 108, 138 f., 163, 188,
    200 ff., 223, 228, 250
Essay 137, 140, 151, 158, 176, 196,
    284
Existenz 57, 91, 95, 97, 100, 115,
    135, 145, 157, 214, 233, 284
Existentialismus 146, 153, 157,
    161, 168, 175, 180 f., 211, 280

Faschismus 102, 131, 192, 281
Feminismus 255, 258, 261, 262,
    263, 272, 274, 279
Franco 200

Freiheit 9, 27, 29, 33, 55, 59, 63 f.,
72, 85, 108, 138, 154, 158, 199,
208, 228, 234 f., 246, 276
Freundschaft 36, 47, 57, 65, 151,
187, 213, 243 f.

Gallimard 117, 136, 142 f., 151,
185, 194, 198, 224, 271
Garric, Robert 44, 47 ff.
Gerassi, Stepha, geb.
Awdycowicz 164 f., 177
Geschlecht 40, 178, 185 ff., 195,
198, 250 f., 257, 265, 279 ff.
Gesellschaft 10, 22, 27, 87, 95,
114, 131, 179, 189, 201, 250,
281
Giacometti, Alberto 160
Gide, André 60, 136
Glaube 11 f., 21, 104, 114
Gleichberechtigung 255 ff.
Gott 32, 34, 38, 57, 69, 146, 160,
188
Greco, Juliette 181
Guevara, Che 225

Halimi, Gisèle 109
Hegel, Georg Wilhelm Fried-
rich 130
Hitler, Adolf 101, 119 f., 122, 130
Husserl, Edmund 102, 104, 109

Idealismus 158, 198
Idee 29, 47, 51 f., 57, 139, 158, 192
Intentionalität 103 f.

Jollivet, Simone 73, 91 f.

Kafka, Franz 105 f.

Kant, Immanuel 53, 252
Katholizismus 11, 20, 29, 37, 65 f.,
69, 211
Kommunismus 98, 161, 168, 173,
191, 241
Kosakiewicz, Wanda 116, 125,
132 ff., 143, 260
Kosakiewicz, Olga 99 f., 106,
113, 116, 125, 132 ff.
Krankheit 84, 113, 195, 267 f., 282
Kunst 51, 234

Lanzmann, Claude 197 ff., 204,
207, 212, 216, 222, 234, 273,
276
Le Bon, Sylvie 242 f., 259 f., 275
Leibniz, Gottfried 59
Leiris, Michel 143, 151
Lévy, Benny 260 ff., 267
Liebe 34, 47, 65, 87, 93, 95, 172,
187, 243 f.
Literatur 50, 53, 90, 97, 106,
154 ff., 179, 241, 269

Mabille, Elizabeth, gen. Zaza
28 ff., 34, 42, 52 f., 56, 61, 70,
84, 107, 214
Maheu, René 68 ff.
Mauriac, Francois 185
Meins, Holger 263
Merleau-Ponty, Maurice 56 f.,
69 ff., 85, 151, 233
Metaphysik 154
Mitterand, Francois 273
Morel, Madame 128, 143, 146
Musik 106, 213, 224

Nationalsozialismus 102, 119

Natur 18, 34 f., 49, 114, 179, 204,
  257 f.
Nichts 146, 206, 239, 248
Nizan, Paul 68, 83, 98, 119
Nobelpreis 241

Objekt 105, 139, 165, 187
Objektivität 102, 193

Pakt 88, 104, 108, 152 f., 181
Pardo, Géraldine, gen. Gégé
  67, 123,
Philosophie 39, 41, 47, 54, 56, 58,
  74, 106, 153, 199, 269
Politik, Politisches 23, 91, 122,
  126, 141, 157, 169, 195, 209,
  212

Reisen 94 f., 103, 156, 172, 187,
  206, 217, 231, 241, 283
Revolution, Revolutionär 208,
  225, 234
Roudy, Ivette 273

Schriftstellerin 40, 52, 97, 101,
  142, 159, 188, 192, 227, 255,
  268, 284
Schwarzer, Alice 255, 262, 265
Sozialismus 246, 255, 276

Stalin 191
Subjekt 101, 103
Subjektivität 102, 162, 193
Sorokine, Nathalie 121, 125 f.
Spinoza, Baruch 53

Tod 38, 69, 84 f., 135, 138, 187,
  195, 203, 215, 233, 237 ff., 265,
  268 ff.
Transzendenz 162, 196
Transzendieren 200

Verantwortung 141, 162, 236,
  257
Vedrine, Louise 132
Vergangenheit 24, 86, 156, 204,
  223, 259
Verne, Jules 21
Vian, Boris 156 f.
Vichy 129, 144

Wahrheit 51, 54 ff.
Weil-Hallé, Marie-Andrée 229
Wille 104, 136, 142

Zeit 109, 136, 195, 233
Zukunft 22, 27 f., 41, 81, 101,
  123 f., 147, 156, 162, 193, 203,
  249

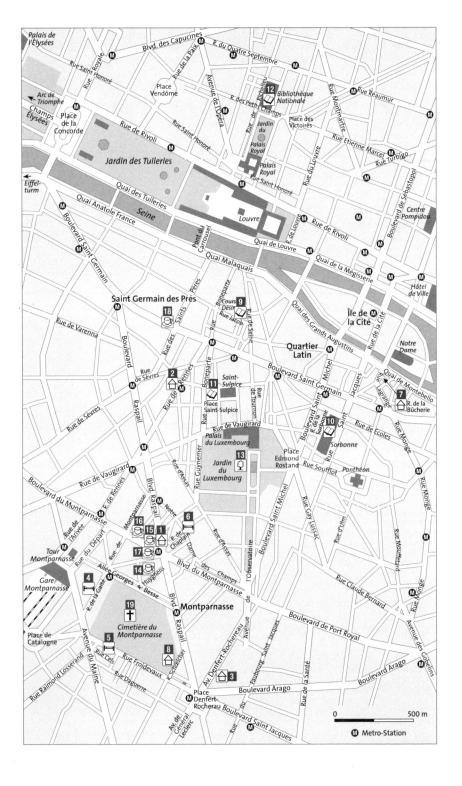

Simone de Beauvoir in Paris

1. Boulevard du Montparnasse 103, 14. Arr. ⌂ / ☕
   1908 wurde Simone de Beauvoir hier geboren, im Erdgeschoss das Café »Rotonde«.
2. Rue de Rennes 71, 6. Arr. ⌂
   Seit 1919 wohnte Simone mit ihrer Familie hier im fünften Stock.
3. Avenue Denfert-Rochereau 91, 14. Arr. ⌂
   Hier lebte Simone de Beauvoirs Großmutter, bei der Beauvoir 1929 bis 1931 lebte.
4. Rue de la Gaîté 11 A, 14. Arr. 🛏
   Im »Hôtel Royal Bretagne« wohnte Beauvoir von 1936–1937.
5. Rue Cels 24, 14. Arr. 🛏
   Im »Hôtel Mistral« wohnte Beauvoir zwischen 1937 und 1942 mit Unterbrechungen.
6. Rue Jules Chaplain, 6. Arr. 🛏
   Im »Hôtel Chaplin« wohnte Beauvoir bei Kriegsende.
7. Rue de la Bûcherie 11, 5. Arr. ⌂
   1948 bezog Beauvoir hier ein möbliertes Zimmer.
8. Rue Schœlcher 11a, 14. Arr. ⌂
   Beauvoirs Wohnung ab 1954.
9. Rue Jacob 6, 6. Arr.
   Hier wurde Simone 1913 im Cours Désir eingeschult.
10. Rue de la Sorbonne 47, 5. Arr. ☑
    An der Sorbonne begann Beauvoir 1926 ihr Philosophiestudium.
11. Place Saint-Sulpice, 6. Arr. ☑
    Hier fand Beauvoir in der Bibliothèque Cardinale als Schülerin Lesestoff.
12. Bibliothèque Nationale, Rue de Richelieu 58, 2. Arr. ☑
    In der Bibliothèque Nationale hat Beauvoir viele Studientage verbracht.
13. Jardin du Luxembourg, 6. Arr. 🧍
    Auch ein Leseort Beauvoirs.
14. Rue Huyghens, 14. Arr. ☕
    Im Café »Styx« machte die junge Simone de Beauvoir die ersten Bekanntschaften mit dem Nachtleben der Metropole.
15. Boulevard du Montparnasse 103, 14. Arr. ☕
    Das Café »Rotonde« hat bis heute nichts von seiner Lebendigkeit verloren.
16. Boulevard du Montparnasse 99, 14. Arr. ☕
    Hier befindet sich das Café »Select«.
17. Boulevard du Montparnasse 102, 14. Arr. ☕
    Das »Coupole« war eines der Lieblingscafés von Simone de Beauvoir.
18. Boulevard St. Germain 170 und 172, 6. Arr. ☕
    Das »Les Deux Magots« diente zwischen 1945 und 1947 als Hauptarbeitsort. Im »Café de Flore« war Beauvoir seit 1938 Stammgast.
19. Friedhof Montparnasse, 14. Arr. ✝
    Auf dem Friedhof Montparnasse liegen Simone de Beauvoir und Jean-Paul Sartre begraben.

Symbolerklärungen

| ⌂ Wohnungen | ☕ Cafés | 🧍 Park |
| 🛏 Hotels | ☑ Bibliotheken, Universität | ✝ Kirche, Friedhof |

Abdruckgenehmigung

Wir danken dem Rowohlt Verlag, Reinbek bei Hamburg und dem Verlag Éditions Gallimard, Paris, für die freundliche Erteilung der Abdruckgenehmigung von Zitaten aus dem Werk Simone de Beauvoirs und Alice Schwarzer, Köln, für die freundliche Erteilung der Abdruckgenehmigung von Zitaten aus ihrem Interview mit Simone de Beauvoir.

Bildnachweis

Privatbilder Simone de Beauvoir (Photo Coll. Sylvie Le Bon de Beauvoir) 7, 17, 45, 99, 187, 226, 277, 285
Archives Gallimard 74, 76, 155, 226
Gisèle Freund 111, 238
Eberhard Gleichauf 13, 15, 25, 32, 40, 118, 122, 202, 277, 285
Magnum Photos | Agentur Focus: Bruno Barbey 247, 255, Henri Cartier-Bresson 149
Rapho: Janine Niepce 259, 279
SV Bilderdienst/Rue des Archives 183

Trotz aller Bemühungen ist es dem Verlag nicht gelungen, sämtliche Rechteinhaber ausfindig zu machen. Wir bitten darum, sich mit dem Verlag in Verbindung zu setzen, damit wir eventuelle Korrekturen bzw. übliche Vergütungen vornehmen können.

Dank

Herzlich bedanken möchte ich mich bei Eberhard, Carolina, Riccarda und Imogen für ihre Geduld, die vielen hilfreichen Hinweise und konstruktive Kritik.

Ein besonderer Dank gilt meiner Lektorin Susanne Krones für ihren sensiblen und sorgfältigen Umgang mit dem Text und ihre nie erlahmende Freundlichkeit und Offenheit dem entstehenden Buch und der Autorin gegenüber!